乌鲁木齐居住空间分异及响应研究

李　松　著

中国农业大学出版社
· 北京 ·

内 容 简 介

本专著得益于国家社会科学基金青年项目“民族城区城市居住格局演化及分异研究”(编号11CSH007)的支持，以城市发展的工业化、城市化、信息化，住宅分配的制度化、自由化、产权化、市场化及新疆城市独有的地理、历史、文化、社会、经济环境为背景，以城市不同族群为研究对象，以城市居住空间分布格局和分异为主线，主要借助地理学、社会学、经济学、人口学等学科的研究方法和相关理论，剖析不同族群居住分布格局时空演化，进行分异测度，探讨居住空间分异的动力机制，城市空间秩序的耦合协调机制和空间响应，并提出主要结论和对策建议。

图书在版编目(CIP)数据

乌鲁木齐居住空间分异及响应研究/李松著．—北京：中国农业大学出版社，2017.2

ISBN 978-7-5655-1773-0

Ⅰ.①乌… Ⅱ.①李… Ⅲ.①居住空间-研究-乌鲁木齐 Ⅳ.①D669.3

中国版本图书馆CIP数据核字(2017)第004575号

书　　名 乌鲁木齐居住空间分异及响应研究
作　　者 李　松　著

策划编辑 王笃利　　**责任编辑** 洪重光
封面设计 郑　川　　**责任校对** 王晓凤
出版发行 中国农业大学出版社
社　　址 北京市海淀区圆明园西路2号　　**邮政编码** 100193
电　　话 发行部 010-62731190,2620　　读者服务部 010-62732336
编辑部 010-62732617,2618　　出 版 部 010-62733440
网　　址 http://www.cau.edu.cn/caup　　**E-mail** cbsszs @ cau.edu.cn
经　　销 新华书店
印　　刷 涿州市星河印刷有限公司
版　　次 2017年3月第1版　2017年3月第1次印刷
规　　格 787×1 092　16开本　14.25印张　190千字
定　　价 38.00元

前　言

城市居住空间是城市空间的重要组成部分，是地理空间、社会空间、经济空间、文化空间的综合体。中国正处于一个深刻而复杂的社会与经济转型期，由此带来的贫富差距日益明显。社会阶层分化，居住空间分异，社会空间分异、极化、隔离引起的社会问题成为当前政府、社会和学术界关注的焦点。研究以城市发展的工业化、城市化、信息化，住宅分配的制度化、自由化、产权化、市场化及新疆城市独有的地理、历史、文化、社会、经济环境为背景；以城市不同族群为研究对象，以城市居住空间分布格局和分异为主线；主要借助地理学、社会学、经济学、人口学等学科的研究方法和相关理论，剖析不同族群居住分布格局时空演化，进行分异测度，探讨居住空间分异的动力机制，城市空间秩序的耦合协调机制和空间响应。得出以下主要结论和对策建议：

(1)乌鲁木齐各民族“大杂居、小聚居、互相交叉居住”逐渐向“分族而居”居住格局转变，居住分异现象凸显。汉族人口居北而聚的格局基本形成，维吾尔族和哈萨克族人口基本形成单一集聚的小集聚形态，回族人口基本以混居为主，尚未形成集聚的形态。维吾尔族、哈萨克族人口由于其宗教信仰和生活习惯的差异，整体集聚程度较明显；回族人口由于其文化和语言的融合性较高，整体集聚程度不明显。随着空间距离尺度的增加，典型民族空间集聚显著性增强，并且集聚范围不断扩大。

(2)居住分异测算发现哈萨克族与汉族的居住分异度最大，在近30年呈现下降趋势；维吾尔族与汉族居住分异度适中，呈现先下降后上升波动趋势，其中，1982—2000年呈现下降趋势，2000—2010年呈现明显的上升趋势，这可能与“7・5”事件有一定的关联性，乌鲁木齐典型少数民族人口与汉族人口分异度小于与维吾尔族人口分异度，并且与汉族人口分异度呈现阶段性下降趋势。少数民族人口与汉族人口居住分异与其他民族人口比重都呈现显著负相关，表明其他民族人口比重越大，少数民族人口居住分异度越高。

(3)乌鲁木齐居住空间分异呈现系统化动力模式，城市景观是居住空间分异的物质基础，居住空间分异是经济转型的结果，居住空间分异是住房市场分化的社会表现，居住空间分异是社会经济分层的响应；民族文化是居住空间分异的特殊动力。

(4)公共空间、居住空间、社会空间、文化空间是城市空间系统化、抽象化的综合体，其理论和实践上存在分区“界线”。同时，居住、社会、文化与空间区位矛盾客观存在，其和谐关系是评价的主要依据。

(5)商业化空间侵蚀效应、宗教景观决定论是解释乌鲁木齐不同族群居住空间分异响应的有效例证。商业中心的景观格局将发生显著变化，原有的陈旧低层或多层单位式住房将被高耸的商业办公楼宇和高档公寓所取代，以生活为主的社区将被商业、休闲、娱乐场所所取代，高密度人口生活中心将被就业中心所取代。清真寺由于其特殊文化意义，对维吾尔、回族人口的集聚作用仍然很大，但已经受到商业化的冲击，清真寺的文化功能和商业功能将成为新的居住空间集聚力，但其分异作用将不断弱化，这种商业与文化新型混合区对于研究民族人口的迁移和居住空间选择提出新的视角。

(6)城市居住空间分异加速文化和社会分层选择，导致社会隔离、极化，影响社会稳定，影响社会公平、公正；提出通过“人文式”城市规划设计，实施“社会规划”，提升文化融合，创新物业管理等方式实施多样化的居住区设嵌入式居住模式。“嵌入式居住模式”不是简单的市场选择和政策导控，是居住区各民族和各阶层自然、有序、可持续的融合，达到和谐状态。同时，这种状态的实现需要一个长期的、分阶段的、分步的、有序的过程。

乌鲁木齐作为多民族城市的典型案例，其城市发展过程除了面临外部扩展和内部重组的空间机制的作用，更面临城市社区的商业化、民族文化的差异化、社会分层的多元化、居住空间分化等诸多矛盾。

本书虽对乌鲁木齐居住空间分异特征、机制及其空间响应等相关问题进行了一定的探索，但由于时间、知识、数据、方法的限制，对民族城市在外部扩展和内部重组过程中，商业化空间侵蚀效应和宗教景观决定论与居住空间分异的内在机制，居住空间分异的系统动力机制等相关问题有待更深入的研究。

关键词：居住空间分异，空间自相关，生态位，空间响应，乌鲁木齐

著　者

2016.10

目　　录

第1章　绪论

1.1　选题背景

城市居住空间是城市空间的重要组成部分，因社会势能与经济势能的不同而形成居住空间分异是客观存在的，在城市发展过程中，城市居住空间既是一种“地理空间”，同时也是一种“社会空间”，其中前者是城市存在的物质形式，后者是城市的内在实质（黄志宏，2007）。中国正处于一个深刻而复杂的社会与经济转型期，市场经济转型背景下的经济全球化和新知识经济时代以及工业化、城市化、信息化进程的加快，使城市面临着产业结构调整、城市功能重组、城市规模扩展的新问题。由此带来的贫富差距日益明显，社会阶层分化、居住空间分异，社会空间分异、极化、隔离引起的社会问题成为当前政府、社会和学术界关注的焦点命题。

（1）工业化、城市化、信息化的推进

改革开放以来，中国工业化、城市化、信息化进程逐年加快，中国区域发展水平差异、社会分层正在逐步凸显，城市的社会阶层状况正在发生根本改变，形成社会结构阶层化现象。同时，城市内部的社会极化、居住分异与隔离等许多不利因素影响了城市和谐社会建设和可持续发展。城市社会分层的主导机制正逐渐从政治分层转变为职业分层，出现了十大阶层的社会结构，城市社会阶层结构的变迁必然会深刻影响城市居住空间结构的变迁。

(2)社会经济的转型演进

社会经济转型是社会生活具体结构形式和发展的整体性变迁，是在分化—整合—再分化—再整合的循环往复中不断得以进步和发展。我国目前正处在加速社会经济转型期，社会分化的力度、速度、深度和广度比任何时期都要深刻。此阶段传统的居住主体在人口构成、年龄结构、家庭结构、社会网络上都发生了变化。同时，城市的社会分层结构也发生了较为明显的变化，城市中产阶级逐渐成长并壮大，城市新贫困阶层在旧城的集聚，阶层的分化导致城市居住空间分异的扩大和居住隔离现象的出现。

(3)住宅分配的制度化、自由化、产权化、市场化

住宅分配逐渐成为居住空间分布的重要影响因素。住宅分配的制度化主要针对保障性住房分配的制度设计，原有的单位制的住房分布模式，是居住空间分异的制度因素；住宅分配的自由化是建立在市场化基础上并源于我国房地产市场的商品性，表现为不同阶层人群对住宅空间的面积、区位、环境、保护选择的自由化，是居住空间分异的行为因素；住房分配的产权化，更强调居民对个人空间的维护和保护，体现居住空间的法律属性，是居住空间分异—极化—隔离的法律因素；住宅分配的市场化是居住空间分异的主要动力，主要体现在住房市场供给的有限性和需求的无限性，住房价格的不断上升，导致居住空间分化，是居住空间分异的市场因素。

(4)和谐社会理念扩展

和谐是社会发展的必要形式，是社会领域中的具体表现，是社会系统的各部分、各要素之间相互依赖、求同存异、功能互补、协调发展的融合的社会生成状态。和谐社会是全面系统的社会和谐，在这一系统中，要求矛盾的双方或多方能够在统一体内相互包容，协调运作，良性转化和融合，始终使社会处在健康的、富有生机和活力的状态之中。随着我国福利制度改革、社会阶层分化、住房市场化等一系列社会经济变革，现代封闭社区开始在中国城市大量出现，并逐渐发展成为城

市居住区的主导模式。然而，封闭社区所引发的城市空间私有化、居住隔离化严重悖于我国和谐社会的构建。城市居住空间分异与城市社会和谐的辩证关系一直是社会学、人口学、城市地理学研究的热点，当代我国城市在发展进程中为解决城市土地空间优化配置，公共空间平等共享时所面临旧城改造、棚户区改造、交通拥挤、住房保障等问题，已成为城市规划、社会规划的新命题。

选取乌鲁木齐市作为实证城市，源于其经济环境的特殊性——新型对外开放城市，地理环境的特殊性——绿洲城市，文化环境的特殊性——多民族聚居城市，时间尺度的特殊性——转型期城市，四位一体的特性，新环境、新元素、新政策对乌鲁木齐居住空间分异探究提出新背景。

1.2 研究意义

基于以上分析，本研究以乌鲁木齐独有的地理、历史、文化、社会、经济环境为背景，以乌鲁木齐不同族群为研究对象，以城市居住空间分异为主线，基于大（城市）、中（街道）、小（家庭或个人）三个研究尺度。研究从小尺度（家庭或个人）入手，展开综合调查，并结合国内外经典文献深入剖析，形成中尺度（街道）的居住空间分异形态图。主要借助经济学、地理学、社会学、人口学等学科的研究方法和相关理论，剖析乌鲁木齐不同族群居住分异的模式、动力机制、空间响应，探究居住空间秩序的耦合协调机制。

理论意义，近来，众多学者更关注乌鲁木齐空间扩展和聚集问题，而乌鲁木齐居住空间分异则是学术研究的短板。在对原有学术文献总结、分析、比较基础上，主要探究乌鲁木齐居住空间分异动力机制、耦合协调机制及空间响应，拓展了城市和谐内涵，丰富了城市居住空间分异和城市空间治理理论。采用多元空间尺度，融合多学科，结合GIS技术，探索新的研究体系。

实证意义，城市的经济社会发展需要空间让渡，弱势族群聚居区是城市规划热点，是旧城改建重点，是城中村改造、棚户区改造、贫民窟拆迁的难点。乌鲁木齐族群在空间上基本以少数民族族群集聚区、外来族群集聚区、属地族群集聚区同类聚居形式。其中，少数民族族群是社会稳定、和谐、可持续发展的基石；外来族群是当前城市化进程的生力军，同时也是城市社区矛盾诱因之一；弱势族群是城市优抚、保障重点，是构建和谐城市主因；新生代族群是城市发展过程中的新现象、新问题、新矛盾的重点。各类族群以斑点状和带状散布于城市之中，居住空间呈现日益分异趋势，社会问题日渐凸显。然而，经济社会发展规划、城市住房规划、社会规划、人文规划、扶贫计划越来越强调“以人为本”，寻求与之相适应的理论支持刻不容缓。

1.3 研究区范围及方法

1.3.1 研究区范围

乌鲁木齐行政区划包括七区一县，分别是天山区、沙依巴克区、新市区、水磨沟区、米东区、头屯河区、大阪城区和乌鲁木齐县。为保证数据在时空尺度上的承接性和可得性，将六个行政区为研究范围，不包括乌鲁木齐县和大阪城区，并以 65 个街道（部分镇、乡）作为研究基本单元。由于乌鲁木齐 30 年的行政区划有所变化，各时间截面的研究街区范围见表 1.1，研究空间范围如图 1.1 所示。

表 1.1　1982—2010 年乌鲁木齐街区个数变化

Table 1.1　The change of the number for study block in Urumqi, 1982—2010

行政区	1982 年	1990 年	2000 年	2010 年
天山区	8	12	14	18
沙依巴克区	9	9	10	10
水磨沟区	6	5	7	8
新市区	4	7	11	17
米东区（东山区）		3	3	7
头屯河区	3	3	5	5
合计	30	39	50	65

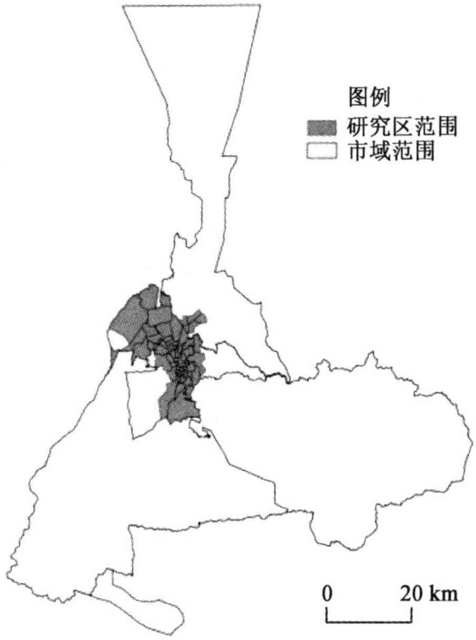

图 1.1 研究区范围

Fig. 1.1 Area of the study

1.3.2 研究方法

抽样调查与社会抽样调查相结合，以重点调查和典型调查为辅助，通过科学规范、严肃认真的入户问卷调查、深度访谈等方式获得大量的第一手资料，在对调查资料进行仔细筛选、鉴别、整理、编辑基础上，结合经典文献，借助地理形态分析法、因子生态分析法和居住历史分析法、GIS 技术与微观（家庭或个人）、中观（街道）、宏观（城市）分析视角相结合进行研究。其中运用聚类分析方法和因子生态分析法形成不同族群居住空间分异类型和模式，借助居住历史分析法分析不同族群居住空间分异趋势，GIS 技术的应用形成不同尺度居住空间分异图。

(1)调查分析法，抽样调查与社会抽样调查相结合，以重点调查和典型调查为辅助，通过科学规范、严肃认真的入户问卷调查、深度访谈等方式获得大量的第一手资料，再对调查资料进行仔细筛选、鉴别、整理、编辑、分析。

(2)统计描述法,主要用于分析乌鲁木齐不同族群经济特性、社会特性、文化特性、空间特性。

(3)指数分析法,用于测算居住空间分异度和耦合协调度,其中分异指数用于测算大、中、小尺度的民族、收入、职业居住空间分异度;耦合协调指数用于分析居住、社会文化、经济、公共空间秩序的耦合协调关系。

(4)机理分析法,机理分析是通过对系统内部原因(机理)的分析研究,从而找出其发展变化规律的一种科学研究方法。

(5)案例分析法,案例分析主要用于对不同族群居住空间分异机制的时间序列调查分析,通过科学抽样对典型家庭、典型社区、典型职业、典型民族的居住空间迁移和影响因素进行个案剖析,修正数量分析误差,证实理论观点。

1.4 数据资料来源

本研究数据来源有 6 个方面:

(1)社区数据主要通过走访调查居委会和街道办获取,家庭数据主要通过问卷调查获取(表 1.2)。共发放问卷 2130 份,其中有效问卷 1983 份,有效率达 93%。涉及 4 个区,43 个街道,251 个社区,社区平均覆盖率为 61%,基本符合统计程序和抽样标准。

(2)住房分布和价格数据主要通过调查房地产经纪机构的交易数据和从乌鲁木齐房地产管理局获取。

(3)街道数据主要来源为 1982 年、1990 年、2000 年、2010 年乌鲁木齐人口普查和新疆人口普查数据,共收集乌鲁木齐市 65 个街道数据。

(4)总体数据主要通过乌鲁木齐统计年鉴、人口统计年报。

(5)公共景观数据主要借助 goole 地图和 GPS 技术完成。

(6)GIS 空间数据主要通过地图扫描矢量化完成。

家庭问卷调查采取随机抽样与 PPS 抽样(sampling with probability

表 1.2　调查样本情况统计

Table 1.2　The number of sample statistics

行政区	有效发放	自有住房			租赁住房			社区个数	调查覆社区覆	社区覆盖率/%
		发放问卷	收回问卷	有效问卷率/%	发放问卷	收回问卷	有效问卷率/%			
天山区	528	450	439	98	100	89	89	140	78	56
沙依巴克区	523	450	431	96	100	92	92	117	78	67
水磨沟区	367	350	305	87	80	62	78	67	42	63
新市区	565	450	439	98	150	126	84	84	52	62
合计	1983	1700	1614	95	430	369	86	408	251	61

proportional to size)相结合的方法,保证调查的科学性。PPS抽样,也叫作"概率与元素的规模大小成比例的抽样",是一种不等概率抽样方法。其原理是通过阶段性的不等概率抽样换取总体的等概率。其做法是:在第一阶段抽样,也称为初级抽样,每个群按照规模(所含元素的数量)的大小给予大小不等的抽样概率,即群的规模越大,其被抽中的概率越大;在第二阶段,从每个抽中的群中都抽取等量的元素。通过两个阶段的不等概率抽样,使得总体中的每一个元素最终都具有相等的抽样概率。

第一阶段抽样采取简单随机抽样的方法,根据实际调查和统计数据,从乌鲁木齐市七区一县中抽取4个区作为样本群,分别是沙依巴克区、水磨沟区、天山区、新市区。第二阶段抽样根据每个区人口总数、街道数量和社区数量,选取43个街道中的251个社区为调查样本的基本空间单元。第三阶段根据抽样单元,并结合人口密度、人口户籍、民族三项属性分街道按比例抽取调查个体(户单元),再随机抽取被调查人。主要采用结构访谈与问卷调查的方式,16人8组,分街道、分社区,共经历近1个月时间完成。

1.5 技术路线

在综合国内外学者对居住空间、社会空间研究的基础上,以绿洲城市的自然、历史、文化、社会、经济为背景,选择乌鲁木齐街道作为研究区域,以典型族群为研究对象,以居住空间分异为主线,通过六个途径获取相关数据和资料。在对乌鲁木齐不同族群的社会、文化、经济、居住属性调查分析基础上,借助地理学、社会学、人口学、经济学等学科的研究方法和相关理论,对乌鲁木齐不同族群居住格局时空演化,集聚模式展开分析。从不同尺度对典型族群居住空间分异进行测度,探究民族型绿洲城市居住空间分异机制。运用因子分析法,从社会、文化、居住、经济、区位5个属性对乌鲁木齐城市空间进行分区,形成不同的分区模式。借助生态位和耦合指数,对乌鲁木齐居住空间系统进行评价。通过商业景观、民族宗教景观、公共景观的分布规律,探析其对居住空间分异的响应关系。提出了商业化空间侵蚀效应、宗教景观决定论的概念，形成了具有创新性结论，对乌鲁木齐城市规划和社会规划提供理论支撑(图 1.2)。

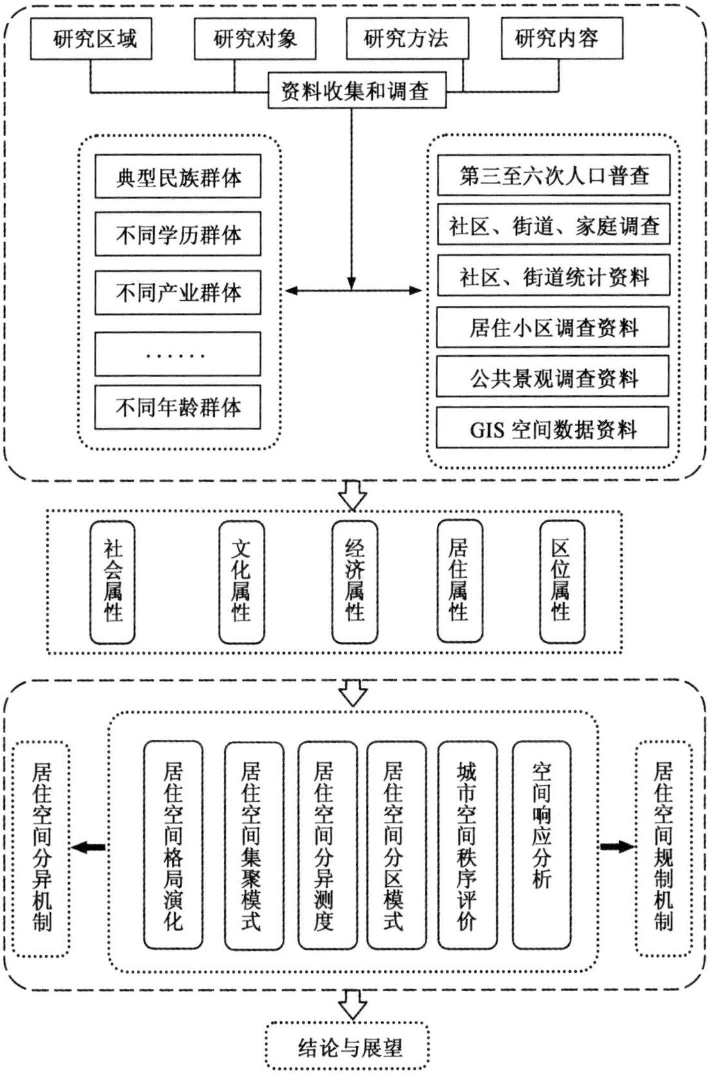

图 1.2　技术路线

Fig. 1.2　Research framework

第2章　国内外居住空间研究现状与趋势

2.1　基本概念

2.1.1　居住空间

沙里宁(E. Saarinen,1943)认为"住房的含义应当是家园以及健康的环境,而不光是遮风雨的墙壁和屋顶"。住宅不仅仅具有一种用于居住的功能,而且也是推动和约束社会关系的场所(location)。因此,城市传统居住空间的含义不仅是城市地域空间内住宅建筑的空间组合,它还是人们居住活动所整合(social integration)而成的社会空间系统(social-spatial system)。城市传统居住空间应理解为一种由邻里街区有机整合而成的社会空间连续系统(continuum system),同时兼具物质(结构)空间和社会系统的特征。它既是由城市居民居住活动产生的一种开放空间实体,又是一种反映社会关系的意识。城市居住空间同时具有社会和物质的双重属性。居住空间的社会属性表现的是居住空间的深层结构,并决定着居住空间的物质属性,而居住空间的物质属性表现为居住的物质空间形态,往往反作用于居住的社会空间,它们之间是一种互动关系。居住空间的社会属性:依据 Skevky, Williams 和 Belly 的城市社会空间研究观点,现代城市居住空间的社会属性由经济地位(economic status)、家庭类型(family type)和种族背景(ethnic)三种主要特征要素决定。而针对一个居住空间单元来说，其社会属性特征是由其内部居民的职业类型、收入和财富等级、教育和知识等级、权力和权威等级、家庭规模与类型等社会、经济指标来量度的。居住空间的物质属性:居住空间的物质属性主要体现在其物质空间的特征上,其中最为主要的是居住用地空间布局结构和居住建筑环境空间的布局形式。城市居住用地空间布局结构具体体现为居住用地的区位、规模以及空间形态;而居住建筑环境空间布局形式体现为住宅及其配套服务设施的条件以及居住建筑及其环境的空间组织方式。

2.1.2　社会分层

社会分层(social stratification)是对社会阶级和阶层结构的分析研究。“分层”(stratification)本来是地质学家用于研究地质结构的概念,是指地质结构的不同层面。城市社会学家在研究城市社会结构时,发现城市社会中人与人之间、群体与群体之间是不平等的,存在着类似地质结构中那种高低有序的阶级层次现象,因此,社会学家借用地质上的“分层”来说明城市社会的纵向结构,称之为“社会分层”。社会分层揭示的是不同的社会群体或社会地位不平等的人对那些社会中有价值事物的不均等占有,它体现了社会资源在社会中的不均等分配。最早的社会分层理论是由德国社会学家韦伯提出的,他的社会分层理论核心是划分社会层次结构所必须依据的三重标准,即财富(wealth)——经济标准、威望(prestige)——社会标准、权力(power)——政治标准。城市社会分层是一种城市社会正常现象,通过城市社会流动来实现。

2.1.3　城市居住空间分异与极化

居住空间分异是因居民的职业类型、收入水平、文化背景、生活习惯、习俗、民族、种族、宗教信仰等差异而产生的居住区位选择的差异,形成同类社会阶层居住集聚的空间形态(徐菊芬和张京祥,2007;邱梦华,2007)。社会经济状况、个人住房选择、住房市场结构、公共部门干预是居住空间分异的诱因(Van-Kempen,1994),社会阶层分化和空间分化是居住空间分异的结果(吴启焰,2001)。居住空间分异对城市规划、土地使用制度改革、住房改革、户籍改革、旧城改造、棚户区改造、优化住房福利制度具有指导意义(宣国富等,2006)。居住空间极化构成居住空间各阶层,特别是最高与最低阶层相互悬殊,彼此社会距离急剧扩大的社会现象,以及其引起居住空间形态的强烈反差(黄志宏,2007)。

2.1.4 种族、族群及民族关系

"种族"一词主要或首先是一个生物学概念,种族在英语中是用race来表达的。《韦氏词典》是这样解释"种族"的:人类的主要生物学划分,即用肤色、头发、身体结构等的差异加以区分的人群,主要指在遗传基因(gene)上不同于另一些人的人口,这是一种现代科学用法。

族群(ethic group 或 ethnicity)是指一群人,他们认为彼此共享了相同的祖先、血缘、外貌、历史、文化、习俗、语言、地域、宗教、生活习惯与国家体验等,因此形成一个共同的群体。族群含义在2000年后有转变,从原来以少数民族或少数族裔的意思,到后来以文化特征区分,而最新的看法则认为族群是社会过程后的产生的结果。因此,族群可能因历史及时空环境,基于历史、文化、语言、地域、宗教、血缘祖先认同、行为、生物/外貌特征而形成"一群"与其他有所区别的群体(Richard T. Schaefer,2008)。这些区别我者和他者的民族性(ethnicity)特质可能包括"客观"及"主观"(如认知和感情的成分)族群(ethnic group),具有独特文化的少数人群体,在概念上与种族截然不同但实际两者是紧密相关。一个民族通常包含多个族群。一个族群通常包含多个民系(绫部恒雄,洪时荣,1988;熊子维,1998)。

民族,一个稳定的、历史上发达的有着共同领土、经济生活和特定文化与语言的人群共同体(community of people);一个单一政府治理之下的联合起来的在一块土地上的人民。民族可由两条不同的路径形成:一是与血缘文化相关的人群集合,即属于一个在血统和文化上

的人群(他们有可能不居住在一起)分享着一样的团结感,因而组成一个民族;一是与血缘无关,但与政治和政治认同有关的不同族群和语言集团的人民,由于分享着同样的团结感而组成一个民族。中国的"民族"概念实际上有两个来源,即传统的民族概念和马克思主义民族概念。目前,中文语境中的"民族"一词含义极为复杂,它包含了英文等西语的民族(nation)、族群(ethnic group)、民族的少数(national minority)、人类共同体(human community)等含义,而且经常与种族一词相混用,学术界逐渐引入西方的不包含政治色彩,而侧重文化意义的"ethnic group"(族群)概念。

20 世纪 60 年代美国率先启用 ethnicity 取代具有国家内涵的民族认同概念,ethnic、ethnic group 亦由原来仅表达种族内涵转向强调历史——文化内涵。中国台湾学者率先把 ethnic group 译为族群。20 世纪 80 年代以来,族群(ethnic group)及其理论在中国港台学术界广为使用。随着改革开放的深入,我国学者与西方人类学界交流日渐增多,受此影响,中国内地学者越来越认识到"民族"英译中存在的问题,并主张用 ethnic group 代替 nationality,采用中国港台学者做法,将其译为族群,以区别于国家内涵的"民族"。马戎、阮西湖为代表,力主将 ethnic group 翻译成"民族";石奕龙认为,ethnic group 不应译为民族,而应译为族群。石奕龙认为,"ethnic"除了指民族的以外,也可以指种族的、部落的、民族或国家以及某一特定文化群体。ethnic group 含义可大可小,大可指华人族群、族别,小可指民系、某某人或某类小群体。它有时可译为民族,有时又不能,故应当译为族群。

族群(ethnic group)一般是从文化的角度去定义的,不具有主权要求,"民族"(nation)则是强调政治方面的意义,具有民族国家的意味。李祥福、兰林友也认为,民族概念适用于中华民族,而族群概念则适用于我们习惯上所说 56 个民族,以及 56 个民族之下的各个支系。较早给民族和族群的使用划定范围的是林耀华,他认为族群(ethnic group)专用于共处于同一社会体系中,以语言和文化认同为特征的群体,适用于一国之内;而民族就是"民族或国家",适用范围主要在各国之间。张海洋进一步认为,在中国族群概念适用于民族的文化定义,"民族"

概念适用于民族的政治含义。徐杰舜将二者区分为:族群强调的是文化性、学术性,使用范围十分宽泛;民族强调的是其政治性、法律性,使用范围相对狭小。纳日碧力戈认为,从本质上说,族群是情感-文化共同体,而民族则是情感-政治共同体。以上四位学者对“民族”和族群这两个概念的区分都倾向于把族群用于文化。

本文在总结相关文献的基础上,运用族群的文化内涵,根据研究对象的民族、职业、年龄、教育程度等特性,将具有同一文化特征的群体划分为某一族群,按民族划分的族群,包括汉族族群、维吾尔族族群、哈萨克族族群、回族族群等;按教育程度划分的族群,包括高学历人口族群、中等学历人口族群、低学历人口族群;按年龄划分的族群,包括学龄人口族群、劳动人口族群、老年人口族群等。其中按民族划分的族群概念更接近上述前人的定义,其他划分标准的族群更具有“群体”的特征,但为了其符合社会学划分标准,也方便学术研究,统一称之为族群。

2.2 国外研究综述

2.2.1 理论派别

城市居住空间研究理论学派见表 2.1。

(1)生态学派,主要以芝加哥学派为主,其理论来源于人类生态学,主要借助生态学的阶层、生命周期、种族三个指标来研究社会群体的居住空间分布,并借助“生态隔离”“入侵和演替”“竞争”“优势”等生态概念来分析特定类型族群居住空间演变规律,典型代表为伯吉斯的同心圆模式(concentric zone model),霍伊特的扇形模式(sectoral model),哈里斯和乌尔曼的多核心模式(multiple nuclei model)。此后新人类形态学派,把城市当作是一种文化形式。费瑞认为空间不仅是土地利用,还具有文化、情感和象征意义。土地利用的区位活动不应只是经济取向,而应有情感及象征意义,而且情感及象征意义会反过来影响区位活动的运作。新人类学理论对土地利用的研究接近系统观,注重人文的、心理的、社会结构和自然环境因素在土地利用中共同作用的结果。

表 2.1　城市居住空间研究理论学派

Table 2.1　Theories and experts of residential space

学派	理论基础	研究重点	代表学者
生态学派	人类生态学理论	居住结构的空间模式	伯吉斯(1925) 霍伊特(1939) 哈里斯和乌尔曼(1954) 费瑞(1954) 邓肯(1961)
新古典经济学派	新古典经济学理论	效用的最大化消费区位选择	阿朗索(1964) 穆斯(1969) 米尔思(1967) 惠顿(1982)
行为学派	行为学理论	住宅区位的选择与决策; 居住迁移	布朗和摩尔(1970)
马克思主义学派	政治经济理论 社会空间统一体理论	住宅区位与社会力量的相互作用	卡斯特尔斯(1972) 哈维(1973)
制度学派	区位政治理论 韦伯社会学理论	住宅区位与权力集体的冲突 住房供给和分配的制约因素	弗蒙(1954) 帕尔(1975)

(2)新古典经济学派,该学派假定了 4 个前提条件:第一,商品生产和服务业反映了消费者的喜好;第二,所有的住户和企业都具有对称的信息;第三,家庭和公司分别能够实现效用最大化和利润最大化;第四,生产要素具有流动性。在上述前提条件下,居民在一定预算约束条件下,遵循效用最大化和竞价地租原理,研究居民最佳的居住区位选择和合理的土地开发模式是建立在严格的 4 个假设基础上。

(3)行为学派,择居行为视角的研究可以追溯到 1963 年,W. Kirk 和 D. Lowenthal 的关于决策过程的区位行为分析。W. Kirk 提出现象环境(phenomenal environment)和行为环境(behavioral environment),前者是自然现实的外部世界,后者被定义为感知环境(perceived environment);认为在住宅区位选择的过程中,应加强人的行为(感性过程)与现象环境(决策过程)之间关系的研究。Wolperp(1965)认为迁移是适应外部环境的感应变化，提出地点效用和行动空间两个概念。布朗和摩尔利用 Wolpert 地点效用和行动空间的概念，构建了迁居行为模型。将迁居过程看作两个阶段寻找新住宅的决策和迁居决策。这一模型共同的特征是把家庭当作独立的决策单位，住房供给和分配作为一个已知的变量，并假设迁居者具有同质性。

(4)马克思主义学派（政治经济学派），代表人物哈维（Harvey）和卡斯特尔斯（Castells）。认为城市土地利用的区位决策和空间模式不是个体自由决策的结果，而是受制于社会结构体系。由于地位不同，不同社会阶层在土地利用的决策与开发过程中的影响力和权力存在显著差异。运用政治经济学的理论和方法对资本主义土地市场、住房的占有形式及其居住空间分异、住房政策等问题进行研究，认为居住空间分异成为社会阶层最有效和最普遍的形式。

(5)制度学派，以区位政治学和韦伯社会学为理论基础，重点研究居住空间形成的社会、政治空间，居住空间分异、城市住房供给和分配的制度结构，有两个不同的起源，以研究美国城市为代表的区位冲突学派和以研究英国城市为代表的城市管理学派。区位冲突学派关注权力、冲突和空间之间的关系，由北美的政治学者最先研究，也即是区位政治学。城市管理学派将伯吉斯同心圆模式的要素和韦伯社会分异理论相结合，提出了住房阶级（gousing class）的概念，划分出 6 个带有空间特征的住房阶级：①已还清抵押贷款的自有住房者；②尚未还清抵押贷款的自有住房者（新郊区）；③租住公共住房者（内城）；④租住私人住房者（内城）；⑤短期贷款购房被迫向外出租房间者（老郊区）；⑥租住个别房间者（内城）。

2.2.2 居住空间模式

城市居住结构模型是城市社会地理学的研究核心，主要分析城市中的社会问题和空间行动，揭示城市中社会组织和社会运行的时空过程和时空特征。城市社会空间结构模型可以从整体上、宏观上反映和把握城市社会空间变迁规律，是城市规划、城市管治重要的科学依据。

国外对居住空间分布模式研究最早，主要通过抽象归纳调查统计数据形成理论模型。其中生态学派最为典型，对以后研究社会空间的影响最大。霍华德(E. Har)(1898)的田园城市模式是最早应用抽象图像反映城市空间分布形态，此后的伯吉斯(E. W. Bugerss)(1925)的同心圆模式(concentric zone model)，霍伊特(Home. Hoyt)(1939)的扇形模式，哈里斯和乌尔曼(1945)的多核心模式(multiple nuclei model) 最为典型。在三大城市空间分布模式基础上默迪(Mirdie)(1969)的扇形同心圆组合模式，巴布科克(Babcock)(1932)的星状环形模式，从此模式研究扩展到东南亚，非洲，拉丁美洲，其中麦基(Mcgee)(1967)的东南亚模式，莱蒙(Lemon)(1991)的南非城市模式，福特(Ford)(1980)的拉丁美洲城市模式。

2.2.3　研究方法

从研究方法来看，主要分为三类：①因子生态分析方法，主要以定性描述为主，定量研究为辅，借助社会学中的调查统计方法和理论、概念模型抽象归纳分析，分析和解释城市居住空间的形成和演变，绘制城市意象地图。如 R. A. Murdie(1969)采用演绎分析方法对加拿大多伦多的居住空间结构进行了实证研究，B. T. Robson(1969)运用归纳法对英国城市桑德兰进行了归纳研究。②因子分析和主成分分析等多变量统计方法在居住空间的结构和分异研究中使用最为普遍。森川洋(1975)和 Davie(1984)使用因子分析法分别对日本和英国城市居住空间的分化等进行了研究。③计算机技术、GIS 技术、数量模型、系统论思想的引进，使得城市社会—经济—空间系统中的复杂问题得以系统研究，城市地理学开始采用模型来表述所研究的城市居住空间演化现象，并成为城市地理学研究方法的发展趋势。

2.2.4　研究评述

国外对居住空间研究起步早，主要源于社会学、人口学、经济学，以城市发展脉络为载体，借助地理学空间概念，形成城市社会地理学，其研究方法和理论是国内研究起步的平台。各自研究派别有各自的研究基础、方法，并形成理论体系，各派别之间有分异和统一。主要研究城市空间、社会空间、居住空间的形态演变模式、分异机制与文化、种族、权力、住房、社会阶层、法律关系，得出理论模型和理论概念，解释社会经济空间现象。

2.3 国内研究综述

我国对居住空间分异的研究起步较晚，1986 年，虞蔚的《城市社会空间的研究与规划》是我国学者第一篇公开发表的关于城市居住空间分异的文献，孙斌栋、吴雅菲(2008)通过对 1986—2008 年该研究领域 155 篇学术论文及部分代表性专著的总结，将其发展过程划分为起步(1986—1993 年)、独立发展(1994—2003 年)和蓬勃发展(2004 年以后)三个阶段，是对居住空间研究较为翔实的综述文献。

2.3.1 关于居住空间结构模式及演变研究

居住空间结构具有物质空间和社会空间双重属性(吴启焰，2001；黄志宏，2007 年)。上海中心城区 1947—2000 年居住空间结构演变研究，发现上海中心城区居住空间结构由简单的组团加圈层结构向复杂的扇形、圈层和组团综合模式演变(廖邦固等，2008)。1982—2000 年上海市郊区社会空间结构及其演化研究结果表明，社会空间演化主要表现在空间模式、发展方向和社会分异三个方面，同时，上海市郊区的社会空间结构已由计划经济时期以扇形为主要特征的简单模式演变为社会转型时期以多核、圈层为主要特征的复杂模式(李云和唐子来，2005)。1982—2000 年北京都市区社会空间结构及其演化研究，表明北京都市区的社会空间结构由相对简单趋于复杂，整体上表现出一定的同质性向异质性演变，社会区之间主要以同心圆的方式组合，也伴有多核心和扇形结构(冯健和周一星，2003)。长春市社会空间结构研究发现：人口密集的工人聚居区、人口密集的老城区、近郊工业人口聚居区、知识分子聚居区、远郊农业人口聚居区和近郊城镇人口聚居区 6 类社会区，这 6 类社会区形成了以同心圆模式为主，综合扇形和多核心结构要素的空间结构模型(庞瑞秋等，2008)。广州市 1985—1990

年社会空间结构演变研究结果发现广州市社会空间结构的分异现象更趋明显，具体反映在人口外溢、居住条件改善及新开发区的形成等方面（郑静等，1995；许学强等，1989）。大连市居住空间分成低档住宅区、中低档住宅区、中高档住宅区、高档住宅区和超高档住宅区等 5 类（李雪铭和汤新，2007）。南京主城区的居住空间目前已呈现结构多元化的雏形，居住空间结构为“圈层”与“扇形”相混合模式，有从单中心向多中心发展的趋势（袁雯等，2010）。

2.3.2　关于居住空间演化动力机制研究

我国城市居住空间结构的演变过程研究表明，我国城市居住空间结构的演变历程，可概括为古代城市、近代城市和现代城市发展三个阶段，不同时期的城市居住空间结构特征各异，而居住郊区化和居住分化是当代城市居住空间结构演变的两种主要表现形式（刘长岐和王凯，2004）。基于 GIS 的洛阳市居住空间研究表明，社会经济发展、政策因素和民族文化构成是洛阳市商品住宅地理分布的重要因素（单楠等，2009）。广州市社会空间结构的历史演变过程中城市经济发展政策、城市规划、住房制度、城市发展历史、城市自然背景是影响这个空间模式形成的主导机制（郑静等，1995；许学强等，1989）。武汉市边缘区社会空间演进的研究表明国家政策是边缘区社会空间形成的直接推动力，边缘区的区位优势是边缘区社会空间形成的内在拉力，城市社会经济的发展是促使城市边缘区社会空间形成的内在动力（周婕和王静文，2002）。城市空间拓展、社会结构变化以及政策与市场行为是居住空间形态特征形成的动力（孙世界和胡明星，2009）。1929—1947 年近代南京城市社会空间结构变迁研究发现不同时段南京城市社会空间结构的主因子、类型以及空间分布等方面均存在较大差异，这是近代中国社会的激烈变革在城市空间上的反映，社会空间变化过程显示出极大的“矛盾性”，一方面中国传统城市“士农工商”各社会阶层混居和单一的城市功能模式被打破，工业区与居住区分离；但城市居住、商业活动仍保持十分密切的联系，《首都计划》是近代南京城市社会空间结构变迁的主要驱动力（徐昀和朱喜钢，2008）。长春市社会空间结构研究,得出影响长春市社会空间结构的5个主因子为:知识分子阶层、一般工薪阶层、制造业和低端服务业一般员工阶层、蓝领阶层和从事交通运输业的外来人口阶层(庞瑞秋等,2008)。

2.3.3 关于居住空间分异机制研究

中国大城市社会空间结构正呈现重构与分异的演变趋势,这种演变趋势是社会分异与空间分异等一系列空间过程互动的结果(杨上广,2006)。居住空间分异是居民同类聚集形成的相对集中、相对独立、相对分化的空间现象(邱梦华,2007);居住空间分异是社会群体在住房和邻里质量、住房产权和区位中的不均衡分布形成居住区位的差异(刘望保和翁计传,2007);居住空间极化和隔离角度是居住空间分异表现形式(陈果等,2004;魏立华和闫小培,2006;薛德升和黄耿志,2008)。土地制度、房地产税收制度、住房保障制度是居住空间分异制度动力(徐菊芬和张京祥,2007);住房选择的制度化、自由化、产权化是居住空间分异的主要驱动力(刘望保和翁计传,2007)。中国各大城市居住空间分异状况开始出现并日益加剧,不同收入和社会地位的人开始不断分离、各自聚集,原来混居的人们开始分别属于不同地段的住宅区域内。这一现状与住房的货币化改革密切相关,政府的政策变化、土地区位的优劣、城市居民的阶层分化等是城市居住空间分异的原因(赵凤,2007)。居住空间分异的动力主要表现在结构动力与文化动力的双重推进(陈云,2008)。从社会经济发展、城市建设、住房商品化改革、房地产市场、居民家庭结构类型等方面分析大连市居住空间分异动力机制(李雪铭和汤新,2007)。上海社区建设的历史时段对其社会空间构成具有重要影响,社区内部的均质化与社区之间的异质化两种趋向正同时发生,市场因素正逐步成为影响社会空间重构的主要因子(李志刚等,2004)。上海居住空间分异的实证结果表明,以经济状况为标杆的居住空间分异在上海已初现端倪,贫富两个阶层居住隔离显著。居住空间分异的主导力量是市场机制,包括城市规划在内的公共政策未加以有效引导也是重要原因,其后果是社会隔离加深、社会对比加剧与社会公平受损(孙斌栋和吴雅菲,2008)。封闭社区的大量崛起导致城市社会空间碎片化与公共空间私有化；现代社区组织模式和生活方式转变加剧了社区邻里关系淡漠(宋伟轩等，2010)。

2.3.4　研究方式及方法

国内对居住空间、社会空间的研究视角分三类，注重宏观、综述研究方式，一是主要从以往的研究文献中提取观点，并总结分析，抽象出概念模型和理论模型；二是以研究综述的形式对以往研究文献进行总结评述。此类基本以定性分析为主，研究内容主要是综述城市居住空间分异现状、规划对策、动力机制，城市空间的演进过程等。注重实证、方法，主要以统计数据、人口普查数据、调查数据为基础，通过因子分析法、主成分分析法、聚类分析法和指标法对原始数据进行筛选、整理、指标化，再通过计算机技术、GIS 技术绘制空间结构图形，并抽象出结构模型、理论模型和概念模型，研究内容主要是某一实证城市(基本集中在北京、上海、广州、南京、西安五个城市)的中心区、城中村、边缘区、郊区、农村等区位的居住空间和社会空间分布模式、结构、演化机制，分异机制、社会分区、分异重构。研究方法及路线基本遵循：①数据(统计数据、人口普查数据、调查数据)—统计描述法—分析—结论；②数据(统计数据、人口普查数据、调查数据)—因子分析法—聚类分析法—结构模型(理论模型)—结论；③数据(统计数据、人口普查数据、调查数据)—指标法—结构模型(理论模型)—结论；④基于技术(模拟仿真技术、模型技术、GIS 技术)—实证城市—结论。注重文化—行为—区位研究路径，此类研究主要借助行为学派和新政治经济学派的研究理论和方法，通过对流动人口、贫困人口、无户籍人口、女性、农民等特殊族群对就业、交通、消费等场所的区位偏好，分析选择居住区位的动力机制及居住空间分异的影响。此类研究主要以定性研究和定量研究相结合的方法，基本以机理分析为主，通过构建理论模型和概念模型解释居住空间分异现象和演化过程。

2.3.5　研究评述

国内城市居住空间分异研究在秉承国外研究理念基础上，逐渐形成中国化的研究风格。社会空间研究与居住空间研究并行，社会空间研究相对居住空间起步更早，研究方法、理论更成熟。研究内容主要集中在城市居住空间结构的属性、结构模型、空间形态及其演变、居住空间分异机制、极化、隔离和空间重构。以前对城市居住空间分异研究主要以典型实证研究为主，很难形成理论指导系统。实证研究主要集中在上海（李志钢和吴缚龙，2007）、北京（冯健和周一星，2008）、广州（袁媛和许学强，2008；周春山，2007；何深静等，2011）、南京（陈果等，2004）、西安（王兴中，2004）等人口文化属性构成相对单一的少数发达特大城市，对一些特殊城市很难有实践借鉴和指导意义，检索文献中难见对西部欠发达地区人口构成相对复杂的城市研究，如乌鲁木齐市（单昕，2011；宋亚君，2011；张利，2012）、兰州市、银川市、西宁市等西部少数民族集聚的城市。

第3章 乌鲁木齐居住空间形态演化

从1758年至今,乌鲁木齐市有250多年的历史,居住空间分异在城市空间扩展逐渐表现出来。城市空间格局演化与城市居住空间演化呈现相互作用,其对城市居住空间分异产生直接影响。但在不同的历史阶段主导居住空间演化的因素不尽相同,每个阶段的居住空间演化模式都延续了上一阶段的痕迹。

3.1 建成之初至新中国成立初(1755—1949年)乌鲁木齐居住空间形态演化特征

乌鲁木齐城市的雏形产生于18世纪50年代,距今250多年,乌鲁木齐大规模开发始于清代乾隆二十年(1755年)乌鲁木齐筑土驻军。清政府鼓励屯垦,减轻粮赋,乌鲁木齐农业、商业、手工业一度有较快的发展,成为"繁华富庶,甲于关外"的地方。为适应人口增长、屯垦及商业贸易的需要,清军先于乾隆二十三年(1758年)在今南门外修筑一座土城,城"周一里五分,高一丈二尺",奠定了乌鲁木齐城池的雏形;之后至乾隆二十八年(1763年),又将旧土城向北扩展,达到周长五里四分。竣工时,乾隆命名为"迪化"。

乾隆三十年(1766年)十二月由于绿营官兵和商民陆续前来,城内官署、民房已经不敷居住，再一次进行了大规模的改扩建。两年后完工，修成的迪化新城“周四里五分，高二丈二尺五寸，底宽一丈，顶宽八尺，城壕周四里八分，宽深各一丈”。城内万寿宫、庙宇、衙署、仓厂、兵房合计二千六百七十一间。

乾隆三十七年（1772 年），在迪化城西北约 4 公里处，即现在的新疆农业大学所在地修建了巩宁城，“周围九里三分，墙连垛口高二丈二尺五寸，厚一丈七尺，城外荷池周围一千九百八十九丈六尺，宽二丈，深一丈”。新修的城市气势宏伟，钦定城市名称为“巩宁”，驻官兵 3000 多名，民间俗称“老满城”，规模比迪化大。

乾隆三十八年（1773 年）乌鲁木齐同知改为迪化州知州，改乌鲁木齐参赞大臣为乌鲁木齐都统，陕甘总督奏准将马里坤道移驻迪化州巩宁城。于是巩宁城也就成为当时清王朝在乌鲁木齐的军政统治中心。迪化为汉城、巩宁为满城，两城相距约十里地，形成了地域并列的“双子城”。这种地域空间并列的城市双城结构，功能也完全不同，满城是军城，汉城是商城。

1876 年，清政府命左宗棠收回被阿古柏匪帮侵占的地区。清军收复乌鲁木齐时，边城是一片荒芜，恢复屯垦是第一要务，其后的十余年中，以陕甘回、汉移民最多，湘军退伍士兵就地务农者也不少。为了给军队补给，动员了一大批流动货郎随军西进。清军收复乌鲁木齐后，赶大营的货郎稳定下来，由行商变为坐商，分布在大十字一带，从摆摊经营到设立商店。

1880 年（光绪六年），由于巩宁城被毁，在迪化城东北角现今建国路一带，由驻军整修了 1825 年筑成的满营土城，驻官兵，俗称“新满城”。1884 年，新疆建省，迪化为省会。1886 年，迪化州升为府，设置迪化县。并将汉城、满城合并，扩建旧城，城周围 11.52 里，将原来的四道门开辟为七道门，并新建了许多富丽堂皇的衙署、庙宇、亭台、楼阁。该时期城市的布局采用十字大街为中心，以棋盘式的长街短巷向四周扩展的布局，在内部空间上形成了不同的居住区。2000 年初，俄国驻塔城领事就报告说：“乌鲁木齐按居民的民族成分分成好几个居住区”，这种情况在中国西部地区是常见的。城里有汉人区、满人区、萨尔特人(指维吾尔人)区以及住有俄国居民的俄国侨民区。除俄国侨民区外，每个地区的四周筑有相当坚固的草泥围墙，四面都有门，看起来的确像一座座单独的城堡。晚清民国初年的乌鲁木齐城市空间受到这一时期新疆建省以后的行政建设、民族贸易和外来(主要是俄国)政治和经济的影响，不同社会空间的异质性很强，并通过有形的城墙表现出来，从而形成了城市空间上的“合而不融”的结构，也就是“一城四区”。

19世纪20年代初，沙俄帝国覆亡后，新疆省政府正式收回贸易圈内的治外特权，将其纳入省城的市政管理当中，地名称为“洋行街”，正式成为乌鲁木齐城市地理空间的一部分。不过，迪化城的城墙却依然没有拆除，乌鲁木齐以南门城墙为界，从“一城四区”演变成了“一城两区”。

抗日战争时期，应新疆统治者盛世才的邀请，一些中国共产党党员来到新疆工作。中国共产党党员编制了城市规划，按照民族平等、民族团结的原则，对城市进行了改造，其中一个重要的举措就是按照民族平等的原则，拆除了南关城墙的肇阜门(新中国成立前乌鲁木齐南城门的官称，按照字义解释，“肇阜”就是“开创幸福”的意思，可是在漫长的旧社会里，肇阜门却是天堂和地狱的分界线。一道阴邃的城门，一堵森严的城墙把乌鲁木齐分隔成截然不同的两个世界，城里，“朱门酒肉臭”，城外，“路有冻死骨”)，摧毁了财神楼，填平了民族隔离的鸿沟——护城壕，一条新修的碎石路从市区中心一直通到三屯碑。中国共产党人主持的城市建设不仅突破了城墙作为城市社会空间隔离的形态，使乌鲁木齐城市空间上整体上连成一气，也形成了新的社会空间。同时，中国共产党人的进驻(八路军办事处在延安路)、新疆学院的招收汉族学生，也使不少汉族人口进入南门以南的社区居住，使这里高度聚居的民族居住格局转向“大杂居，小聚居”。

在这一时期，乌鲁木齐城市发展主要受政治、军事的需要，在选址和布局上均体现出军事的功能，因此这阶段乌鲁木齐的居住空间有以下的特征：①以民族大杂居，小聚居为特征的居住空间分异；②以籍贯和户口为特征的居住分异；③以社会阶层化为特征的居住空间分异。

3.2 经济社会转型前(1949—1978 年)乌鲁木齐居住空间形态演化特征

1949 年，新疆和平解放，1950 年乌鲁木齐市天山区人民政府正式成立，南门至三屯碑片区归其管辖。1956 年，乌鲁木齐城市格局又有新的变化，经过社会主义改造和私有资产社会化，打破了原来以家族、学院、民族、籍贯地关系维持的居住分异与不公现象，私有房屋的比重大幅度下降，居住格局的封闭性局面被打破，使不同的民族居住在一个居委会内、一个院落内或一栋楼内成为一种可能。当时国家计委选厂工作组来乌鲁木齐后对促进新市区规划的实施起了推动作用，市区开始向西北方向发展，并以开辟新市区为主，在充分利用、逐步改造的方针下建设老城区。一些国家机关、企事业单位也迁入了南门以南的社区，主要有新疆人民出版社、新疆教育厅、新疆新华书店、新疆农业厅、新疆文化厅、新疆妇幼保健院、新疆艺术学院、新疆电视台、乌鲁木齐友谊医院、乌鲁木齐无线电厂、乌鲁木齐天山食品厂等。随着科学、教育、卫生事业新建起来，在单位制“政社合一”体制下，职工的住房均由公家解决，迁入的各族职工及其家属使这里的民族人口杂居的状况最终得以形成，民族高度聚居的格局得到了很大改变，这样“企业办社会”的状况奠定了乌鲁木齐现在的居住空间分布的基本格局。

20 世纪 60 年代基本形成的水磨沟区、沙依巴克区和新市区，都是工业化的结果。头屯河区则是一块飞地式的钢铁城，而那时的东山区完全是一个石化和煤炭工业基地。在计划经济体制下，住房划归为统一建管、统一分配，形成了单位大院式的居住分布格局，在这种形式下，居民没有选择住房的权利，居住空间有一定的封闭性，住房按职工的职务、职称、年龄、工作年限等进行分配。因此，只有因行政级别不同而存在的居住分布不同，而不存在因收入水平和其他社会因素差别造成的居住分异。

这一时期居住空间具体表现为：①因历史文化原因形成的集聚形态在乌鲁木齐市中心、老城区仍然突出，呈现出维吾尔、回族居住相对集中于某一街巷的特点。②政治、经济因素逐渐使单一民族聚居向多民族杂居转变。新设市区各民族居住格局呈网状分布，“单位集体户”民族杂居为其显著特点。③以城市功能区空间分布和组合为基础的居住空间分布的基本框架形成。如天山区为行政中心，行政机关分布相对集中；新市区为科教中心，知识分子比较集中；东山区为工业中心，工人相对聚集。还有少数的服务人员掺杂其中，同时，每个区中还有其他异质人口，如以工人为主体的社区中可能有少数知识分子、公务员等，但少量异质人口会被占主流的同质人口所涵盖，难以体现自己身份的特征。

3.3　经济社会转型期(1978—2010 年)乌鲁木齐居住空间形态演化特征

改革开放以来，随着我国市场经济体制逐步建立，乌鲁木齐城市经济和基础设施迅速发展，城市空间扩展主要在南北轴线上延伸，并在道路骨架上陆续建成一大批公园、商场、宾馆和车站等基础设施，以大十字及中山路为代表的市级商业中心、以火车南站和碾子沟为代表的对外交通枢纽、以新疆石油化工厂和八一钢铁厂为代表的工业区等区域的职能定位进一步加强。1970 年以后的 20 年的经济体制改革使一切工作都以提高国民生产总值为中心，使乌鲁木齐市的城市规划也以推动经济的发展为首要出发点，在城市规划中也就直接导致了城市区位的市场性，于是乌鲁木齐市形成了对比强烈城市景观。繁华兴旺的城市中心商业区（如中山路、大小十字）和破旧不堪的老城区（如山西巷、二道桥）。在城市规划中人为进行僵硬的功能分区，规划城市的发展方向、投资区域、高级住宅区等等，这无疑造就了城市内部的极化和分离。

进入1990年，随着第二欧亚大陆桥的贯通和向西开放的新政策的实施，乌鲁木齐的城市建设进入了高速发展期，城市建设区面积迅速扩大，其中居住用地和工业用地迅速增大，居住用地以中心区为基础向外蔓延，工业用地以开发区建设的形式增加。伴随着城市土地有偿使用制度的实施，房地产市场的开始复苏，商品购房制度逐步推广，计划经济时代住房面积短缺的状况开始缓解，城市里形成了很多颇具规模的居住小区。条件较为优越的地区几乎都被各房地产商圈地，用于修建“富人区”，宁愿投资新区也不愿改造旧城，使得城市内部各个地区间、不同阶层市民间缺乏真正融合和交流，开放共享的城市理想不复存在，取代的是陌生、永世不往来的支离破碎的居住分异格局。与此同时，经济的发展带来了农村大量剩余的劳动力，外来务工人员，流动人口涌入城市在郊区形成聚集区，他们收入低，受教育程度低，属于弱势群体，因为户籍问题其身份得不到认可，直接影响了子女入学、就业、治病等，生活圈子沉闷与精神上的压抑，形成了一个民族成分相对单一、高度聚居的社区。对乌鲁木齐城市居住格局来讲，又造成了一种城市社会空间相对隔离的现象。

2000年以来，受地形限制，乌鲁木齐城市发展转向内部填充，建筑密度进一步增加，城市功能分区日益明显，老城区的改造强化了行政、商贸、文化等城市职能，北部的新市区、东部的米东区、西部的头屯河区相继发展扩充，城市空间继续沿着交通线向外扩展，城市区域化现象明显，乌鲁木齐都市圈雏形开始形成，由此带来的人口集聚、产业集聚，促使城市的规模变大，加快了城市空间结构的扩张和调整。

在经济快速发展和城市规模迅速扩大的背景下，经济、社会、个人家庭等因素的影响作用将逐渐加强，就像齐美尔所认为的“大都市始终是金钱经济的地盘”，居民的收入水平差异是影响城市居住空间分异的直接条件，而区位和交通因素也将会发挥一定的作用。高收入阶层可以选择交通便利、居住质量较高的住区，而低收入阶层则只能居住在价格较低的住区，使居住空间分异逐渐成为社会阶层分化的标志。

乌鲁木齐建城区演化如图 3.1 所示。

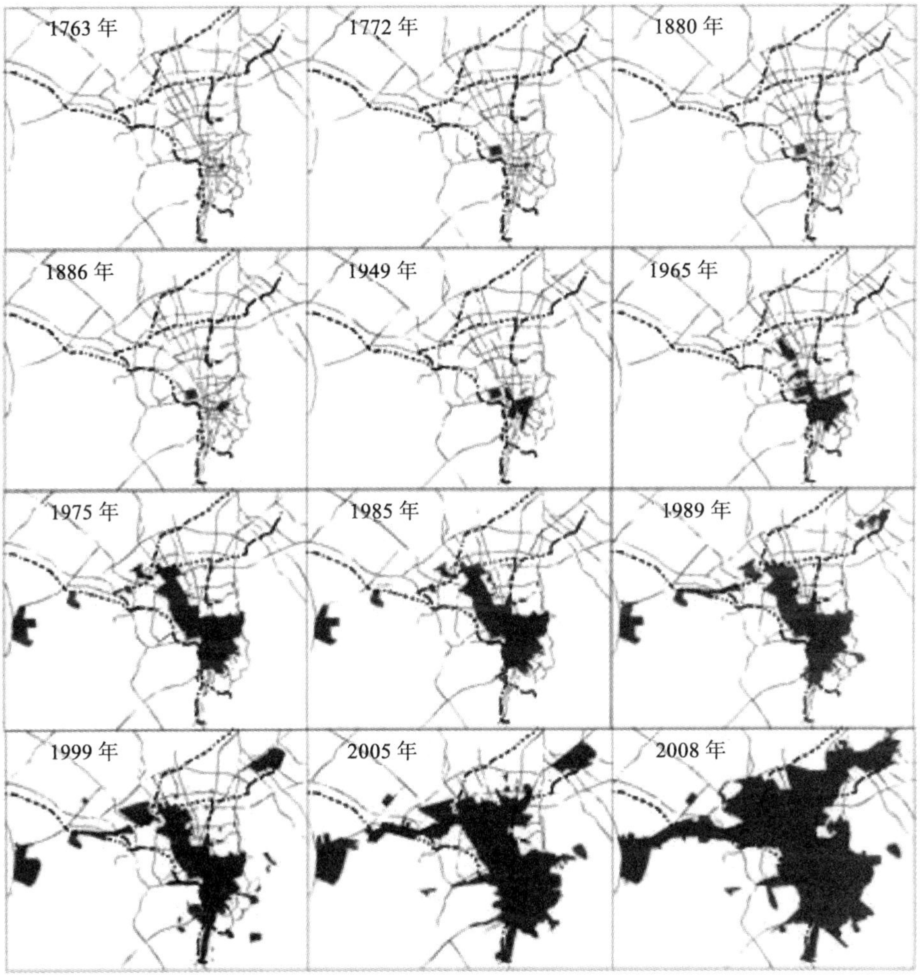

图 3.1　乌鲁木齐建城区演化

Fig. 3.1　Evolution of area in Urumqi

资料来源：乌鲁木齐总体规划基础资料(2008)

本章小结

乌鲁木齐自1755年建城至今260余年的历史中，城市的空间形态发生了巨大的变化，由不足5 km^2发展到如今的340多km^2，城市人口也由建城初期的16000余人发展到2010年的311余万人，城市基本沿着乌鲁木齐河谷底向北部的冲积平原发展。由于历史因素、地理因素、经济因素、社会因素、民族因素的共同作用，造就了乌鲁木齐现在的居住空间格局。

第4章　乌鲁木齐不同族群的居住空间分布格局及演化

作为西部城镇中民族集聚城市的典型，根据2010年人口普查，乌鲁木齐共有52个民族，除居住有13个新疆世居民族外，还居住有其他39个少数民族，少数民族人口占人口总数的25%。不同民族由于其社会、文化、习俗的差异，居住格局及居住区位都有很大差异，同时不同产业族群由于其职业、经济、文化等差异，其居住格局也具有明显的特征。除此之外，不同年龄、职业、学历等社会族群都是居住格局演变的主体。本章主要对街道层面的不同族群居住格局的演变进行系统研究，探寻其演变规律，并借助Arcgis10.0软件进行空间寅化，对乌鲁木齐市1982年、1990年、2000年、2010年四个截面人口普查数据进行分析。

4.1　不同民族族群人口居住格局时空演化过程

2010年，乌鲁木齐总人口为311.26万人，其中汉族、维吾尔族、回族、哈萨克族总人口为303.78万人，为总人口的97.6%，分别占总人口的74.9%、12.5%、9.0%、1.2%(图4.1)。分析四个主要民族的居住格局演化过程更具实证意义。

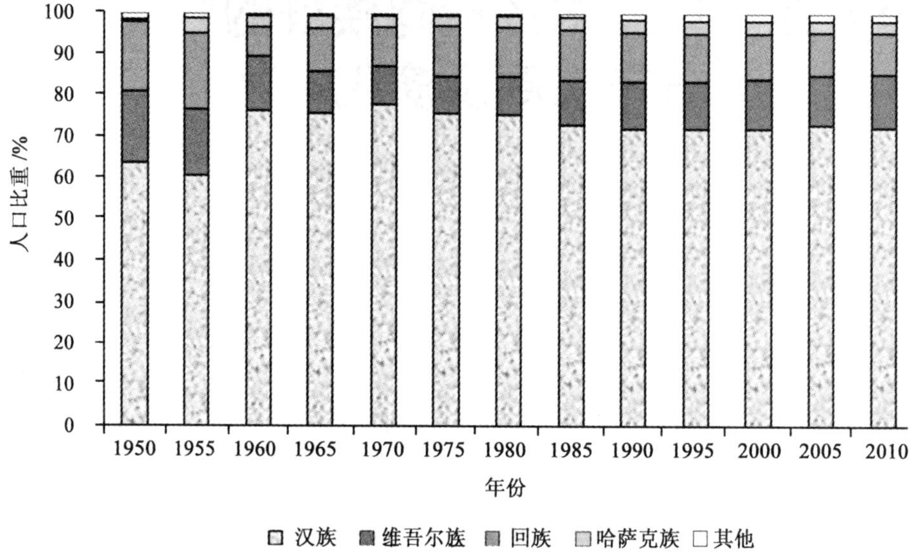

图 4.1　乌鲁木齐人口演变

Fig. 4.1　Spatio-temporal evolution of population in Urumqi

4.1.1　汉族人口

汉族人口是乌鲁木齐市最主要族群，2010 年，汉族人口总量 233.17 万人，为总人口的 75%，分布广泛、民族混居且聚居城北片区是汉族人口居住形态的主要特点。1982 年，汉族人口主要分布于沙依巴克区、水磨沟区、新市区，天山区分布较少；街道层面，主要以新华北路为人口重心，其他街道分散居住，并无明显集聚现象。1990 年，汉族人口居住中心呈现略有北移，并呈现多中心现象，分散集聚现象明显，主要形成青年路—新民路集聚区、西山—石油新村街道集聚区、地磅—石化街道集聚区、火车西站街道集聚区、二工街道集聚区等 5 个汉族人口比例超过 85%的街区。2000 年，汉族人口居住格局仍然呈现多中心集聚格局，但已出现带状集聚的形态。其中西山—石油新村—北站东路—北站西路街道带状集聚形态已经形成，其他基本是分散的点状集聚的形式，形成一个带状集聚区，七个点状分散集聚区，较

1990 年，集聚程度明显增强，并呈现向南转移的态势。2010 年，汉族人口集聚态势明显增强，带状集聚格局成为主要形态，点状格局明显减少，高集聚区主要集中于城区北部，集聚中心不明显，基本形成汉族人口主导集聚带状片区。

汉族人口作为乌鲁木齐市最主要族群，30 年的居住格局演变主要以点状聚居向带状集聚演变，汉族人口集聚中心向城市北部转移，人民路成为民汉族集聚分割界限，北部集聚明显，南部基本呈现混居形态(图 4.2)。

4.1.2　维吾尔族人口

维吾尔族是仅次于汉族的乌鲁木齐市第二大社会族群，2010 年维吾尔族总人口为 38.79 万，为总人口的 12.47%，分布较集中，主要分布在南部城区。1982 年，维吾尔族聚居中心主要在团结路—解放南路街道，其次分布于水区和沙区的边缘区域，基本呈现点状集聚分布格局。1990 年，维吾尔族聚居形成南、东两个中心，南部中心以团结路—解放南路—胜利路—二道桥街道片区为一级集聚中心，东部以六道湾街道为二级集聚中心，较 1982 年，集聚格局有所增强。2000 年，维吾尔族聚居格局略有变化，形成三个集聚中心，南部以团结路—解放南路—胜利路—二道桥街道片区为一级集聚中心的基础上，增加了和平路和延安路街道两个次中心，北部形成了地窝堡乡集聚区。2010 年，维吾尔族片状集聚基本形成，形成三个聚居中心区，一级聚居中心区主要以南部城区的二道桥为中心，北部片区以地窝堡为中心，东部片区主要以苇户梁和八道湾街道为中心。

维吾尔族空间分布格局在四个时间节点主要表现为集聚中心不断扩展，1982 年一个集聚中心，1990 年两个集聚中心，2000 年三个聚居中心，2010 年形成稳定的片状聚居区。同时南部聚居区集聚强度较高，东部和北部集聚以城市边缘区为主(图 4.3)。

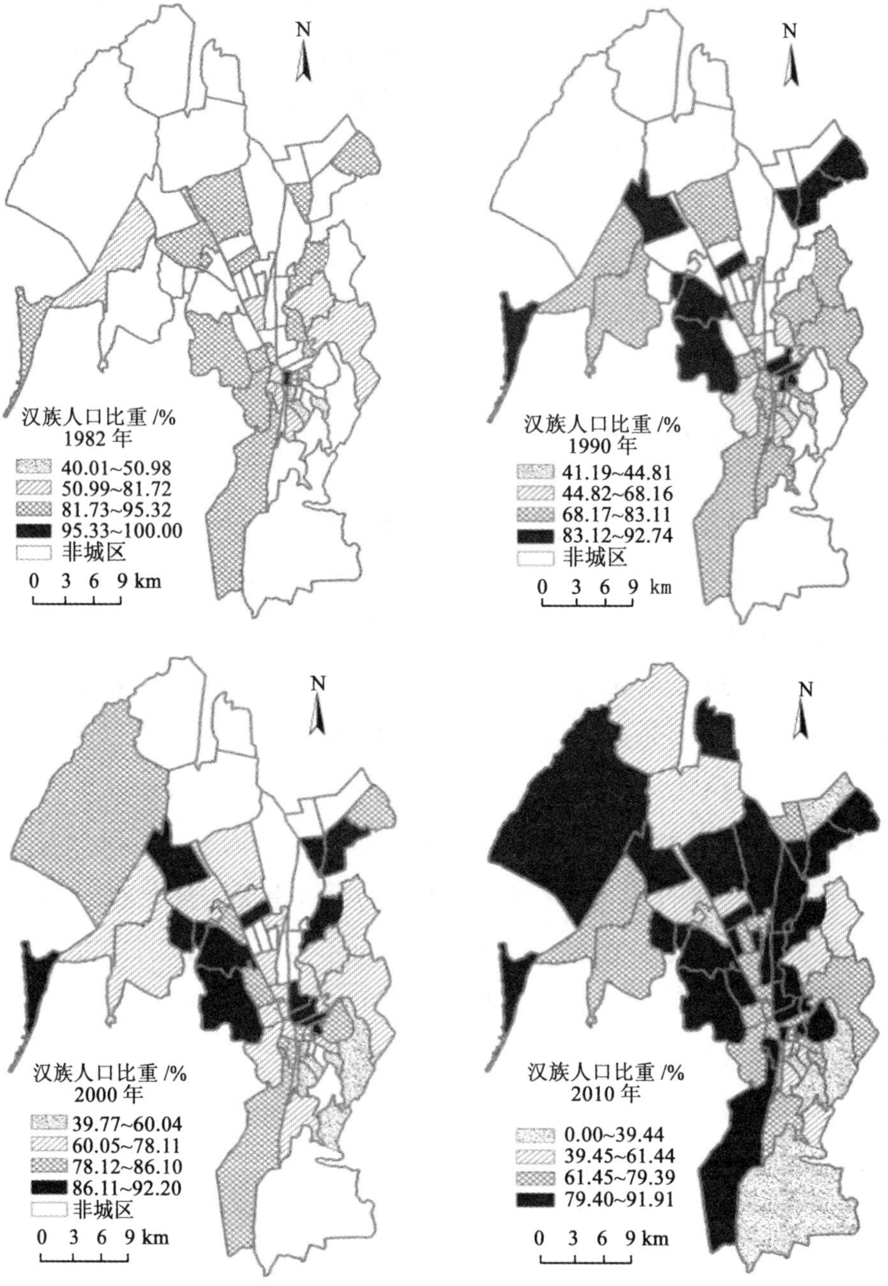

图 4.2　乌鲁木齐的汉族人口时空演化

Fig. 4.2　Spatio-temporal evolution of Han in Urumqi

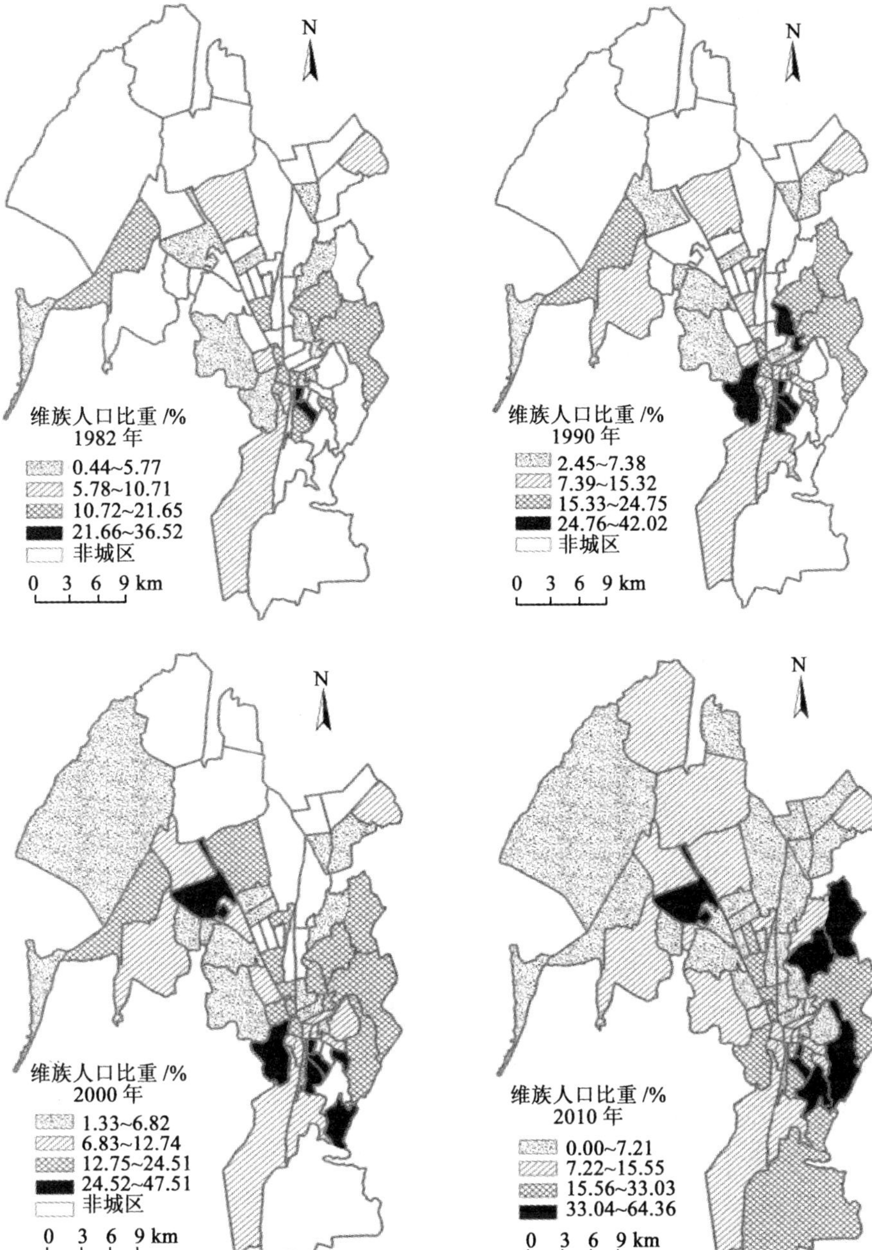

图 4.3　乌鲁木齐的维吾尔族人口时空演化

Fig. 4.3　Spatio－temporal evolution of Uighar in Urumqi

4.1.3 回族人口

乌鲁木齐市回族人口是仅次于汉族和维吾尔族处于第三位的社会族群，人口总量为28.02万，为总人口的9%。回族人口由于其特有的文化特点，分散居住格局较为明显，但在分散集聚的基础上基本形成集聚中心区。1982年，回族人口主要以和平路为集聚中心，集聚程度较高，其他街区集聚度不明显，分散聚居的格局为主导形态。1990年，形成了和平路街道和新华南路两个集聚中心点，基本以城区中心地带和西部边缘地带为主要聚居区。2000年，形成大湾—和平路一个集聚带状区和二工乡一个集聚点状区，集聚区域较1990年有所增加。2010年，形成了古牧地东路街道和二工乡两个点状集聚区，同时形成安宁渠镇和六十户乡两个城市边缘集聚区(图4.4)。

回族人口在二工街道和古牧地街道有明显点状集聚形态外，其他街区总体上并无明显的集聚区域，分布较分散，基本以点状集聚为主，大部分区域以混居形态分布格局。

4.1.4 哈萨克族人口

哈萨克族人口总量为3.81万，为总人口的1.2%。作为传统游牧民族，由于其文化的差异，集聚形态明显。1982年，哈萨克族主要以长江路街道和胜利路街道为聚居中心，并向北和向南两个方向有所扩展。1990年，哈萨克族人口集聚中心南移，形成燕儿窝—胜利路集聚片区，并且人口比重有所增加。2000年，形成了燕儿窝单中心聚居区，胜利路和团结路两个延伸次聚居片区。2010年，哈萨克族人口集聚中心继续南移，主要聚居在红雁池片区，并向北依次递减的分布格局。

哈萨克居住格局的形成以南山原有的哈萨克族移居民为主，由于受其文化习俗的影响，30年的居住格局演变形态规律性较强，集聚中心由北向南不断移动(图4.5)。

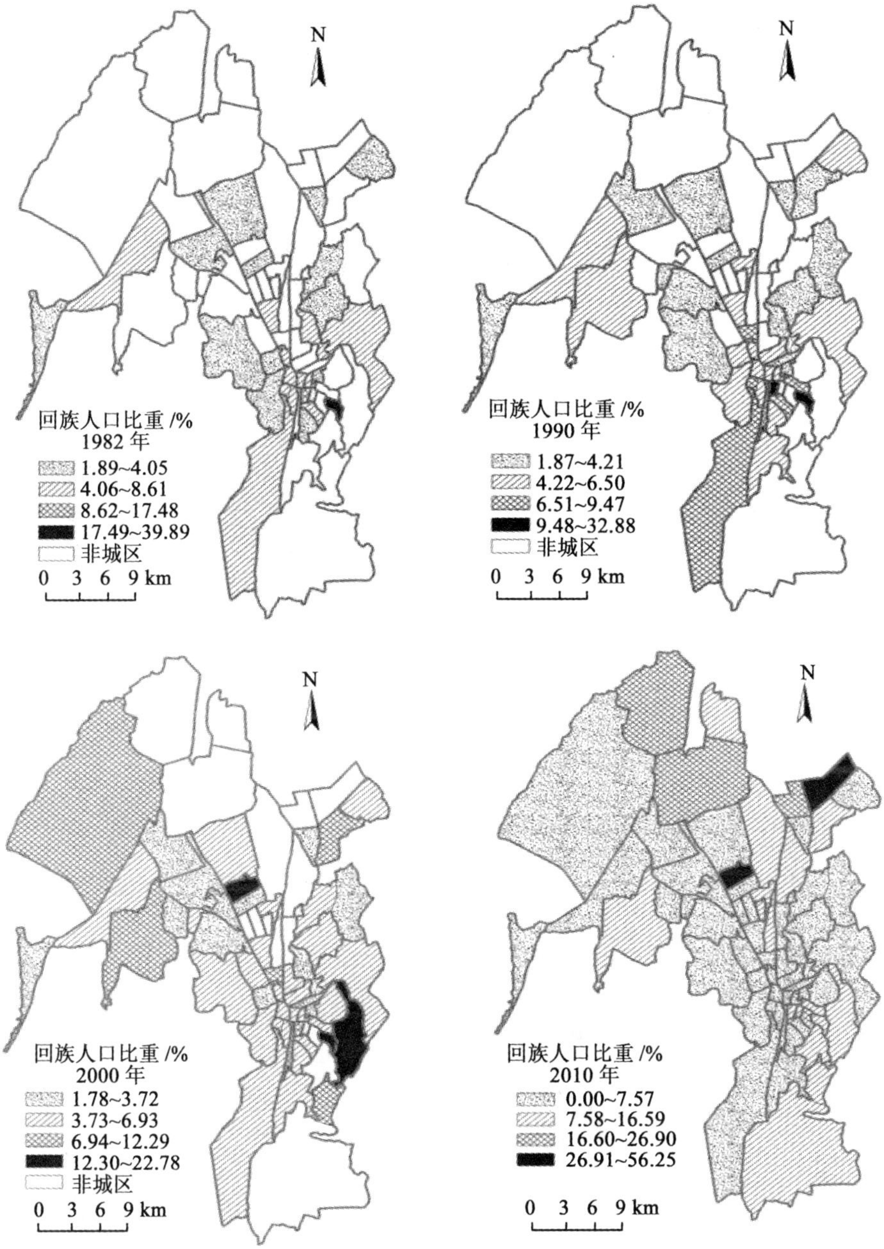

图 4.4　乌鲁木齐的回族人口时空演化

Fig. 4. 4　Spatio-temporal evolution of Hui in Urumqi

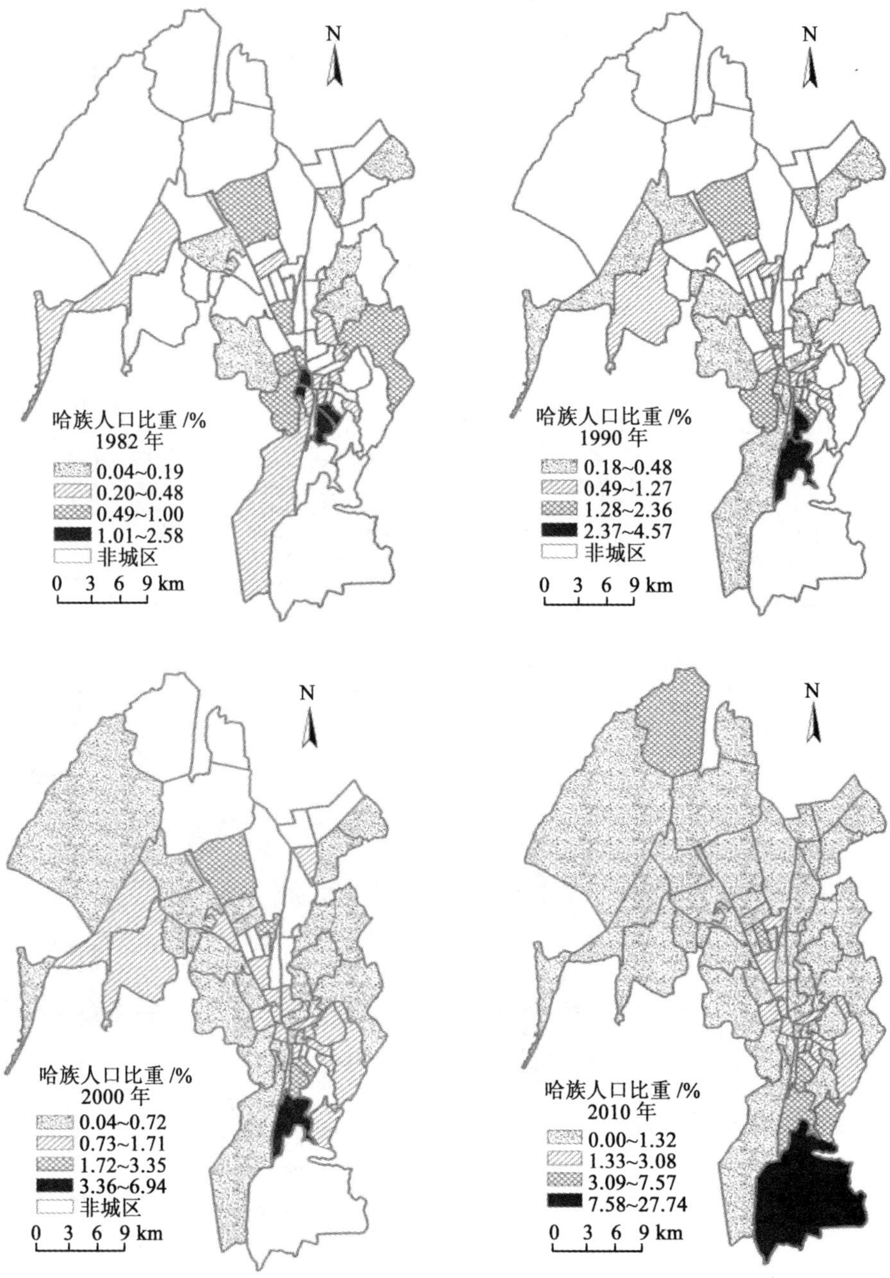

图 4.5 乌鲁木齐的哈萨克族人口时空演化

Fig. 4.5 Spatio-temporal evolution of Kazak in Urumqi

4.2　不同学历人口居住格局时空演化过程

4.2.1　高学历人口

高学历人口主要指具有大专以上学历人口，包括取得大专、本科、研究生学历人口和在校的大专生、本科生、研究生人口。1982—2010年，高学历人口主要以城市中心轴线形成的集聚形态。1982 年，高学历人口主要以点状形式集聚于高校所在区域，其中沙区以八一农学院（新疆农业大学）为点状集聚区，新市区以新疆师范学院（新疆师范大学）和新疆医学院（新疆医科大学）为点状集聚区，天山区以新疆大学为点状集聚区，基本形成高学历散点集聚区。1990 年，高学历人口聚居仍然以几所高校为主要集聚点，空间格局并有所延伸，并基本形成南北纵向带状集聚形态，主要由于高校区域扩展因素的影响，其中新疆财经学院（新疆财经大学）是高学历居住北延的动力，商业中心区域优势对高学历人才的引力，形成以高校为基础，商业中心为缓冲带的高学历带状集聚区的雏形。2000 年，在高校区位作用和商业中心引力作用下，高学历带状居住格局基本形成，并沿城市商业轴线形成南北纵向带状的居住格局。

高学历人口主要以城市商业核心区为中心形成零星片状集聚，并受高校区位的影响，集聚区相对分散，总体上，高学历人口沿着城市南北主干线呈扩展态势（图 4.6）。

4.2.2　中等学历人口

中等学历人口主要指取得中专、中师、普高、职高、技校等学历的人口。1982 年，中等学历主要以点状形态零散分布，其中解放北路街道片区为当时的商业中心区，从事商业活动的中等学历人口主要集中于此，团结路街道片区为少数民族集聚区，少数民族从事商业活动的

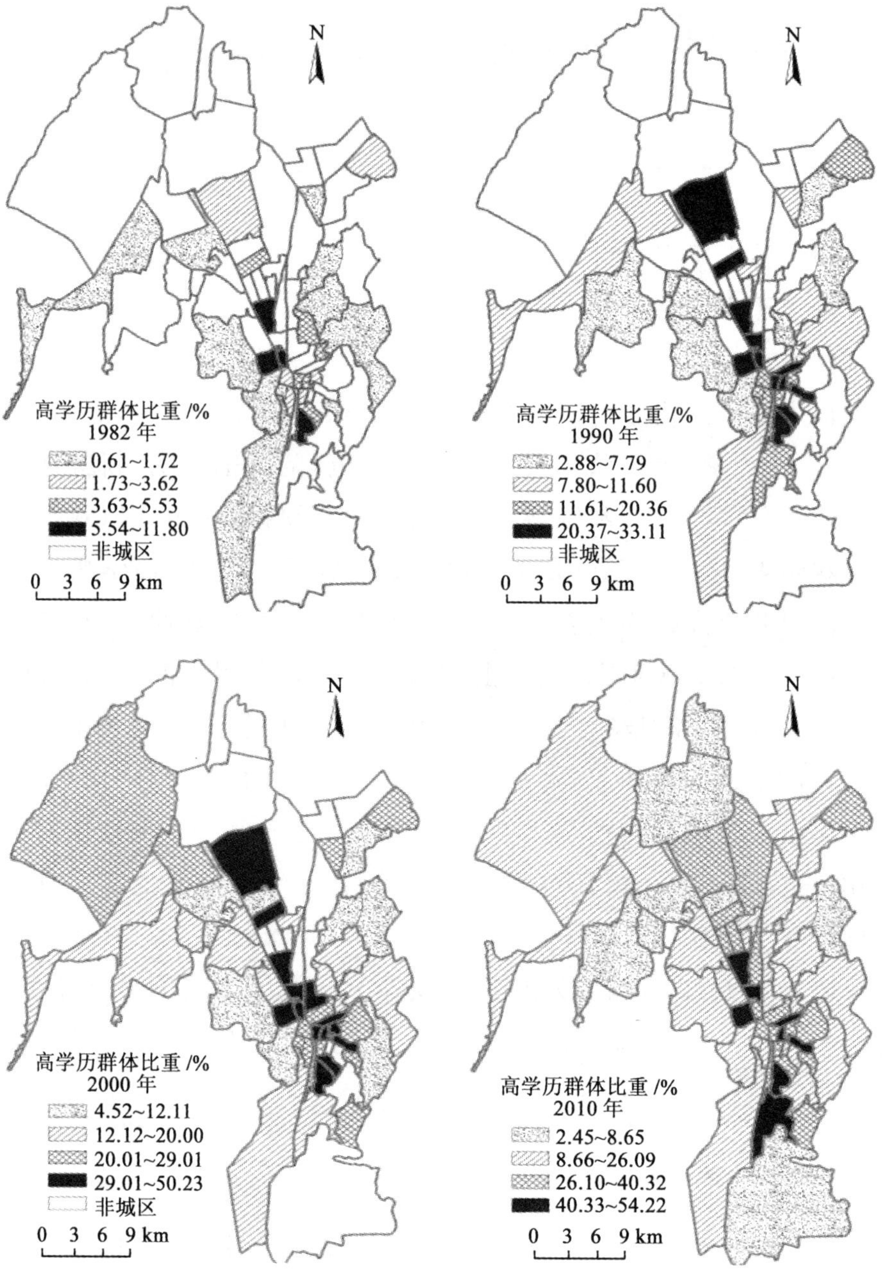

图 4.6　乌鲁木齐的高学历群体时空演化

Fig. 4.6　Spatio-temporal evolution of the college degree or above in Urumqi

中等学历人口集聚于此，二工街道片区为典型的外来中等学历人口集聚区。1990 年，中等学历人口集聚中心，基本以工业区为主，其中以火车西站街道片区、北站东路街道片区、迎宾路街道片区、石化街道片区，四个乌鲁木齐工业、交通集聚区为主要分布格局，形成以工业人口为特点的聚居形态。2000 年，中等学历人口集聚形态较 1990 年更加显著，基本形成以八一钢铁、石化两个工业基地和铁路交通为区位引力的中等学历人口集聚区。

30 年中，中等学历人口居住格局演化过程主要从商业中心向工业集聚区和铁路交通集聚区转移，从城市商业中心向城市边缘区转移，头屯河区和米东区为主要的集聚区域(图 4.7)。

4.2.3　低学历人口

低学历人口主要指小学及初中人口。通过人口普查数据分析，1982—2010 年，低学历人口占乌鲁木齐总人口平均在 50%左右，成为主要社会族群。1982 年低学历人口主要居住城市商业中心的外延区域，从事体力劳动和简单商业活动，主要分布于沙区、水区、新市区、米东区的边缘区。其中沙区主要分布在雅玛里克山街道和西山街道片区，水区主要分布在七道湾街道片区和水磨沟街道片区以煤炭工业为主片区，新市区主要分布在二工乡和地窝堡乡两个农业人口集聚区，米东区主要分布以石化工业基地为主的片区。1990 年，低学历人口分布格局并无明显变化，低学历人口主要居住在以工业、农业、简单商业为主要特点的区域，主要分布于城市东西两翼的边缘区。2000 年，低学历人口分布形态有所扩展，随着乌鲁木齐市经济社会的发展，外来低学历人口大量涌入，由于房地产价格和租金的过滤作用，低学历人口仍然保持原有的居住形态，并有向城市中心区迁移的轨迹。但商业中心区仍然是低学历人口分布的盲区。

低学历人口主要分布于乌鲁木齐城市的东西两翼，呈带状分布，与城市山体的分布格局具有一致性，部分低学历人口分布于城乡结合部和城中村(图 4.8)。

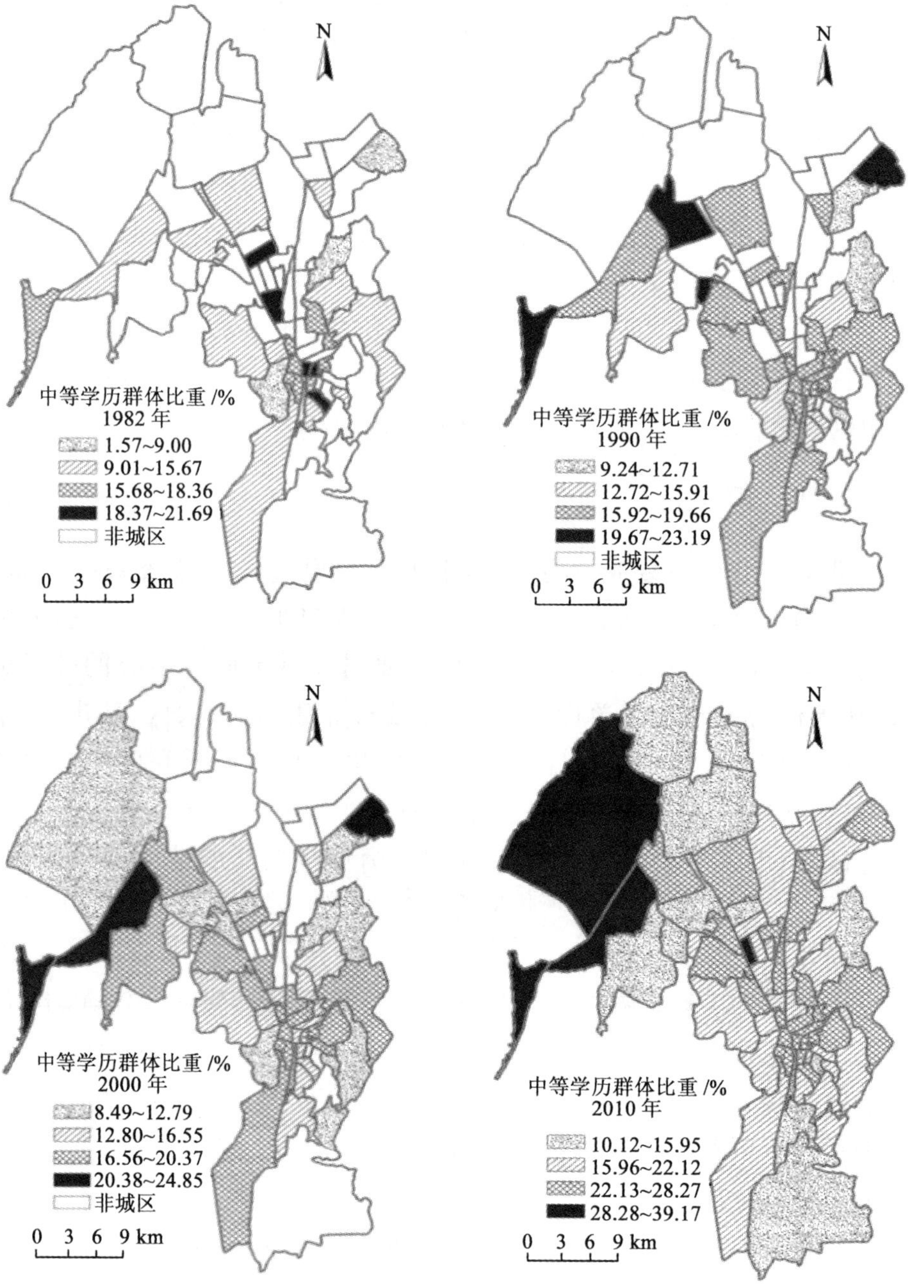

图 4.7 乌鲁木齐的中等学历群体时空演化

Fig. 4.7 Spatio-temporal evolution of more than high school degree in Urumqi

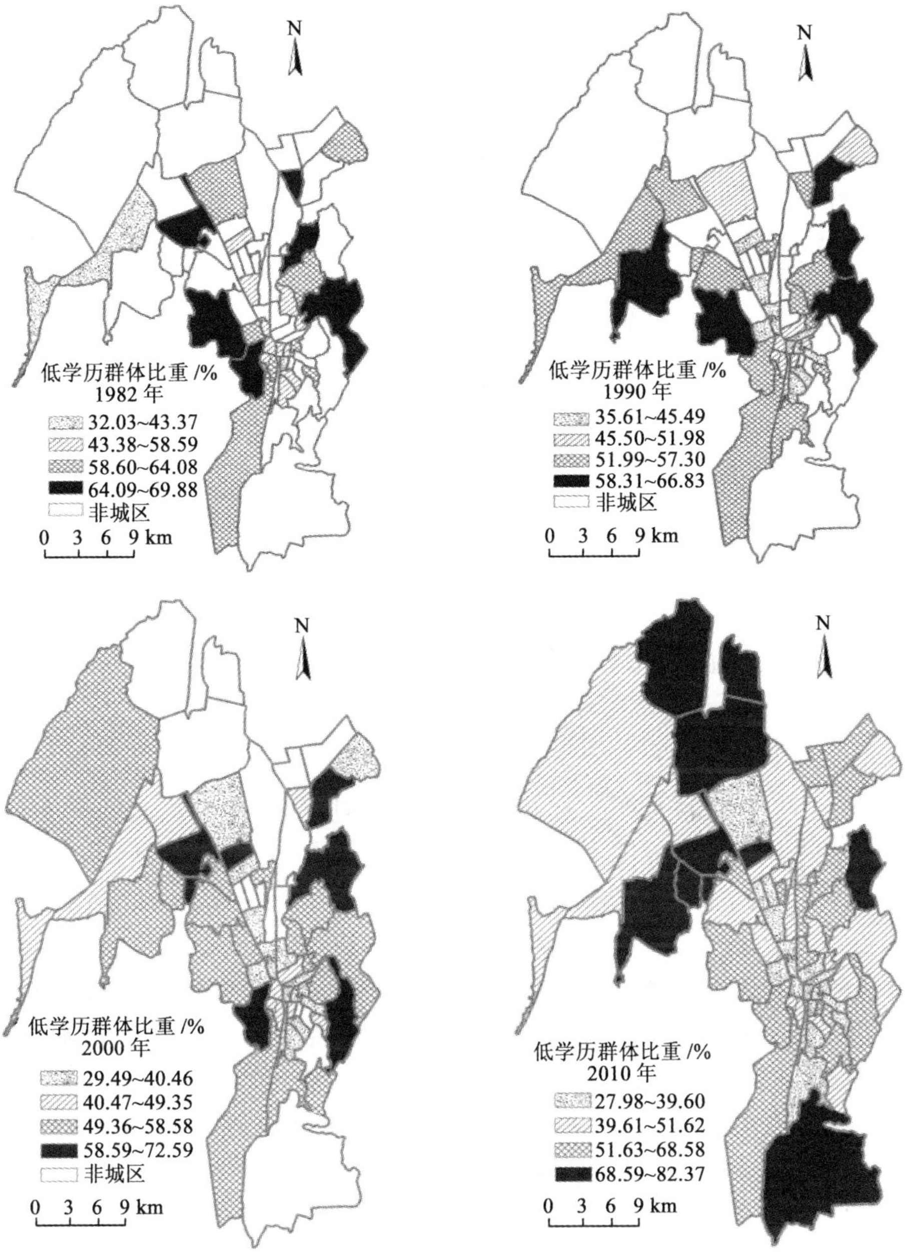

图 4.8　乌鲁木齐的低学历群体时空演化

Fig. 4.8　Spatio-temporal evolution of junior middle school and primary school degree in Urumqi

4.2.4 文盲人口

乌鲁木齐文盲人口主要分布于流动人口、煤炭工业和铁路交通为主区域，多从事的是简单体力劳动，并多与低学历人口混居，主要分布于城市边缘区，并呈零星状分布。1982 年，文盲人口主要分布于雅玛里克山流动人口聚居街区，和平路早期外来人口聚居区以及七道湾工业人口街区、卡子湾街道片区、头屯河街道片区，形成 5 个零星分布格局。1990 年，低学历人口居住形态基本保持原有的边缘式居住格局，并向城市更边缘区转移态势，总体人口比重基本不变。2000 年，流动人口与低学历人口混居形态显现，其分布格局基本延续了低学历人口居住形态，主要分布于城市东西两翼的边缘区。

乌鲁木齐文盲人口居住空间集聚格局正逐步增强，并且与低收入人口混合居住明显，城市周边区域仍然是文盲的主要集聚区(图 4.9)。

4.3 不同年龄人口居住格局时空演化过程

人同年龄人口的划分主要根据 2000 年和 2010 年人口普查数据，以是否具有劳动能力为标准划分，其中学龄人口主要指 6～18 周岁人口，劳动人口主要指 19～60 周岁人口，老年人口主要指 60 周岁以上人口。

4.3.1 学龄人口

乌鲁木齐市学龄人口基本占总人口的近 15%，学龄人口分布并不与学校的分布呈正向关系，主要与家庭人口数、子女个数及职业类型相关。2000 年，学龄人口主要分布于城市边缘区，低学历人口和流动人口相对集中区域，主要分布在北部片区的地窝堡乡农业人口聚居区，西部片区的雅玛里克山街道外来人口集聚区，南部片区的延安路街道少数民族外来人口集聚区，其他区域基本属于正常分布标准。2010 年，学龄人口高集聚区基本分布在城市边缘区，并以城乡结合部、郊区、流动人口集聚区为主，其中，二工乡和大湾街道主要以外来人口为主的城乡结合区，地窝堡乡、古牧地街道和红雁池街道主要以工农人口为主的远郊区。

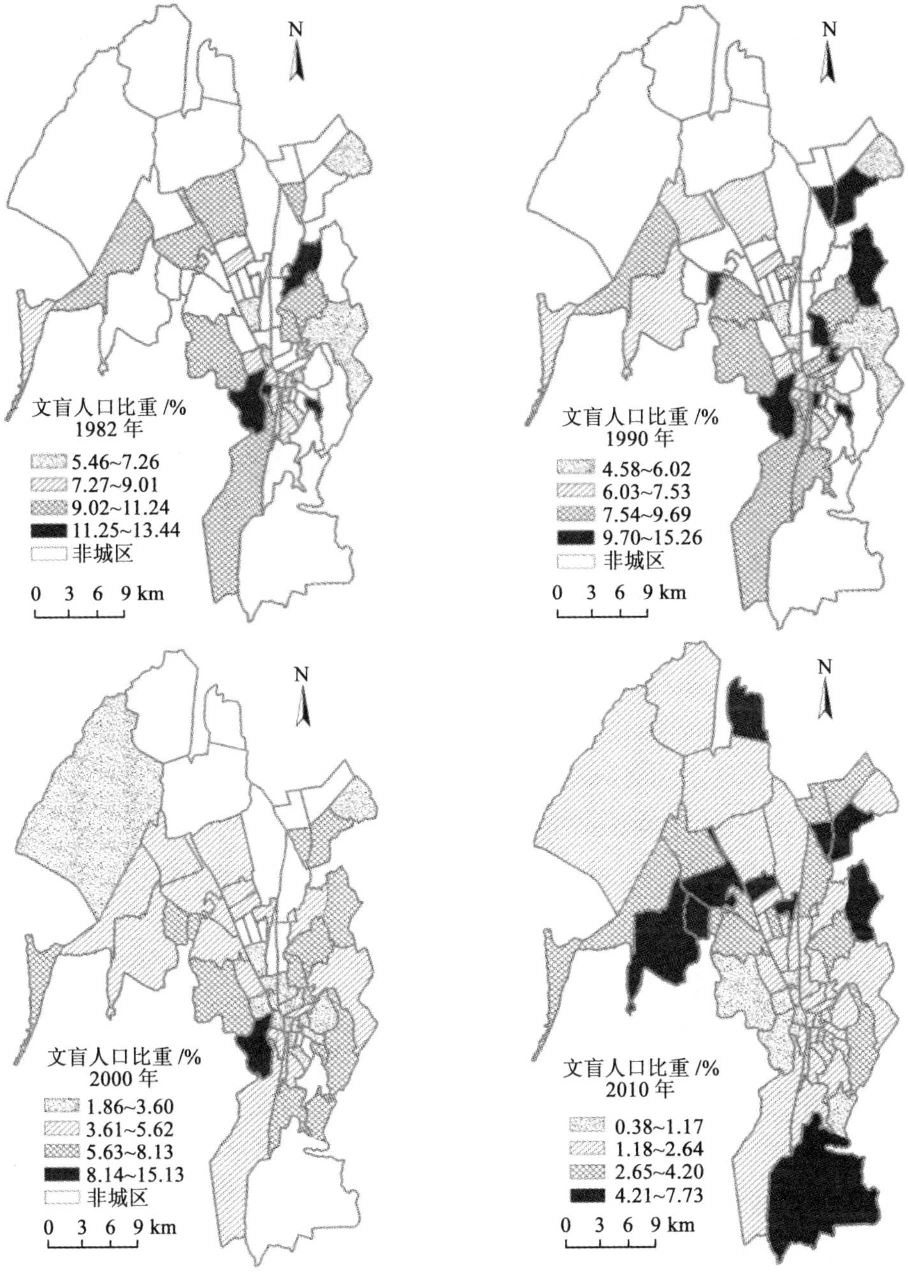

图 4.9　乌鲁木齐的文盲群体时空演化

Fig. 4.9　Spatio-temporal evolution of non-readers in Urumqi

乌鲁木齐市学龄人口居住格局主要受人口政策及人口属性的影响，学龄人口密集区主要分布于农业和工业人口较集聚的区域，并以外来农业人口聚居为主(图 4.10)。

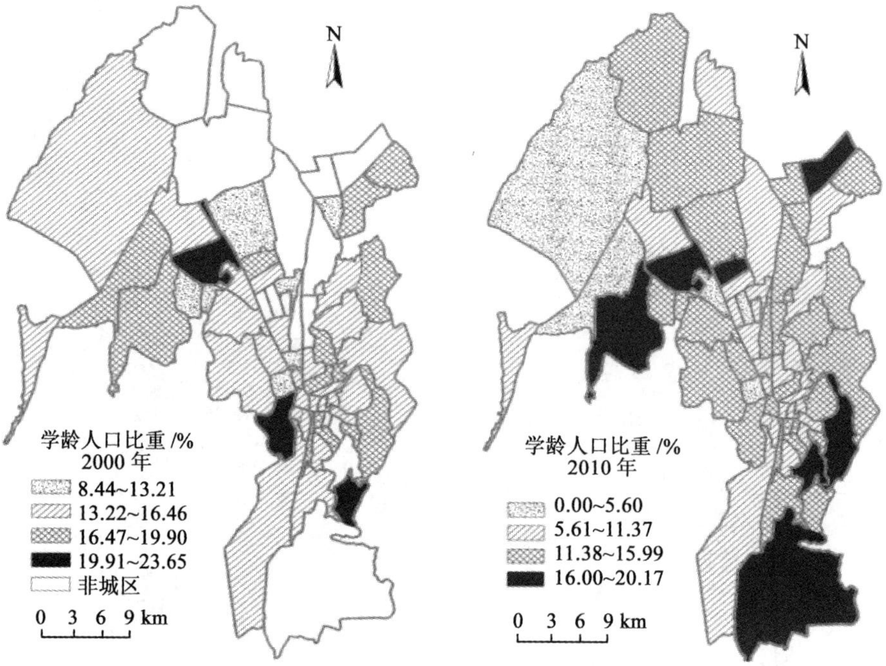

图 4.10 乌鲁木齐的学龄人口时空演化

Fig. 4.10 Spatio-temporal evolution of 6～18 ages in Urumqi

4.3.2 劳动人口

劳动人口是乌鲁木齐市主要年龄族群，劳动人口分布主要受城市商业景观、交通景观、公共服务景观影响。2000 年，劳动人口主要分布在城市商业中心的延伸区域，以二产人口为主，其中形成人口比重占80%以上的两个高集聚区，分别为北站东路街道片区和喀什东路街道片区。两个高集聚区与乌鲁木齐市两个开发区比邻，主要受开发区区位影响较大。2010 年，劳动人口中心向商业中心转移，主要以商业片区为主，形成零星状劳动人口高集聚区，主要分布在友好北路街道片区、新华北路-新华南路街道片区、长江路街道片区、和平路街道片区四个劳动人口高聚居片区，同时形成铁路局为中心的较高集聚的片区和乌昌街道工业为主的片区。

乌鲁木齐劳动人口居住格局演变受社会经济发展的影响，并随主导产业的影响变化居住格局发生变化，主要表现为由工业产业为主导的集聚区向以商业、服务业为主导的集聚区转移，空间分布格局也由工业区向城市中心商业区转移(图 4.11)。

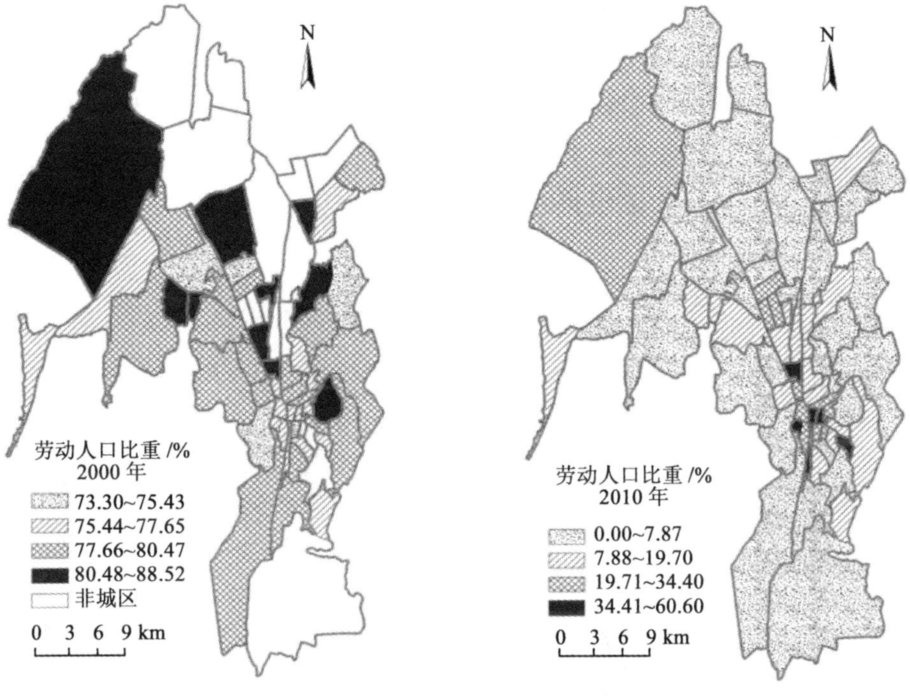

图 4.11　乌鲁木齐的劳动人口时空演化

Fig. 4.11　Spatio-temporal evolution of the 19～60 ages in Urumqi

4.3.3　老年人口

乌鲁木齐老年人口占城市总人口的 10% 以上，基本进入老年社会，分布格局也呈现由商业中心高集聚区向城市边缘宜居区转移的规律。2000 年，由于受公共服务资源分布的影响，老年人口主要分布于青年路街道、友好北路街道、解放北路街道、新华北路街道、扬子江路街道五个商业中心片区，同时在火车西站街道和二工街道片区聚居度较高。2010年，老年人口居住高聚居区呈现向城市边缘转移态势，基本以工业人口、农村人口、机关事业单位退休人口为主导人群退休，其人口属性也决定其空间分布特点，农村老年人口主要分布在地窝堡乡，产业退休人口主要分布在石化街道片区和石油新村街道社区。水磨沟街道老年人口集聚区主要是原商业中心老年人口外迁形成，扬子江街道一和田街道为商业老年人口聚居区。

随着城市化进程的加速，城市公共设施不断完善，特别是城市交通的改进和私家车的不断普及，原居住于城市中心的老年人口逐渐向城市边缘区转移，再加之社会经济地位较低的低收入外来老年人口，乌鲁木齐老年人口主要以城市边缘区为集聚区（图4.12）。

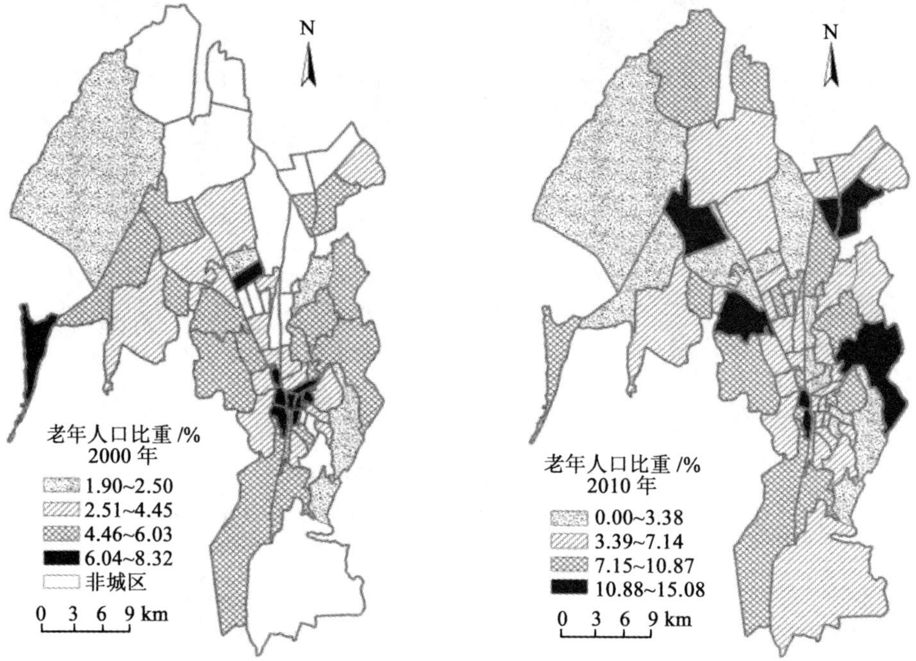

图4.12　乌鲁木齐的老年群体时空演化

Fig. 4.12　Spatio-temporal evolution of orer 60 ages in Urumqi

4.4　产业人口居住格局分布

产业人口主要从一产农业人口、二产工业人口、三产服务业人口进行比较分析其居住格局。一产人口居住格局主要以城市远郊区农村为主，分布于青格达湖乡、六十户乡和三工乡。二产人口主要集聚于工业为主导街道片区，主要分布在西部片区的火车西站街道、石化街道、高新技术开发区、卡子湾街道、南纬路街道等 6 个主要以工业为主导产业的区域。三产人口分布与商业区有关，主要分布城市的商业中心片区，其中以天山区大部分街区为主，友好北路街道和铁路局次商业中心区(图 4.13)。

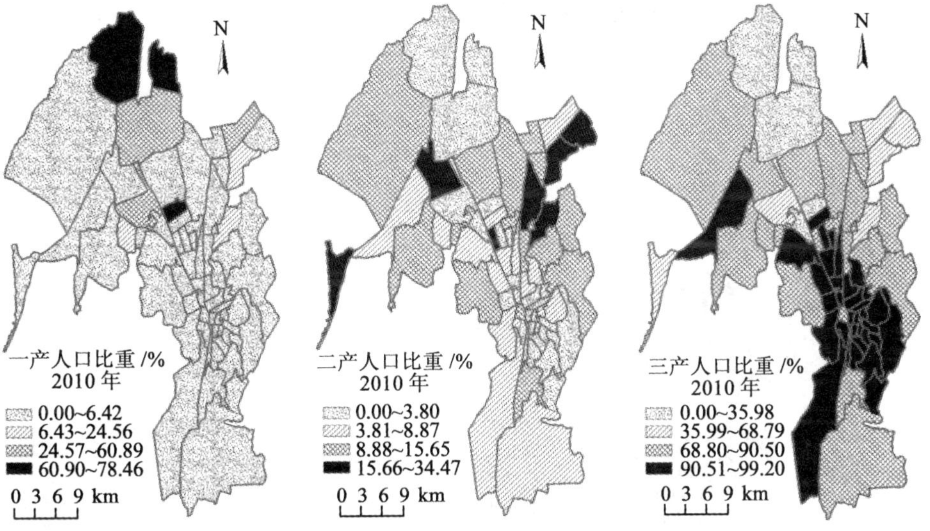

图 4.13　乌鲁木齐的产业人口分布格局演化

Fig. 4. 13　A distribution pattern of workers in Urumqi

4.5　住房价格分布格局

房地产价格分布格局受区位优劣的影响，基本呈现环状圈层发展。城市商业中心区虽然有老旧住房的存在，但由于其土地的稀缺性，二手房交易价格依然较高，并呈现上升趋势。其中商贸城、南门、友好、铁路局等城市商业圈的缓冲区域是城市高房价主要集聚区，因此高房价分布主要由区位优势引起的土地价格过高引起；中高价格住宅主要分布于城市商业中心的腹地，主要有城区东部、西部和北部部分街区，一方面由于此区域距离城市中心较近，区位优势仅次于商业中心；另一方面，此区域主要以新型住宅为主，小区配套设施和建筑规模相对较大。中高价格住宅的分布格局是区位优势和物质优势的结果。中等价格住宅主要分布于城市的近郊区，通过拆迁原有老厂区和老旧农民住房完成新区的更替，区位相对适中，交通便利度和公共设施分布适中。低价住宅主要分布于城市的远郊区，虽然是新型住宅小区较多，由于其区位较差，交通便利度和公共设施的完善度较低，导致住宅价格较低（图 4.14）。

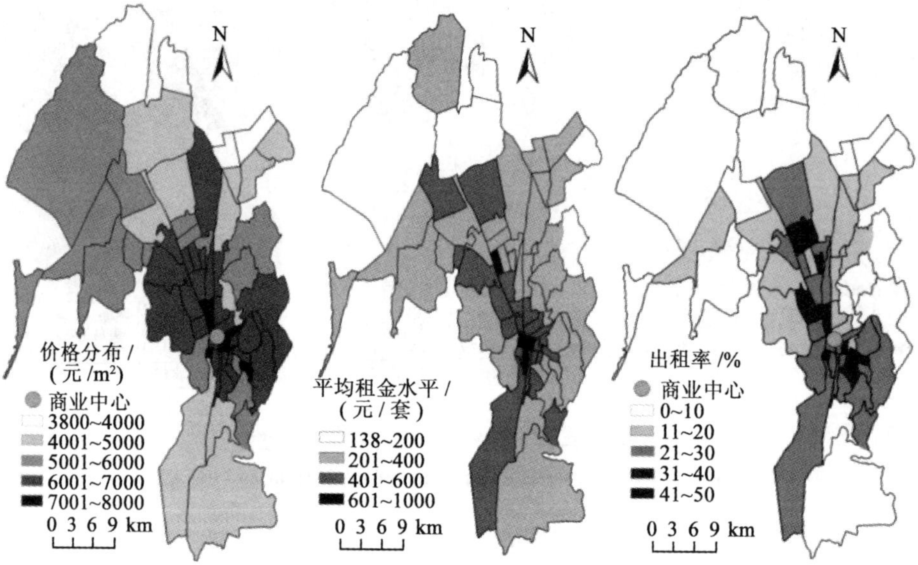

图 4.14　住房价格和租金分布格局

Fig. 4.14　A distribution pattern of price and rent for housing

4.6　住房租金分布格局

乌鲁木齐住房租金水平最高的街区主要分布在新华北路大、小西门及铁路局商业中心区；租金较高的街区分布于友好路商圈和南湖周边街区；租金较低的街区主要分布于租金较高区域的外围；租金最低区域主要分布在北部和米东区等边缘区部分乡镇。整体上租金水平分布格局基本以高租金区为中心呈环带阶梯状，形成此格局与租金水平受住房租赁市场影响因素有关。影响租金水平两个主要因素是区位和租赁需求，决定区位和租赁需求主要是该街区的商业化程度和人口密度，而乌鲁木齐商业化程度和人口密度分布格局与租金水平的分布格局形成很高耦合态。而高租金水平与出租率的关系依据供求理论应呈现反比关系，但由于乌鲁木齐总体租金水平不高，租金差异性不明显，对租户选择住房影响较小，因此，居住区较集中区域和流动人口较密集区形成高出租率区(图 4.14)。

4.7　住房层数分布格局

乌鲁木齐市高层建筑基本以城市南北主轴为分布格局，并以南门、新华北路新型住宅为主，高层小区与多层老旧小区交错分布。随着内城改造的逐步推进，老旧单位制小区基本被商业高层住宅所代替；高层、多层主要分布于城市新区，并呈 X 形分布城市的四个方位，随着高层多层混合新型小区需求的不断增加，导致多层、高层混合区分布格局的形成；多层居住区域主要受航空限制和地质情况的限制，主要分布于城市东西两翼；低层住宅主要以城中村、城乡结合部和远郊区乡镇私人住宅为主，内城基本呈点状分布，郊区呈带状分布(图 4.15)。

4.8 住房水平分布格局

住房水平主要通过人均住房面积和户均住房间数反映。乌鲁木齐总体住房水平差异不大，住房面积水平较高的街区主要呈零星状分布，主要分布在远郊区个别乡镇、内城区早期单位住房、自建房区和部分别墅区，而住房面积水平较低街区住房分布在外来人口相对集中的自建房为主的街区。但从户均住房间数上分析，住房水平较高的区域主要分散地分布于城北和米东区个别乡镇，住房水平适中区域主要分布在城南和城北的大部分街区和城市商业核心区，住房水平较低区域分布于城市中间带的东西区域(图 4.15)。

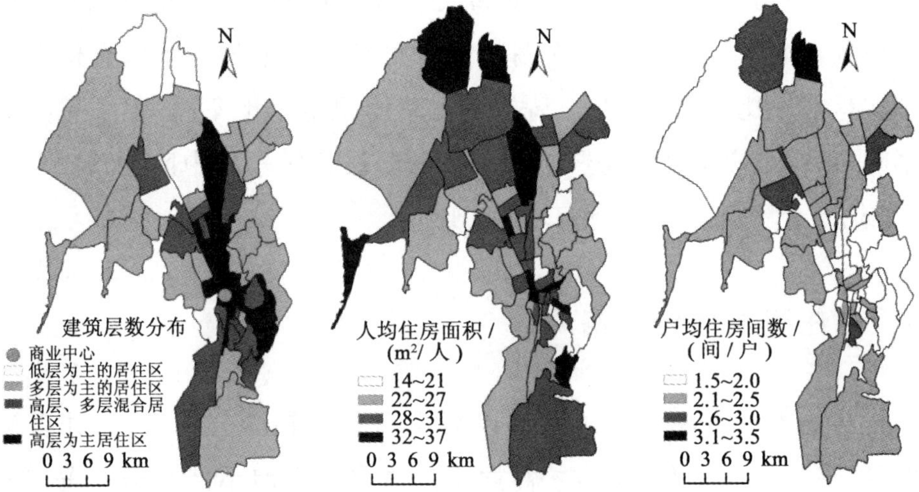

图 4.15 住房水平和层数分布格局

Fig. 4.15 A distribution pattern of housing level and layer

总之，乌鲁木齐住房景观的分布格局依旧以商业中心区为主要高租金集聚区：高层集聚区、高房价集聚区，城市边缘区主要以老旧住房和低价格集聚区，中等价格和多层住宅分布两者之间，形成典型的圈层结构，同时，租金水平、住房水平总体差异不显著。

本章小结

民族人口的居住格局基本以混合居住形态为主，并且汉族和其他少数民族混居现象最为明显，其次是回族和其他民族混居较明显，维吾尔族和哈萨克族在城市南部区域呈现集聚景象。时空演变方面，民族人口集聚现象有所增加，汉族人口主要以城北为主要集聚区，在部分街道汉族人口比例达 90%以上，聚北而居的格局逐渐形成，“大杂居，小聚居”的居住格局将被单一型大集聚所替代。由于汉族人口的大集聚的演变态势，维吾尔族人口居住格局将形成单一型小集聚形态。哈萨克族仍会保持现有的小集聚形态，并会有所发展。回族人口基本以混居为主，并不会形成单一集聚的形态。

不同学历人口居住格局的形成是社会分层的产物，高、中、低和无学历人群基本依据社会地位差异占据不同城市空间。乌鲁木齐不同学历人口的居住格局基本呈“川”形分布，高学历人口基本占据城市的优势商业核心空间，低学历和无学历人口占据城市边缘空间，中等学历人口基本占据两者之间的过渡空间。但随着城市社会经济的发展，公共交通和私人汽车的普及，高学历人口呈现向边缘空间迁移的态势，进而打破原有的城市分层的居住格局，导致城市边缘空间的再开发，形成边缘空间的破碎化，局部的居住空间隔离现状将会出现。

不同年龄阶层居住格局主要表现在学龄人口和老年人口的居住集聚现象较为严重，劳动人口集聚现象并不显著。老年人口以弱势群体的社会身份，集聚于城市边缘区，与城市医疗公共设施分布于城市中心区呈现严重隔离态势；学龄人口也主要集聚于城市的边缘区，与主要教育公共设施的分布也呈现严重隔离态势。

不同产业阶层居住格局集聚较为明显，主要受城市产业布局的影响，城市的东西两翼是为生产加工业和石化产业的主要集聚区，同样也是工业人口主要集聚区，符合产业布局决定其聚居格局的原理。农业人口主要分布在远郊区的乡镇，也符合其产业布局决定人口居住格局的原理。三产人口分布相对广泛，主要集聚于城市建成区的核心区域。

住房景观的分布格局以商业中心区为主要高租金集聚区、高层集聚区、高房价集聚区，城市边缘区主要以老旧住房和低房价集聚区，中等价格和多层住宅分布两者之间，形成典型的圈层结构。同时，租金水平、住房水平总体街区间的差异并不显著。

第 5 章　乌鲁木齐不同族群居住空间集聚模式研究

5.1　研究方法

空间自相关,通过统计方法,研究空间中某单元与其周围单元间就某种特性,进行空间自相关性程度的计算,以分析这些空间单元在空间上分布现象的特性。本研究采用的是全局空间自相关分析和局部空间自相关分析。其中全局空间自相关着重描述空间上的聚集状态和相关程度,而局部空间自相关判断空间上的热点区域。选取全局 Moran's I 检验和 Getis-Ord G_i^* 检验作为空间统计量来研究乌鲁木齐市不同族群空间聚集性。

5.1.1　空间权重矩阵

空间权重矩阵一般表示为 N 维二进制矩阵 $\mathbf{W}(n \times n)$,一般通过空间邻接和空间距离来确定。基于相邻关系(polygon contiguity,first order)和不同距离尺度(fixed distance band)两种方法空间概念化关系,即当区域 i 与区域 j 有公共边界时,空间权重 $W_{ij}=1$;当 $i=j$ 或区域 i 与区域 j 没有公共边界时空间权重 $W_{ij}=0$。考虑不同族群由于受区位、文化、经济的影响,从街区中心出发,依照一定的距离空间尺度设置关系矩阵，将对邻近要素环境中的每个要素进行分析。在指定临界距离内的邻近要素将分配值为 $W_{ij}=1$ 的权重，并对目标要素的计算产生重大影响。在指定临界距离外的邻近要素将分配值为 $W_{ij}=0$ 的权重，并且不会对目标要素的计算产生任何影响。这种分析一方面探索不同距离空间范围内形成的空间集聚关系；另一方面，空间距离变化的临界值在一定程度上显示了不同族群空间集聚影响范围。

5.1.2 全局空间自相关

全局空间自相关是对属性值在整个区域的空间特征的描述。空间分布的对象一般不是孤立存在的，空间对象是相互联系的，且相距较近的影响力大于较远的，因此研究对象之间的全局空间相关性分析可以很好地揭示事物之间的联系，本文采用 Moran's I 测度全局空间相关程度。其公式为：

$$I=\frac{n\sum_{i=1}^{n}\sum_{j=1}^{n}W_{ij}(X_i-\overline{X})(X_j-\overline{X})}{(\sum_{i=1}^{n}\sum_{j=1}^{n}W_{ij})\sum_{i=1}^{n}(X_i-\overline{X})^2},i=1 \tag{5.1}$$

式中：n 为研究对象的数目，X_i 为 i 空间单元属性资料值，$\overline{X}$ 为 X_i 和 X_j 的均值，W_{ij} 为空间权重矩阵。Moran's I 的取值范围为[-1,1]，其绝对值越大表示空间自相关程度越高。

通常使用 Moran's I 的标准化统计量 Z 来检验，其公式为：

$$Z=\frac{1-E(I)}{\sqrt{\mathrm{Var}(I)}} \tag{5.2}$$

式中：

$$E(I)=\frac{-1}{(n-1)} \tag{5.3}$$

$$\mathrm{Var}(I)=-\frac{n^2W_1-nW_2+2W_0}{W_0(n^2-1)}-E^2(I) \tag{5.4}$$

$$W_0=\sum_{i=1}^{n}\sum_{i=1}^{n}W_{ij}\qquad W_1=\sum_{i=1}^{n}\sum_{i=1}^{n}(W_{ij}+W_{ji})^2$$

$$W_2=\sum_{n=1}^{n}(W_{\cdot i}+W_{\cdot j})^2 \tag{5.5}$$

式中：W_i 和 W_j 为相关权重矩阵 i 列和 j 行之和。在一定显著性水平下，若 I_i 显著为正，且当 $Z_i>0$ 时，表明位置 i 和周围邻居的观测值都相对较高，属高高集聚；当 $Z_i<0$ 时，则表明位置 i 和周围邻居的观测值都相对较低，属于低低聚集。当 I_i 显著为负，$Z_i>0$ 时，表明周围邻居的观测值远低于位置 i 观测值，属于高低集聚；当 $Z_i<0$ 时，则表明周围邻居的观测值远高于位置 i 观测值，属于低高集聚。

系数表达的不同空间自相关模式见表 5.1。

表 5.1　Moran's *I* 系数表达的不同空间自相关模式

Table 5.1　Different modes of spatial autocorrelation for moran's *I* coefficient

Moran's I	相关性	空间自相关模式
$I>E(I)$	正向空间自相关	空间上研究区域的取值高高相邻（HH，都大于均数）或者低低相邻（LL，都小于均数）；相邻区域具有类似的现象
$I\approx E(I)$	无相关	无明显的变化；现象在研究区域中程序随机出现
$I<E(I)$	负向空间自相关	空间上研究区域的取值高低相邻（HL 或者 LH）；相邻区域不具有相似的现象

5.1.3　局部空间自相关

全局空间相关性分析是对区域中的每个点与均值相比较，反映研究现象在全部研究区域空间上的分布模式，无法从中获知研究现象聚集区域的位置。而局部空间相关性分析是根据一定距离阈值划分，对每个区域的取值进行分析，得出每个区域在整个研究空间上的分布状态，根据每点的取值判断出空间上的热点区域。统计模型为 Getis-Ord G_i^*，其表述如下：

$$G_i^* = \frac{\sum_j^n W_{ij}X_j - W_i^* \overline{X}}{S\sqrt{(nS_i - W_i^{*2})/(n-1)}} \tag{5.6}$$

式中：S 为区域观测值 X 的标准差；$S_i = \sum W_{ij}^2$，$W_i^* = \sum W_{ij}$，其余符号含义同前。G_i^* 值接近于 0 时，说明研究现象在该区域周围没有聚集的情况，呈随机出现；G_i^* 的绝对值越大，表示研究对象在该区域周围聚集的程度越高，该区域所产生的影响力越大，由此成为研究事物发生的“热点区域”。当 G_i^* 值为正时，该聚集区域为“正热点区”，是研究指标的高人口所在地；当 G_i^* 值为负时，该聚集区域为“负热点区”，是研究指标的低人口所在地(图 5.1)。

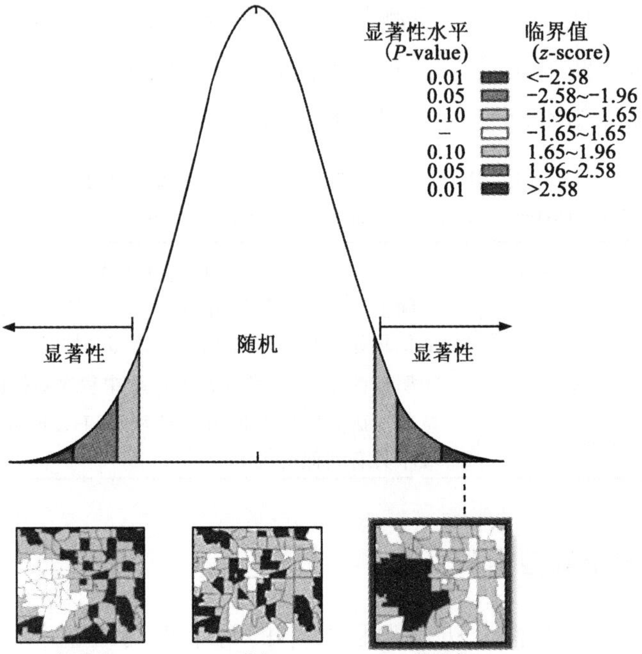

图 5.1 $Z(G_i^*)$ 系数表达的不同空间聚集模式

Fig. 5.1 Different modes of spatial autocorrelation for $Z(G_i^*)$ coefficient

5.2 基于全局空间自相关指标的乌鲁木齐不同族群居住空间集聚模式研究

5.2.1 典型民族全局居住空间自相关分析

各民族 Moran's I 值都为正，标准化统计量 Z 都在 2.8 以上，大于 $\alpha=0.05$ 显著性水平下的检验临界值 1.96，表明各指标在总体上都存在显著的空间正相关，表现出明显的聚居现象。对于少数民族人口指标，表现为少数民族人口高、低集聚区域分别发生聚集；出现了汉族、维吾尔族、哈萨克族、回族人口较高或较低聚集区域。各指标的空间自相关强度也存在显著的差异。少数民族人口、维吾尔族人口 Moran's I 值较高，在 0.3 以上；汉族人口、哈萨克族人口、回族人口 Moran's I 值相对较低，在 0.19 左右。表明少数民族人口、维吾尔族人口在总体上的空间自相关强度明显强于其他因子，表明维吾尔族人口在空间上相互集聚、隔离较其他指标更为显著。

5.2.2　典型社会指标全局居住空间自相关分析

性别比 Moran's $I>E(I)$ 且 Z 为正，说明性别在区域上存在高-高值聚集区或低-低值聚集区。农业人口和非农人口得分的 Moran's I 值都为正，标准化统计量 Z 都在 3.3 以上，大于 $\alpha=0.01$ 显著性水平下的检验临界值 2.58，表明各指标在总体上都存在显著的空间正相关，表现出明显的聚居现象。第二产业人口和第三产业人口指标得分的 Moran's I 值都为正，标准化统计量 Z 都在 2.6 以上，大于 $\alpha=0.01$ 显著性水平下的检验临界值 2.58，表明各指标在总体上都存在显著的空间正相关，表现出明显的聚居现象。学龄人口、老年人口指标得分的 Moran's I 值都为正，劳动人口指标 Moran's I 值为负值但三个指标值都大于 $E(I)$，表明各指标在总体上都存在聚居现象，劳动人口聚集区域没有学龄人口和老年人口比例显著。常住人口比例、流动人口比例指标得分的 Moran's I 值都为正，且都大于 $E(I)$，表明各指标在总体上都存在聚居现象，劳动人口聚集区域没有学龄人口和老年人口显著。

基于边界邻居权重的乌鲁木齐不同族群居住空间自相关指数见表 5.2。

表 5.2 基于边界邻居权重的乌鲁木齐不同族群居住空间自相关指数

Table 5.2 Residential space autocorrelation index of "ethnic groups" weights based on boundary neighbors in Urumqi

族群	Moran's I	$E(I)$	Var(I)	Z	P
少数民族	0.3417	−0.0156	0.0063	4.5185	0.0000
汉族人口	0.1979	−0.0156	0.0058	2.809	0.0049
维吾尔族人口	0.3143	−0.0156	0.0062	4.1986	0.0000
哈萨克族人口	0.1983	−0.0156	0.0019	4.8778	0.0000
回族人口	0.1841	−0.0156	0.0045	2.9871	0.0028
性别比	0.0272	−0.0156	0.0051	0.5995	0.5488
农业人口	0.2209	−0.0156	0.0051	3.3019	0.0009
非农人口	0.2619	−0.0156	0.0052	3.8673	0.0001
二产人口	0.1836	−0.0156	0.0055	2.6973	0.0070
三产人口	0.3509	−0.0156	0.0053	5.0089	0.0000
学龄人口	0.1001	−0.0156	0.0063	1.4553	0.1456
劳动人口	−0.0089	−0.0156	0.0041	0.1047	0.9165
老年人口	0.0856	−0.0156	0.0058	1.3334	0.1824
常住人口	0.1018	−0.0156	0.0064	1.4648	0.1429
流动人口	0.1721	−0.0156	0.0054	2.5405	0.0111

5.3 基于局部相邻空间自相关指标的乌鲁木齐不同族群居住空间集聚模式研究

5.3.1 不同民族人口居住空间集聚模式分析

汉族人口在青年路、新民路、南湖北路等 5 个街道形成零星高度集聚状，其显著性达 90% 以上，在天山区新华北路以南街区呈现低集聚带，其他街区呈分散状，集聚形态并不明显。天山区汉族人口集聚程度呈现阶梯状递减，从北至南，基本形成北部高度集聚，中部分散,南部低度集聚。维吾尔族在天山区高度集聚,显著水平的99%以上的街区有 9 个,并呈带状分布于和平路街道、解放南路街道、黑甲山街道、团结路街道、赛马场管委会、胜利路街道、延安路街道、二道桥管委会等维吾尔族集聚区,其他街区维吾尔族集聚情况并不显著。蒙古族人口高度集聚区主要分布在友好北路、友好南路、北京路等 8 个街道,显著水平达 90%以上,低度集聚区主要分布在城北的远郊乡镇,其他街区呈现集聚状况并不明显。回族人口高度集聚区较零散,主要分布在米东区和城北的三工乡、安宁渠等乡镇。哈萨克族高度集聚主要分布与城南的 4 个街道,其他少数民族集聚状况并不明显,在八道湾街道、新华北路、解放北路等街道集聚显著,在北部乡镇呈低度集聚(图 5.2)。

乌鲁木齐各民族集聚特点呈现“汉杂居、少集聚”形态。汉族人口数量多,居住分散,与其他民族混居现象明显,呈现“汉杂居”形态。哈萨克族、维吾尔族、回族、蒙古族集聚较明显,形成各自的“少集聚”区。从南向北,呈现依次为哈萨克族集聚区,维吾尔族集聚区,汉族、蒙古族和其他少数民族混合集聚区,回族集聚区。

5.3.2 不同外来人口居住空间集聚模式分析

根据户籍来源地划分主要为外省外来人口、区内外来人口、市内外来人口三类。乌鲁木齐外来人口总数近 150 万人,占总人口的43%,三类外来人口占外来人口总数的比例分别为 46%、41%、13%。由于外来人口的来源地不同,其形成的地缘社会关系也存在差异,集聚空间区位也有所不同。图 5.3 显示,外来人口热点高度集聚区主要位于经济技术开发及周边区域,其外来人口比重达到 80%以上,并且与省外外来人口高度集聚区形成空间吻合状。区外外来人口与市内外来人口热点高度集聚区在天山区南部街道具有空间一致性特点,但在东北的米东区 2 个街道却形成空间冷-热差异性的特点。比较民族人口的分布特征,可以推断省外型外来人口由于主要

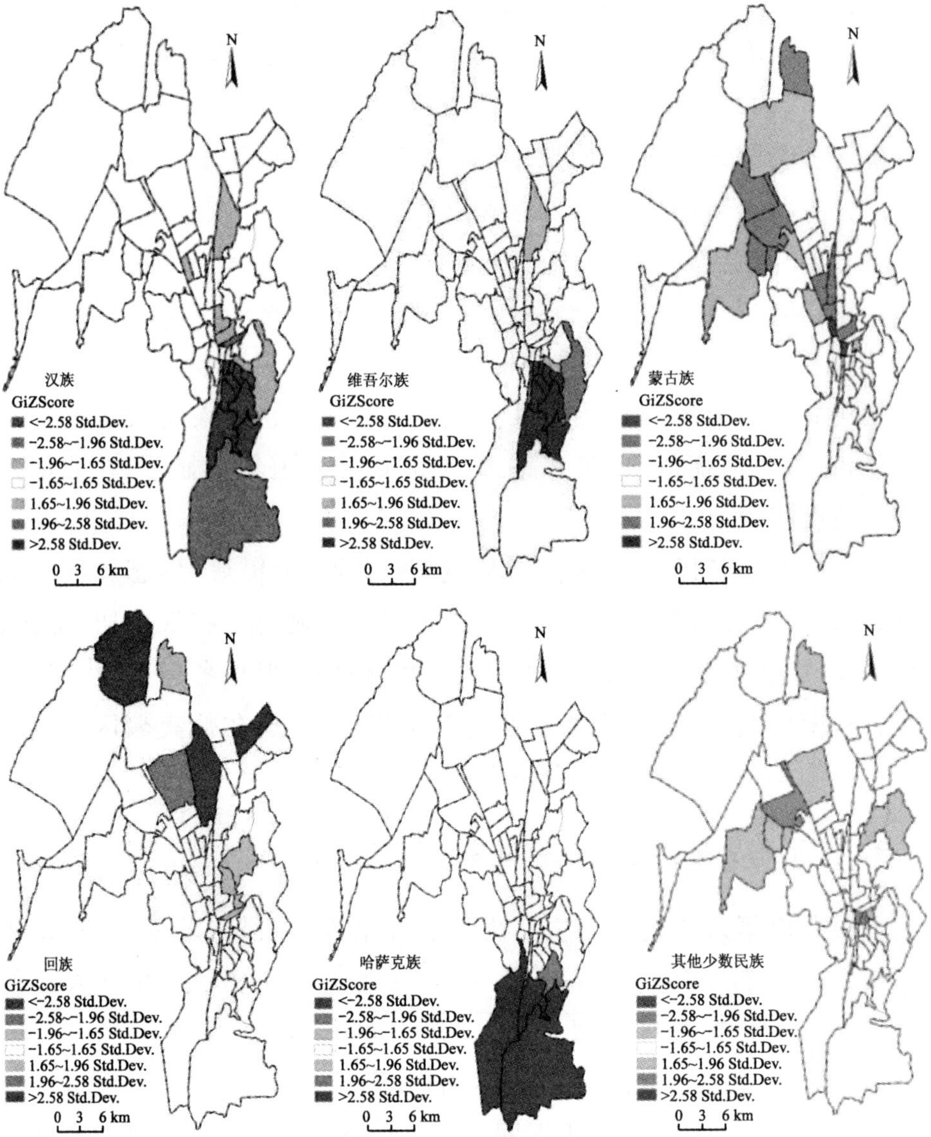

图 5.2　乌鲁木齐典型民族居住空间集聚

Fig. 5.2　The residential space agglomeration of typical ethnic groups in Urumqi

以汉族人口为主，其居住空间以汉族集聚区为主；区内外来人口以维吾尔族为主，其居住空间以维吾尔族集聚区为主；市内外来人口以

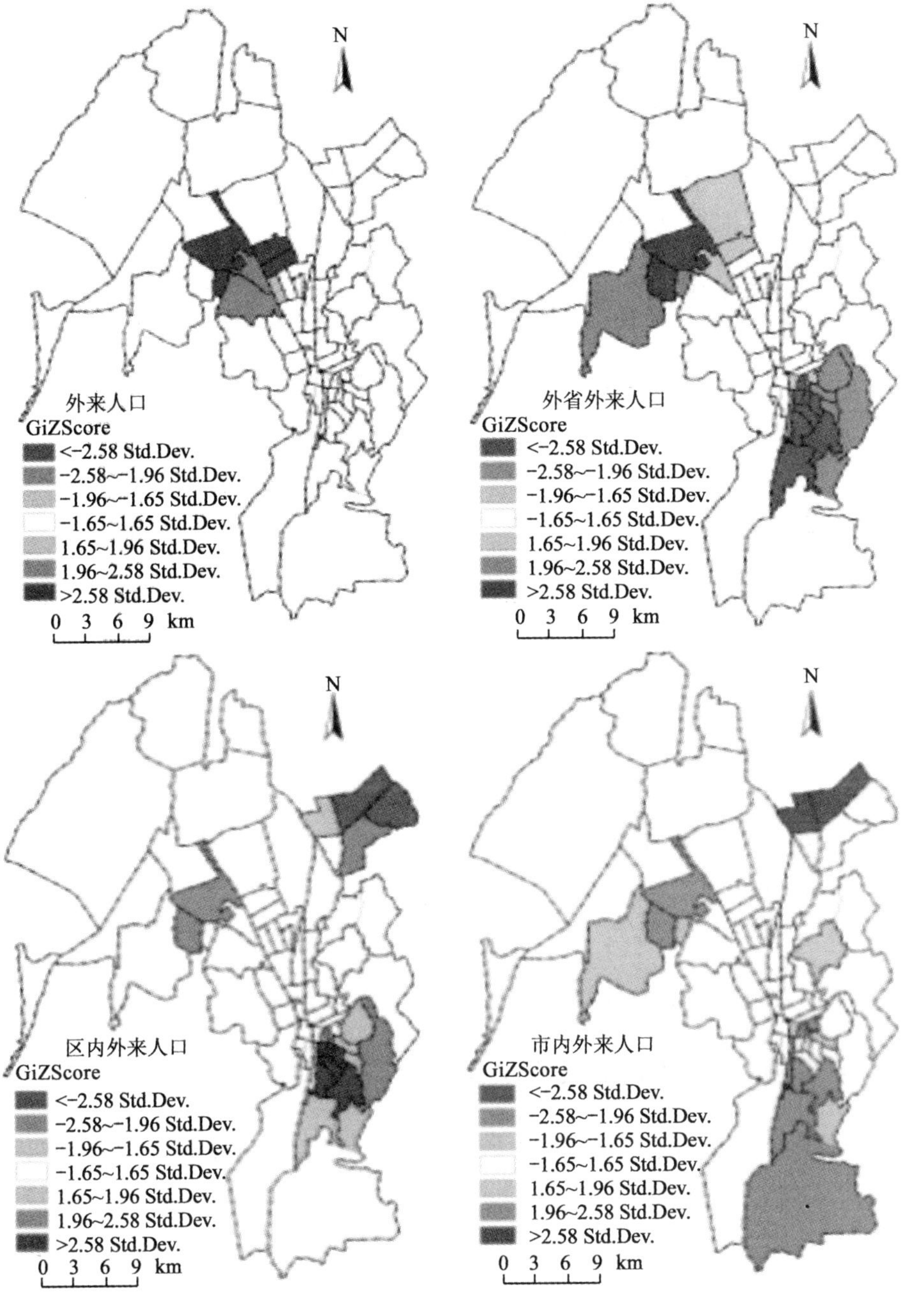

图 5.3　乌鲁木齐外来人口居住空间集聚

Fig. 5.3　The residential space agglomeration of non-locations in Urumqi

汉、维吾尔、回、哈萨克族为主，其聚居地相对比较分散，汉族人口聚居于新华北路、解放北路等商业中心区，维吾尔族和哈萨克族人口聚居于团结路街道、延安路街道、红雁池街道，回族人口以米东区为主要集聚区。总之，外来人口集聚特点与民族人口集聚特点具有高度耦合性，符合地缘关系决定学说。

5.3.3 不同学历人口居住空间集聚模式分析

学历是衡量人的社会属性的一项重要指标，是区分社会地位的重要标准。根据我国现有的教育学历标准将 15 岁以上年龄人口划分为文盲、小学学历、初中学历、高中学历、大专学历、本科学历、研究生学历 7 个等级。由于学历的不同，导致社会地位、经济地位和文化地位存在差异，进而引起社会分层、经济分层和文化分层，形成居住空间集聚。乌鲁木齐不同学历人口居住空间集聚特点各异，其中文盲、小学和初中学历高度集聚区存在空间的一致性，基本位于远郊乡镇和工业园区，并同时在城市中心区形成低度集聚的现状。高中学历高度集聚区分布在以制造业为主的八钢片区；大专、本科和研究生学历人口主要集聚于城市中心商业区，并受乌鲁木齐高校分布的影响较大，其高度集聚区基本与高校分布一致。乌鲁木齐高、低学历人口集聚区具有很强的分异性，城市产业分布是决定不同学历人口居住空间集聚的主要因素（图 5.4）。

5.3.4 不同产业人口居住空间集聚模式分析

职业分层是社会分层的一种体现，是居住空间集聚的内在原因，职业不同引发经济收入的差异，进而导致居住空间分异。根据其劳动性质差异将乌鲁木齐 19 个职业归类为农业人口、二产人口、商业服务业人口、公共服务业人口四类群体（图 5.5）。依据其空间集聚的显著性分析，乌鲁木齐从事农业人口主要以城北远郊乡镇呈高度集聚，从事二产的人口主要集聚于原八钢片区和米东工业区，商业服

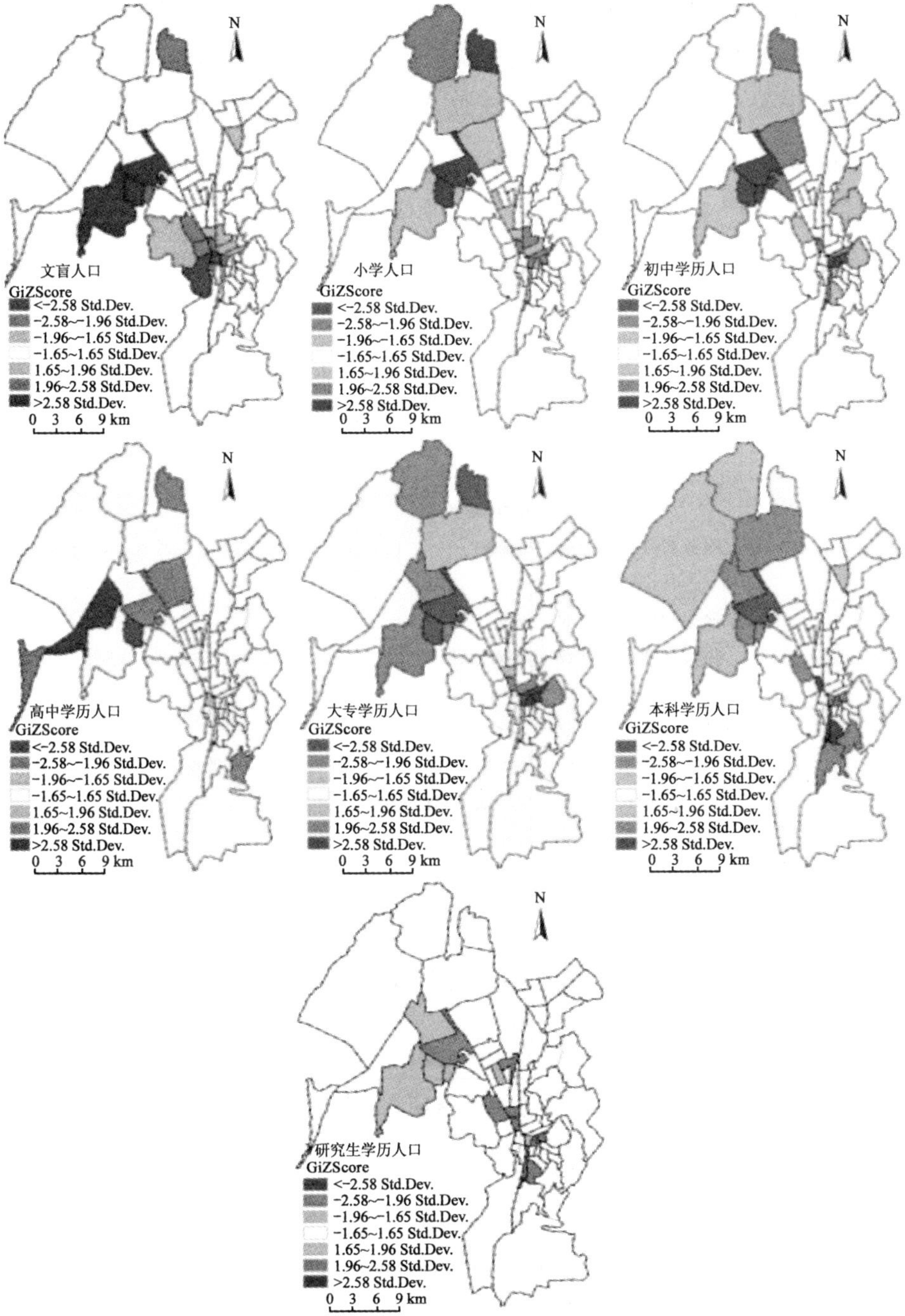

图 5.4　乌鲁木齐不同学历人口空间集聚

Fig. 5.4　The residential space agglomeration of different learners in Urumqi

务人口主要以国际商贸城为中心呈高度集聚，公共服务类人口受行政和公共景观的影响主要位于城市商业核心区。从行政区域的角度分析从业人口的集聚特点发现，乌鲁木齐各个区县基本形成某一类从业群体的集聚区，其中远郊乡镇是农业人口的集聚区，头屯河区和米东区为二产从业人口的集聚区，沙区为商业服务类人口的集聚区，天山区位公共服务类人口的集聚区，新市区从业人口集聚状况并不显著，呈现随机离散分布状态（图 5.6）。

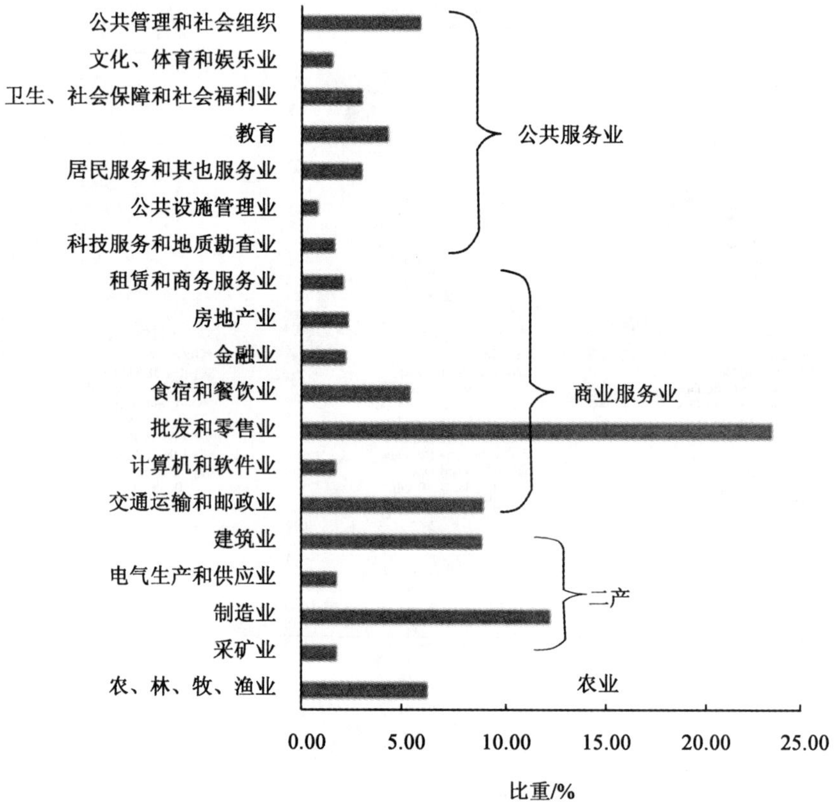

图 5.5 乌鲁木齐产业从业人口划分和比重

Fig. 5.5 A rate of different industries in Urumqi

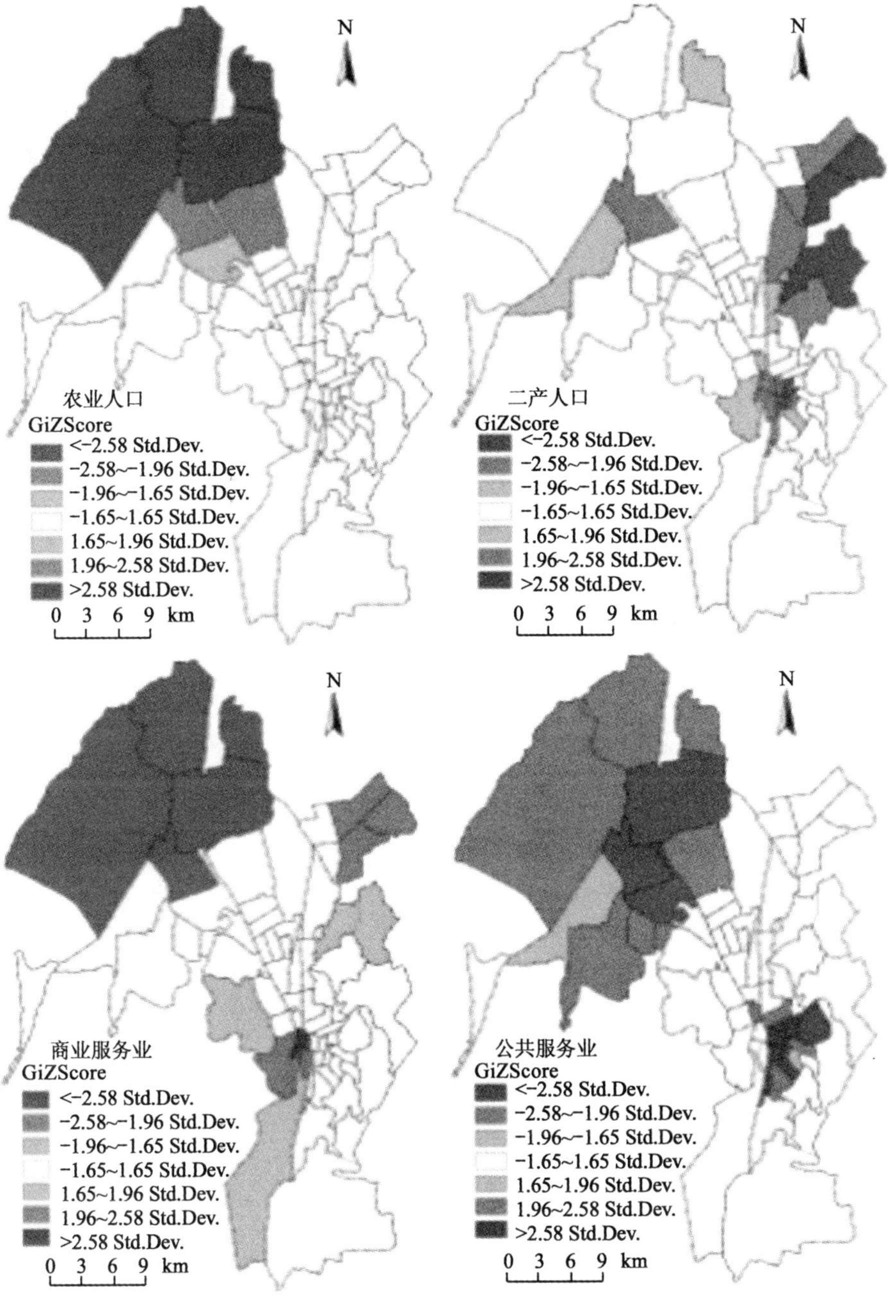

图 5.6　乌鲁木齐不同产业从业人员居住空间集聚

Fig. 5.6　A residential space agglomeration of different industries in Urumqi

5.3.5 不同年龄人口居住空间集聚模式分析

根据家庭生命周期特点将乌鲁木齐人口分为学龄人口、劳动人口、老年人口。通过比较发现,学龄人口在两个片区呈现高度集聚的特点,其中城北与外来人口和二产从业人口高度集聚区呈现一致性,城南与区内外来人口、市内外来人口和维吾尔族、哈萨克族人口高度集聚区呈现一致性。乌鲁木齐劳动人口空间集聚区主要位于北京路和喀什东路两个街区,其主要以从业二产和三产的人口为主。老年人口空间集聚核心区范围较小,以城市商业中心为主,并且在南北城区出现低度集聚的特点。从整体上看,从南至北呈现串珠状零散阶梯状形态(学龄人口集聚区—老年人口集聚区—劳动人口集聚区),并与民族人口、外来人口、从业人口等其他族群的空间分布存在关联性(图 5.7,图 5.8)。

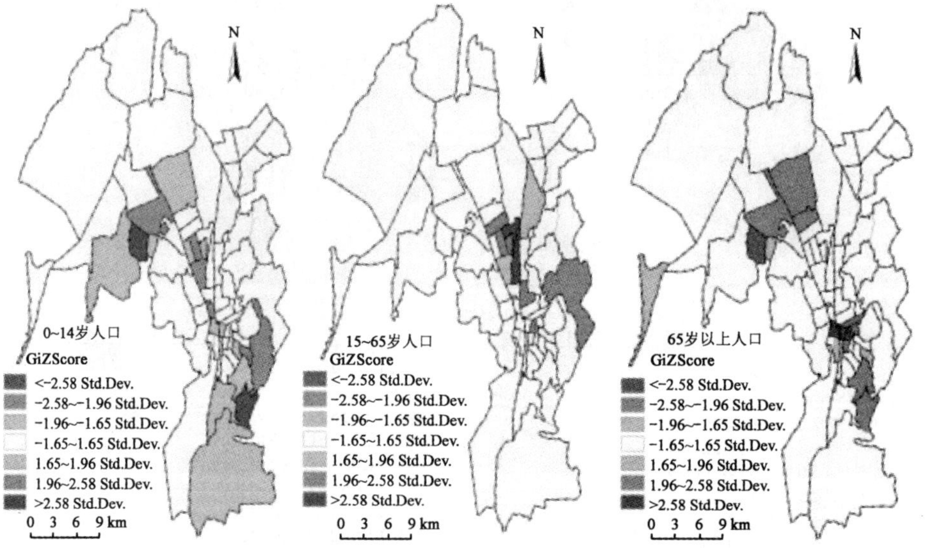

图 5.7 乌鲁木齐不同年龄人口居住空间集聚

Fig. 5.7 The residential space agglomeration of different age in Urumqi

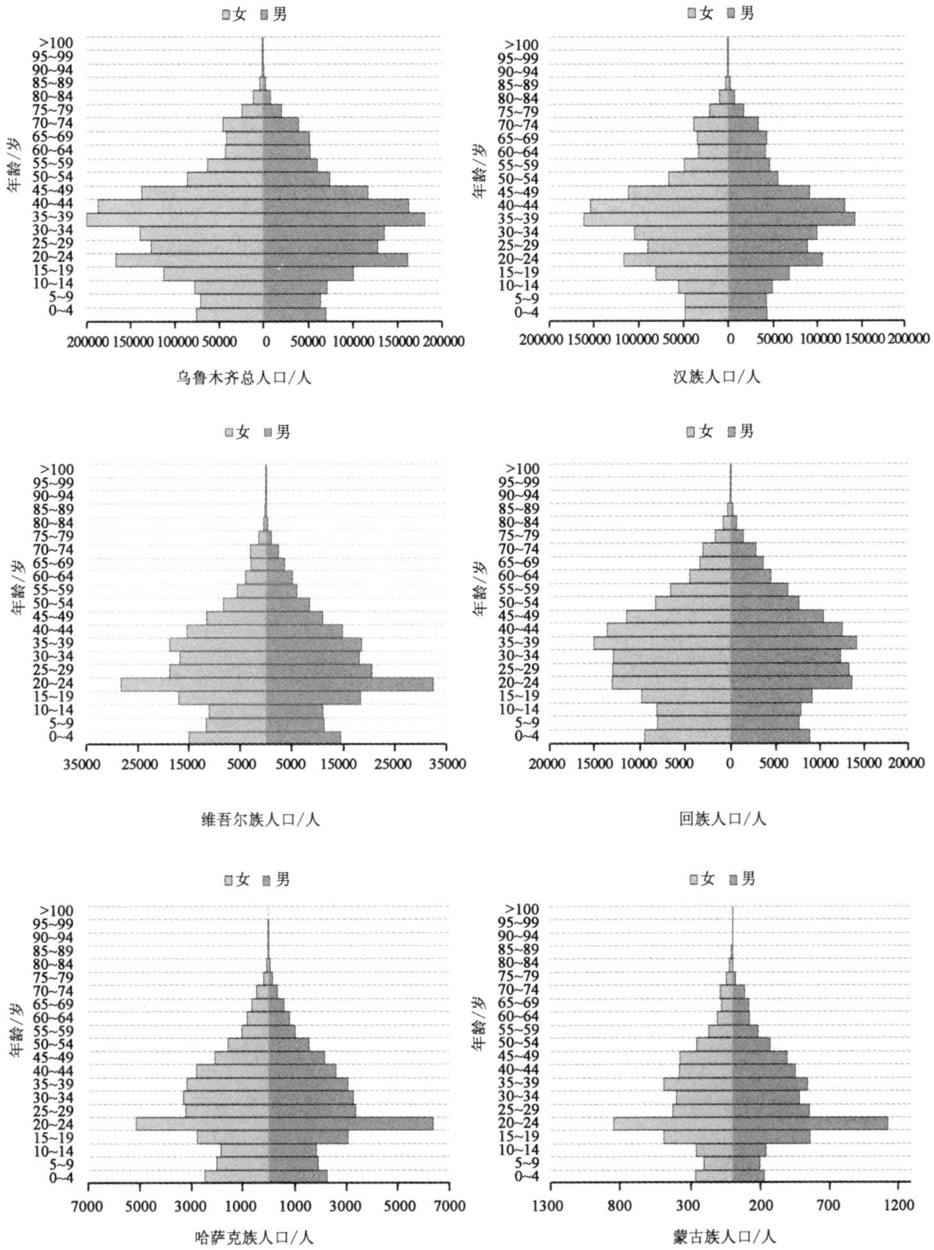

图 5.8　乌鲁木齐典型民族不同年龄性别人口分布

Fig. 5.8　The distribution of population age-gender of typical ethnic groups in Urumqi

5.4 基于不同距离尺度局部空间自相关指标的不同民族人口居住空间集聚居模式研究

为了更好地探究不同族群空间分布模式及空间关联情况，运用不同距离尺度的局部空间自相关指数分析。局部空间关联度指数可以显示不同族群人口比例或密度在每个街区随距离改变而与周边街区的联系情况，考虑到最小街区中心点的距离，分别以 1 km、3 km、5 km、10 km 设定每个街区不同族群变化。

5.4.1 汉族人口居住空间集聚模式演变

汉族人口在 1 km 和 3 km 距离空间分布集聚现象呈现冷点集聚区，表明在 3 km 距离范围为并无汉族人口高集聚街区，但却呈现汉族人口分布冷点区，其中 1 km 距离空间中冷点区主要分布在城市南部的解放南路街道、团结路街道、赛马场街道、大湾街道及红雁池街道，北部主要有地窝堡村和古牧地东路街道两个次冷点集聚区。3 km 距离空间冷点区分布在城市南部，较 1 km 略有变化，主要分布在胜利路、团结路街道、赛马场街道、黑甲山街道、和平路街道及红雁池街道等 6 个街区。

汉族人口在 5 km 和 10 km 距离空间分布冷点集聚区和热点集聚区呈现显著的空间差异，表明在更大尺度上汉族人口集聚和分散现象明显。其中在 5 km 距离空间中，冷点区主要分布城市东南部的天山区，较 3 km 冷聚居范围明显增大，由 3 km 的 6 个街区增加到 10 个街区，城市其他区域并无冷集聚街区；热点区主要分布在南湖街道、友好南路街道和北京路街道 3 个区域，其他区域汉族人口空间分布呈现随机现象，无集聚、分散格局。10 km 距离空间中，冷点街区略有减少，辐射范围下降，仍以天山区为主要区域；热点街区增加显著，由 5 km 的 3 个街区增加到 14 个街区，主要分布城区北部扇形腹中地带。

对比不同空间距离汉族人口集聚格局呈现南部为典型的冷点集聚区，北部为热点集聚区，南北呈现明显的隔离状态，并出现随机分布的隔离通道，表明汉族人口分布极不平衡，并且随着空间距离参数的增加，冷点集聚区和热点集聚区分异呈现增强态势(图 5.9)。

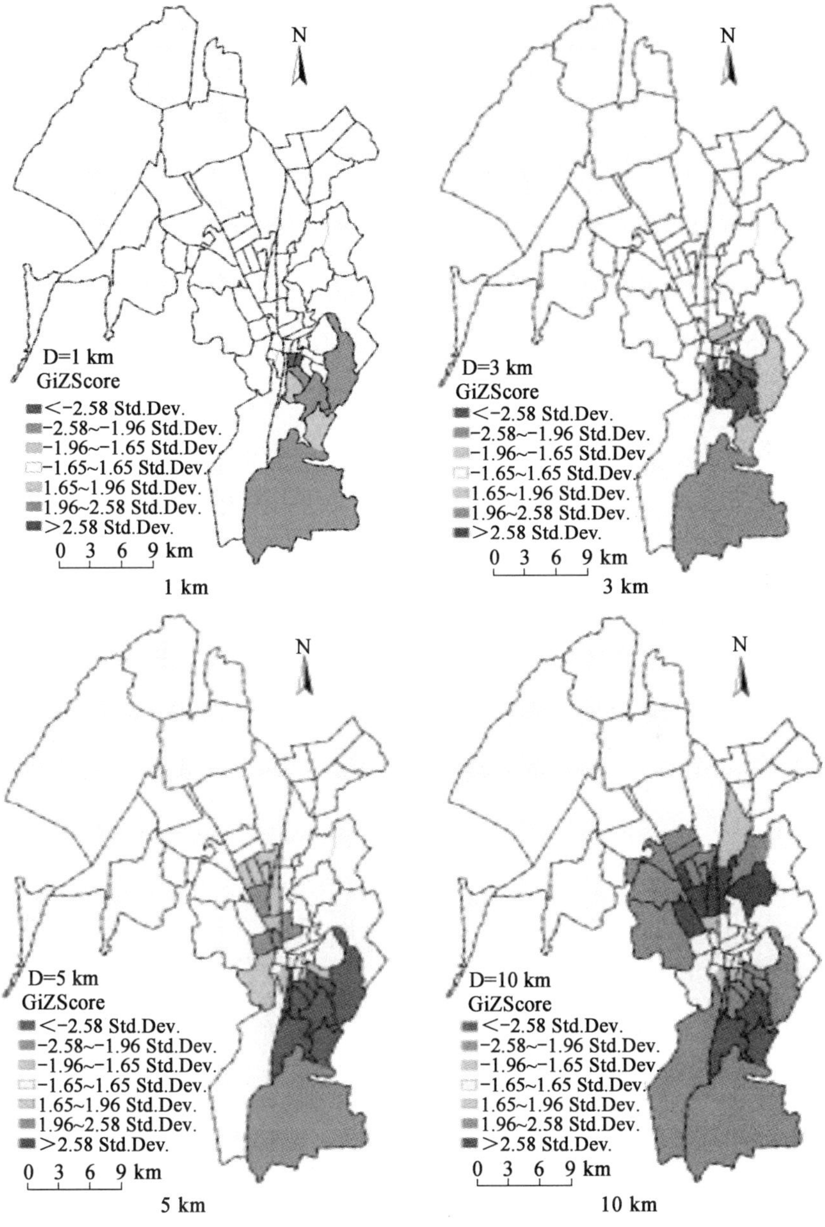

图 5.9　不同尺度的乌鲁木齐汉族人口居住空间集聚

Fig. 5.9　The residential space agglomeration of Han based on the different distances in Urumqi

5.4.2 维吾尔族人口居住空间集聚模式演变

维吾尔族在 1 km 和 3 km 距离尺度上高集聚现象显著，表明在 1 km 和 3 km 空间范围内维吾尔族人口居住空间集聚现象明显。1 km 热点集聚主要分布在城北的地窝堡乡和城南的解放北路街道、二道桥街道、大湾街道和赛马场街道五个区域，团结路街道和八道湾街道为次热点集聚区。1 km 距离尺度范围内冷点集聚并不显著。3 km 热点集聚主要分布在城市东南部天山区的和田街道、新华南路街道、胜利路街道、团结路街道、赛马场街道、和平路街道、黑甲山街道、幸福路街道 8 个区域，北城主要分布于地窝堡乡和八道湾街道 2 个区域。

维吾尔族在 5 km 和 10 km 距离尺度上，热点集聚和冷点集聚现象显著，表明在 5 km 和 10 km 范围内维吾尔居住空间集聚现象和分散现象并存。5 km 热点集聚区主要分布在南城的二道桥街道、赛马场街道、大湾街道等 6 个区域，次热点集聚区主要分布在热点集聚区周边街道，并辐射到沙区的和田街街道、长江路街道和雅玛里克山街道 3 个片区，集聚范围较 1 km 和 3 km 距离明显增加；低聚居区主要分布于城北新市区的杭州路街道、南纬路街道和喀什东路街道及米东区的古牧地西街道和卡子湾街道。10 km 热点集聚区和冷点集聚区都较 5 km 距离空间有所增强，其中热点集聚区在南城以天山区为主导区域，并向水区和沙区进行扩展，热点集聚区由 5 km 距离空间的 6 个街区增加到 10 个街区，次高集聚热点区由 7 个街区增加到 12 个街区，低集聚冷点区显著性较强的区域为北京路街道，次低集聚区主要分布米东区和新市区（图 5.10）。

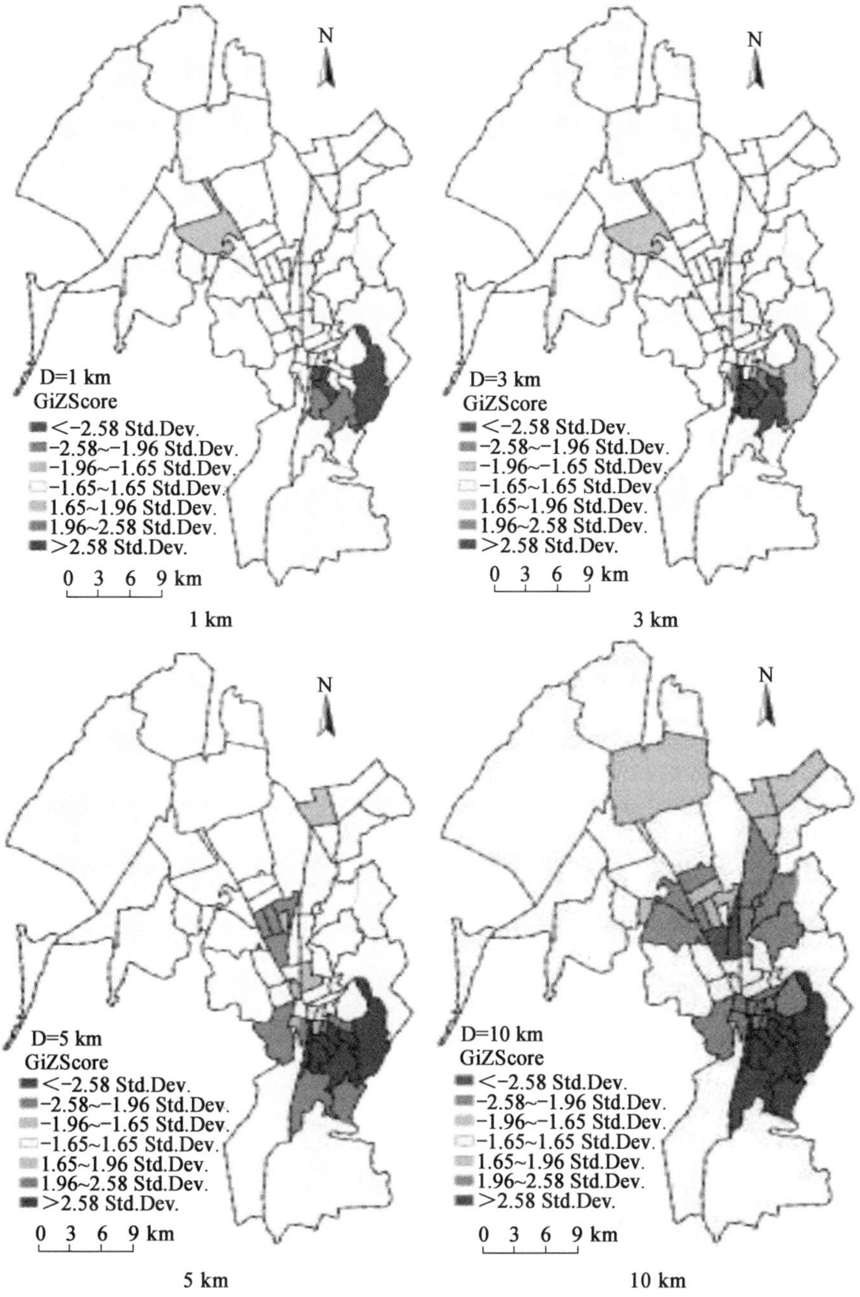

图 5.10　不同尺度的乌鲁木齐维吾尔族人口居住空间集聚

Fig. 5.10　The residential space agglomeration of Uighur based on the different distances in Urumqi

5.4.3 哈萨克族人口居住空间集聚模式演变

哈萨克族人口分布在 1 km、3 km、5 km、10 km 距离空间尺度上低度集聚表现得并不明显，只是在南部个别街区呈现高集聚现象，主要分布于红雁池街道、延安路街道、燕儿窝街道和炉院街道 4 个南部片区。从空间尺度分析，5 km 距离空间尺度集聚范围较小，1 km 和 3 km 距离空间尺度集聚范围保持不变，10 km 距离空间尺度集聚范围增大(图 5.11)。

5.4.4 回族人口居住空间集聚模式演变

回族人口在 1 km 、3 km 和 5 km 距离空间尺度上，热点集聚较显著，并无冷集聚街区出现。其中 1 km 距离空间尺度上主要分布在城北的新市区和城东的米东区，新市区热点集聚区主要分布于二工乡，次热点集聚区分布于安宁渠镇和六十户乡，米东区高集聚区分布于古牧地东街道，次热点集聚区分布于古牧地西街道。3 km 距离空间尺度较 1 km 距离尺度略有变化，在新市区增加了二工街道次热点聚区。5 km 距离尺度空间上，出现了 3 个热点集聚区，主要分布在米东区的古牧地东街道、古牧地西街道和石化街道，次高热点集聚区有所减少，主要分布在新市区的安宁渠镇和六十户乡(图 5.12)。

回族人口 10 km 距离空间尺度上，热点集聚和冷点集聚都较显著。其中热点集聚区主要分布在米东区的石化街道和新市区的高新技术开发区，次热点集聚区主要分布在米东区的卡子湾街道、古牧地东街道、古牧地西街道和新市区的青格达湖乡 4 个片区。冷点集聚区主要分布于城市商业中心地带及其扩展区。

回族人口空间集聚模式随着自相关指标尺度的增加呈现以热点集聚为主的集聚形态，其中城市北部和东部郊区和远郊区地带成为回族人口聚集中心，城市商业中心地区成为回族人口冷点集聚区。

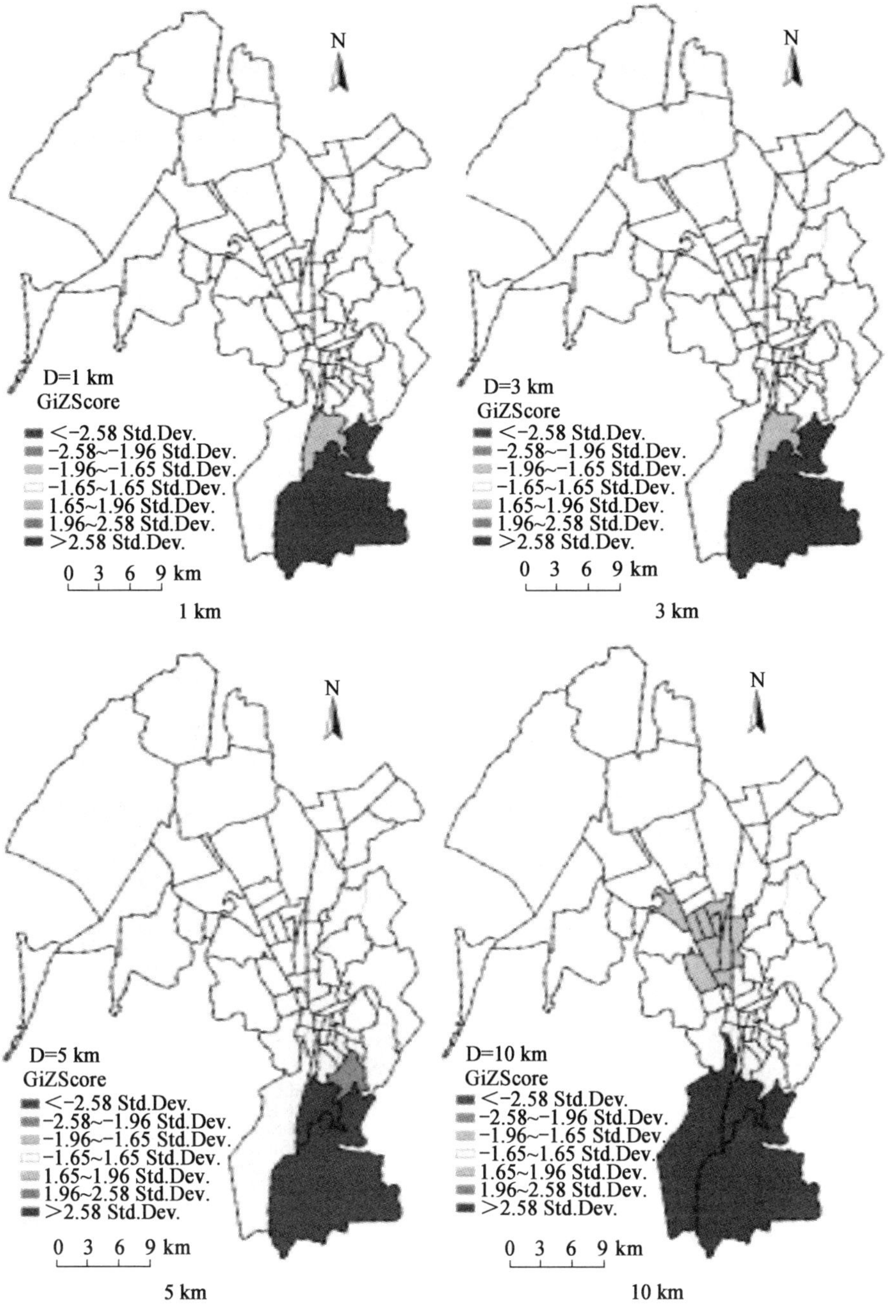

图 5.11　不同尺度的乌鲁木齐哈萨克族人口居住空间集聚

Fig. 5.11　The residential space agglomeration of Kazak based on the different distances in Urumqi

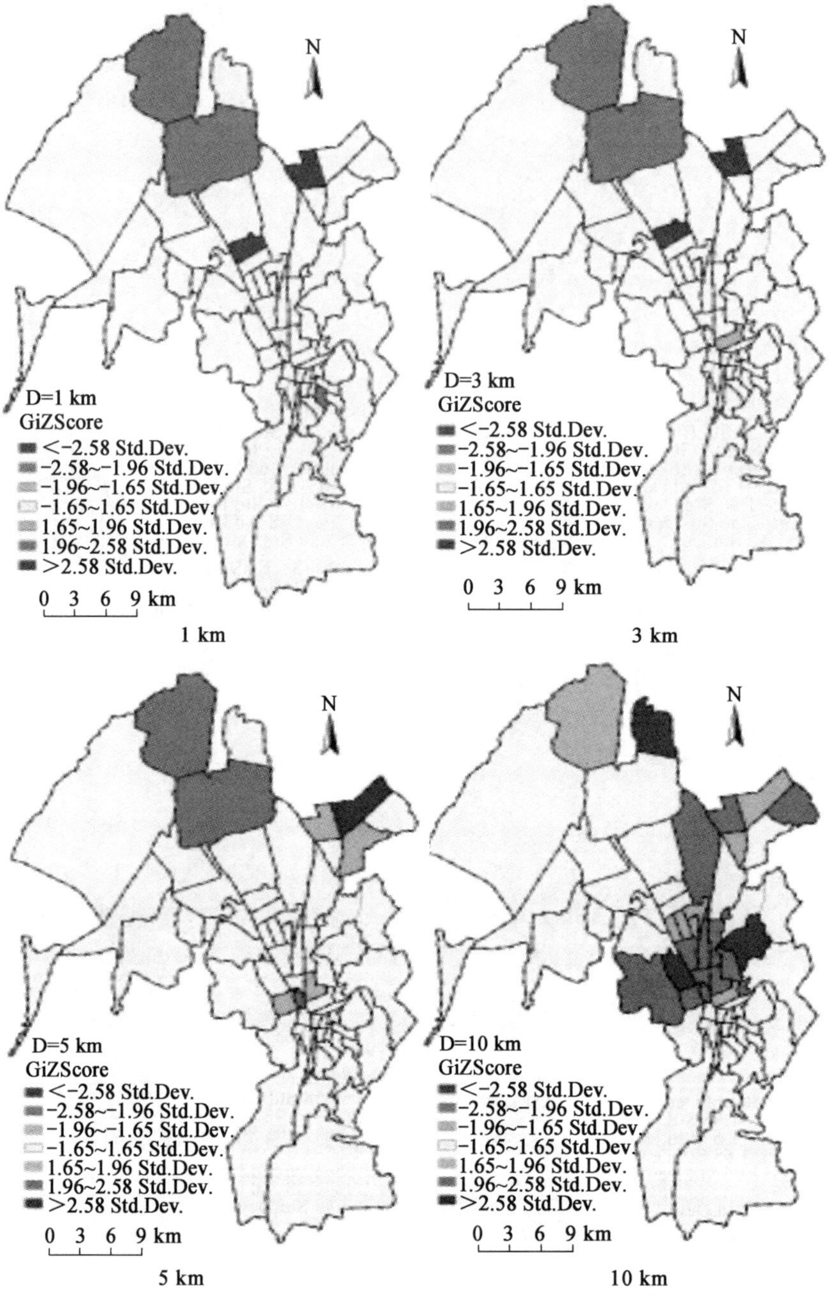

图 5.12　不同尺度的乌鲁木齐回族人口居住空间集聚

Fig. 5.12　A residential space agglomeration of Hui based on the different distances in Urumqi

5.4.5　蒙古族人口居住空间集聚模式演变

蒙古族在 1 km 距离尺度上空间集聚呈现点状形态，主要分布与城市中心轴线的个别街区，在 3 km 距离尺度上，呈现小区域的块状高集聚区，并随着距离尺度的增加，高集聚区呈现扩展态势，同时低集聚区也随着扩展。当距离尺度设定为 10 km 时，蒙古族人口居住空间集聚区域基本形成，并形成以城市商业中心为核心区向外扩展的态势（图 5.13）。

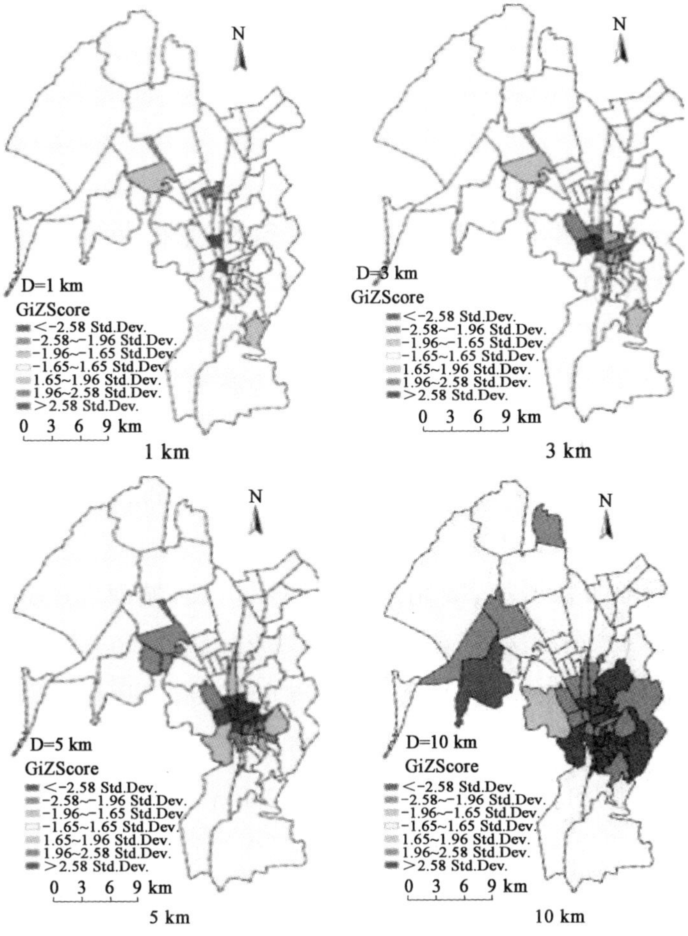

图 5.13　不同尺度的乌鲁木齐蒙古族人口居住空间集聚

Fig. 5.13　The residential space agglomeration of Meng based on the different distances in Urumqi

5.4.6 其他少数民族人口居住空间集聚模式演变

其他少数民族主要指除汉族、维吾尔族、哈萨克族、回族和蒙古族以外的其他民族，人口总数为 3.43 万，其占总人口的 1.1%，民族平均人口 730 人，居住分散，研究单个民族集聚情况并无实证意义。分析发现，其他少数民族人口随距离尺度的增加呈现两个分割的高集聚区和分散的低集聚区。其中距离尺度设定为 1 km 和 3 km 时，高集聚区由点状扩展为分散的点状，距离尺度增加到 5 km 时，高集聚区呈现分割块状形态，并出现低集聚区，当距离尺度增加到 10 km 时，空间分割的两个高集聚基本形成，低集聚区相对分散(图 5.14)。

5.5 基于不同距离尺度局部空间自相关指标的住房价格集聚模式研究

乌鲁木齐住房价格水平集聚格局随着距离尺度的增加，高价和低价集聚格局逐渐明显，其中在 1 km 距离尺度上，高价集聚区主要分布于城市的商业中心区的新华北路和解放北路，低价主要集聚于远郊区的乡镇，其他区域价格差异并不明显。3 km 距离尺度上高价集聚区较 1 km 集聚范围明显增加，城北向友好商圈扩展，城南向二道桥商圈扩展，扩展达到 17 个街区，低价集聚区较 1 km 距离尺度并无变化；5 km 距离尺度高房价集聚区较 3 km 范围有所扩展，并逐渐由城市商业区向其腹地扩展，达到 28 个街区，低价集聚区有所扩展，基本包含了米东区大部分街区和新市区的远郊乡镇；10 km 距离尺度高房价集聚区规模较 5 km 明显增加，并基本扩展到了内城区的 43 个街道，低价集聚区主要分布于新市区北部远郊区乡镇、近郊部分街道及米东区大部分街道(图 5.15)。

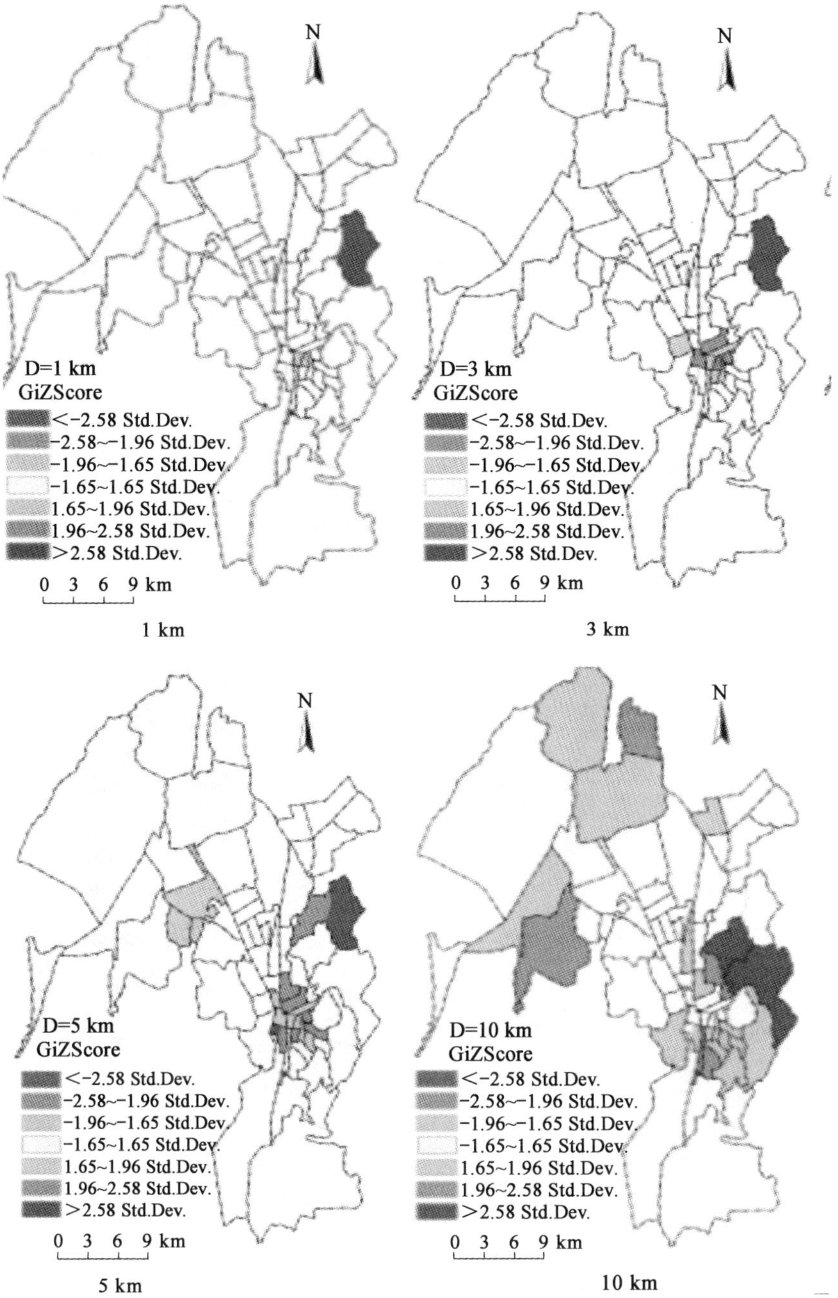

图 5.14　不同尺度的乌鲁木齐其他少数民族人口居住空间集聚

Fig. 5.14　A residential space agglomeration of other nations based on the different distances in Urumqi

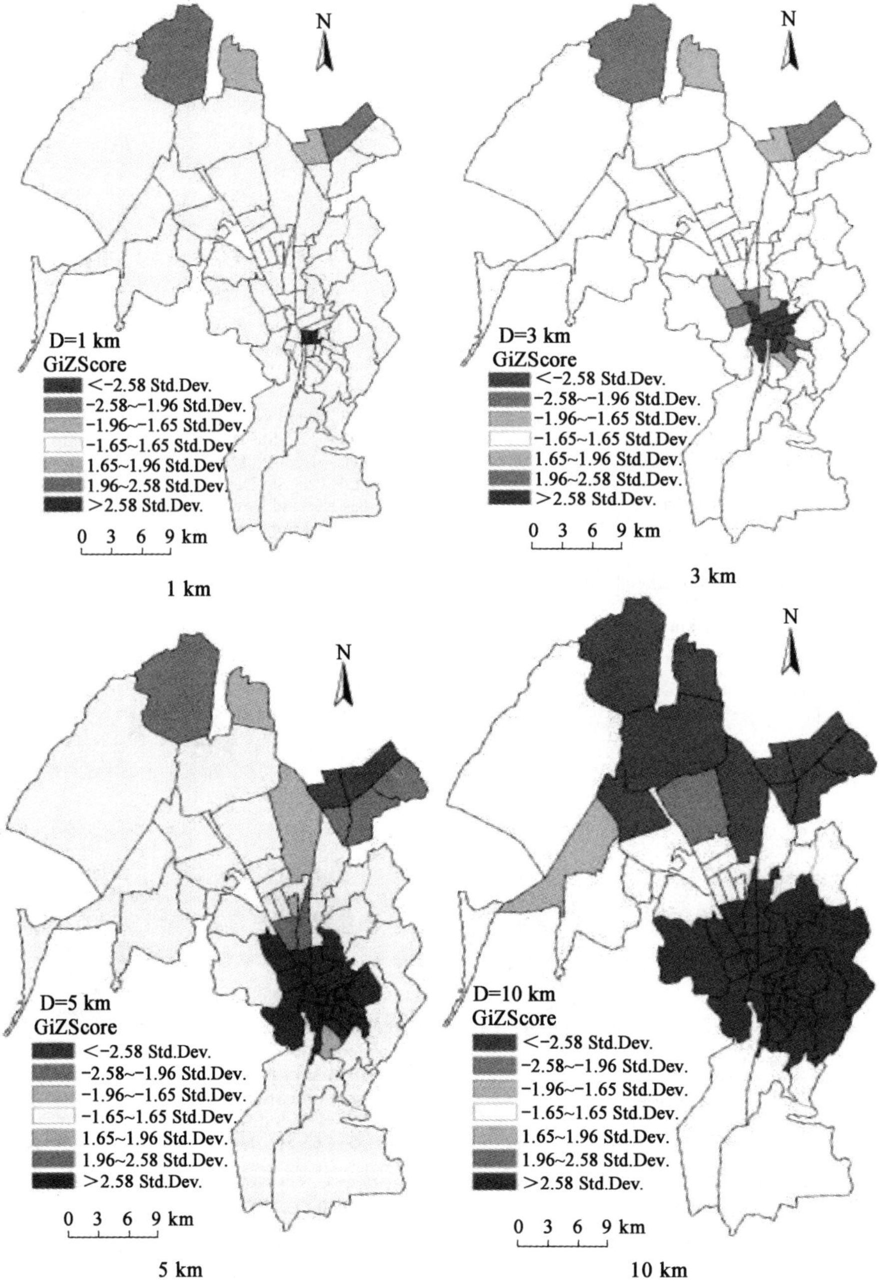

图 5.15　不同尺度的乌鲁木齐住房价格空间集聚

Fig. 5.15　A residential space agglomeration of housing price based on the different distances in Urumqi

房地产价格空间自相关限制程度主要受区位优劣的影响，其中交通条件和商服布局为主要影响因素，乌鲁木齐房地产价格不同尺度的空间集聚格局也表征了城市区位的优劣。

5.6 基于不同距离尺度局部空间自相关指标的住房租金集聚模式研究

乌鲁木齐住房租金水平空间集聚格局随着距离参数的增加，高、低租金呈现梯度状集聚格局，在 1 km 距离尺度上，高租金主要集中在新华北路和解放北路两个城市商业核心带街区，低租金主要分布于北部个别乡镇；3 km 距离尺度上，高租金区域有所增加，基本以商业核心带向周围街区扩展，低租金区域并无明显变化；5 km 距离尺度上，高租金扩展区显著性增强，空间影响力扩大，高租金区的影响范围扩大，同时低租金区的显著水平略有增强，影响街区增加；10 km 距离尺度上，高租金核心区影响范围基本扩展到城市的大部分内城区域，并且东西扩展趋势明显。总体上，乌鲁木齐高租金区集聚明显，并随着空间距离参数的增加，始终保持单核心的扩展态势，而租金空间集聚不明显，基本呈零星块状集聚形态(图 5.16)。

本章小结

运用空间自相关模型对乌鲁木齐不同族群集聚模式进行分析发现，不同民族、文化、习惯、社会地位、经济地位等差异，是社会分层基本条件，并伴随住房选择的自由化和多元化，为个人自由选择居住区位提供可能。居住格局的集聚性是社会分层和居住选择自由化共同作用的产物，进而社会分层是居住空间分异的必要条件，居住分异是社会分层的空间表现。空间自相关模型结合社会经济属性和空间属性，通过空间尺度的临近和变化表达社会经济属性的空间关联性。住房价格和租金水平则通过区位的临近关系表达其空间的集聚格局，以此验证住房的区位性与其价格和租金的空间分布格局密切关系。

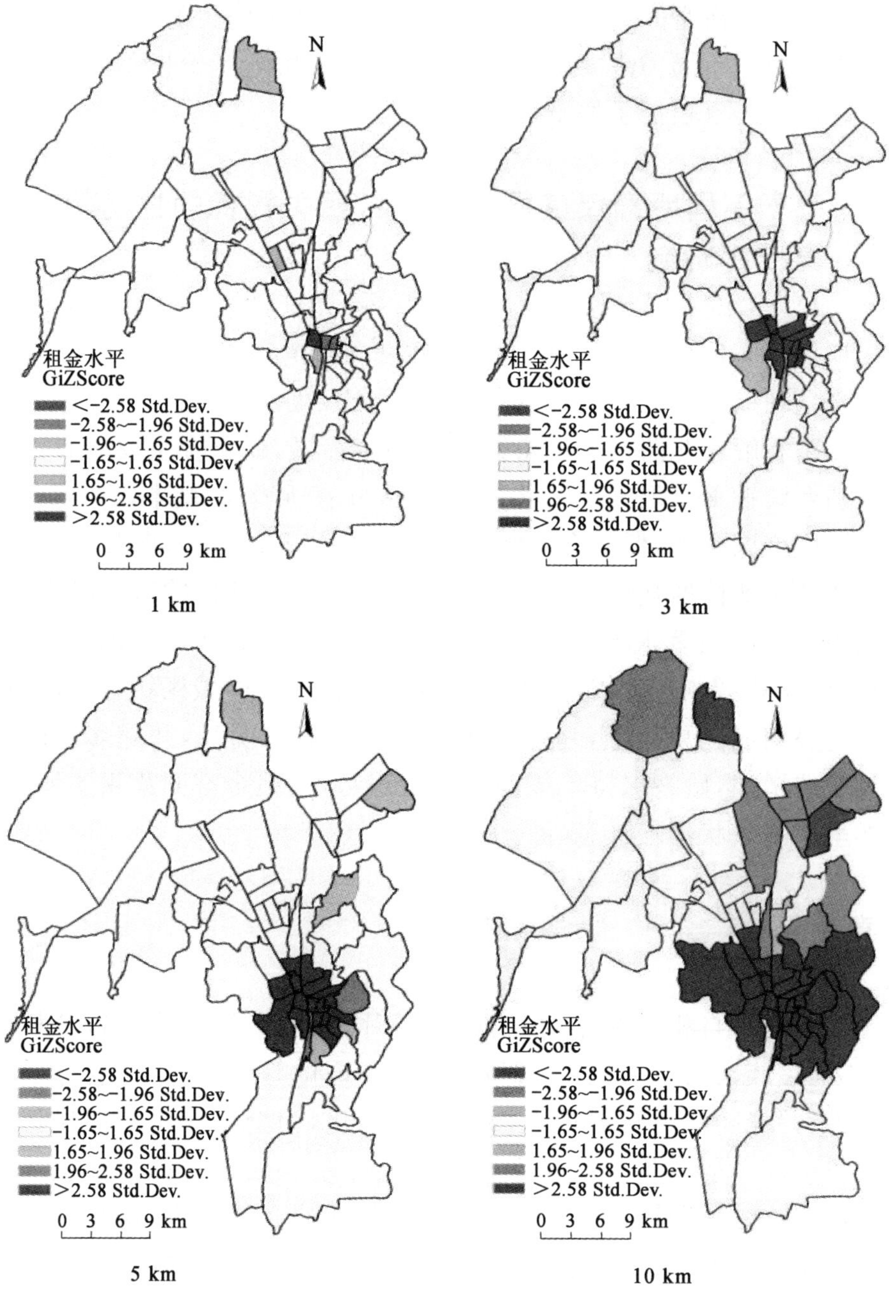

图 5.16　不同尺度的乌鲁木齐住房租金空间集聚

Fig. 5.16　The residential space agglomeration of rent price based on the different distances in Urumqi

乌鲁木齐不同民族空间自相关性主要由其文化差异引起的社会分层，进而在空间上表现为聚居模式不同，并且这种空间表现与不同民族的规模、宗教信仰、生活习俗有着直接关系。汉族人口由于其在乌鲁木齐人口比重较大，个别街区达到 90％以上，最少街区达到 30％以上，因此汉族人口整体的集聚程度并不明显，维吾尔族、哈萨克族由于其宗教信仰和生活习惯的差异，整体集聚程度较明显；回族人口由于其文化和语言的融合性较高，整体集聚程度不明显。局部相邻自相关分析得出，汉族人口局部集聚并不显著，主要以城北个别街区集聚度较高，回族人口以东北集聚为主，维吾尔族和哈萨克族以西南集聚为主。不同尺度距离的空间自相关分析得出，随着空间距离尺度的增加，典型民族空间集聚显著性增强，并且集聚范围不断扩大。其中汉族人口、蒙古族人口、其他少数民族人口以城市中心区为主要集聚区，维吾尔族人口主要以西南城市中心区及附属区为主，并有零星块团状向带状演化，由城市边缘区向城市中心区演变；哈萨克族在不同空间尺度上的集聚显著变化较小，基本以南部少量街区为主要集聚区；回族人口主要以东北片区街道为集聚区。随着空间距离参数的增加，住房价格和租金的高集聚范围明显增强，并以城市商业核心区为中心，呈单核状扩展态势；住房价格的低集聚区范围明显大于租金的，并且基本呈零星块状发展态势。

第6章　乌鲁木齐不同族群的居住空间分异测度分析

6.1　研究方法

分异指数主要测度某一族群相对另一族群的分异程度，其中全局分异指数(the index of global dissimilarly)由于容易计算和理解，主要用于分析不同族群整体分异状况，是社会学者和城市地理学者用来分析居住空间分异通用指标。局部分异指数(the index of local dissimilarly)，主要对全局分异指数分解线性化，主要用于分析街道层面居住空间分异特性及相关影响因素。信息熵，用于分析某一族群在单元街区的均匀分布状况。区位熵，用于分析某一族群在单元空间的集聚度(表6.1)。

6.2　乌鲁木齐市不同族群特征分析

为了对不同族群社会特性、经济特性、文化特性、居住特性、空间特性等进行了解，调查组按常住人口和外来人口比例对每个街道进行抽样调查，共收回有效问卷1983份，有效率近90%。利用spss17.0数据分析工具，按民族、教育程度、职业进行统计，得出不同标准下各族群的社会、经济、文化、居住空间特性。

表 6.1 4种不同居住分异指数

Table 6.1 Four dimensions of residential segregation

指数	公式	解释
全局分异指数 (D)	$D=\frac{1}{2}\left(\sum_{j=1}^{n}\left\|\frac{x_j}{X}-\frac{y_j}{Y}\right\|\right)\times 100\%$ $X=\sum_{j=1}^{n}x_j$ $Y=\sum_{j=1}^{n}y_j$	测度研究区某一族群相对另一族群的相对分异,D 值在 0～1 之间,越大表明居住分异度越大。
局部分异指数 (d_j^*)	$d_j=\left\|\frac{x_j}{X}-\frac{y_j}{Y}\right\|\times 100\%$ $d_j^*=\alpha d_j+\beta$ $\alpha=\frac{1-D}{d_{\max}-d}$ $\beta=1-\alpha d_{\max}$ 或 $\beta=D-\alpha d$	测度调查单位某一族群相对另一族群的分异程度,d_j^* 在 0～1 之间,值越大表明单元分异度越大。
信息熵 (H)	$H=-\sum_{j=1}^{n}\frac{X_j}{X}\ln\frac{x_j}{X}$ 或 $H=-\sum_{j=1}^{n}\frac{y_j}{Y}\ln\frac{y_j}{Y}$	测度研究区某一族群均匀分布状况,H 值越大表明居住分异度越小。
区位熵 (LQ_j)	$LQ_j=(x_j/\sum_{j=1}^{n}X_j)/(P_j/\sum_{j=1}^{n}P_j)$	测度调查单元某一族群集聚状况,LQ 越大,表明居住分异度越大。$LQ>1$ 代表特定人群特定空间上比较高的集聚度,$LQ<1$ 代表特定性质人群特定空间集聚均质。

x_j 表示在居住于 j 单元某族群数量,y_j 表示居住于 j 单元另一族群的数量;X 表示研究区某族群的总量,Y 表示研究区另一族群的总量;α、β 为线性变换系数,d_j 为 j 单元某一族群相对另一族群分异指数值,d_j^* 为 d_j 的线性变换分异指数,d 为研究单元平均分异指数;p_j 表示调查单元 j 的总人口。

6.2.1 按民族划分

乌鲁木齐市是多民族城市，少数民族是其很重要的组成部分，也是研究的重点之一。通过问卷调查统计，其中汉族占抽样人口的73.74%，少数民族占抽样人口的26.26%。汉族和少数民族族群特性如表6.2所示。

通过表6.2我们可以发现汉族和少数民族人口只有在文化特性方面差异很大，其他特性都非常相似。社会特性方面，80%以上都是非农业户口；汉族人口有55.72%为核心家庭，20%左右调查对象是父母和一代已婚子女住在一起，5%左右父母与两代或两代以上子女居住在一起。在收入方面，25%左右的人均支出在1000～3000元/月之间，40%左右的研究对象收入在3000～6000元/月之间，只有2%～3%的人收入在1000元/月以下，维持基本生活，同时也有2%～3%的收入在10000元/月以上。在支出方面，55%左右的人均支出都在1000～3000元/月，30%的调查对象支出在3000～6000元/月。80%的调查对象收入都来源于劳动收入，从事的职业中现实型、企业型、社会型各占20%，最少的是探索型和艺术型占比都不到5%。在居住方面，85%左右的汉族住房主要来源于自有，3.7%的人租住住房，少数民族中只有80%住房来源于自有，低于汉族人口，有5.9%的人租住住房；调查对象中只有20%的人工作地点离家比较近，上班所用时间在15 min以内，40%的人上班需花费15～30 min；汉族人口中有55%的调查对象没有搬迁过家，20%左右的搬迁过一次家，不到2%的人搬迁次数在5次以上，少数民族搬迁过一次家的比例高于汉族，为26%，没有搬迁过家的比例比汉族比例低10%左右，说明汉族相对于少数民族比较稳定。在文化方面，89%左右的汉族没有宗教信仰，少数民族中无宗教信仰的只占到17%左右，76%以上的少数民族都信仰伊斯兰教。在家庭成员构成方面，有92%的汉族调查对象家里只有本民族成员，88%的少数民族家里只有本民族的成员。

表 6.2　按民族划分的不同族群特性

Table 6.2 Characteristics of different "ethnic groups"

<table>
<tr><th></th><th></th><th>指标</th><th>汉族/%</th><th>少数民族/%</th></tr>
<tr><td rowspan="7">社会特性</td><td rowspan="2">户口</td><td>农业</td><td>13.55</td><td>17.49</td></tr>
<tr><td>非农</td><td>86.45</td><td>82.51</td></tr>
<tr><td rowspan="5">家庭类型</td><td>核心家庭</td><td>55.72</td><td>40.90</td></tr>
<tr><td>父母与一代已婚子女</td><td>19.87</td><td>21.04</td></tr>
<tr><td>父母与两代或两代以上子女</td><td>4.63</td><td>6.86</td></tr>
<tr><td>单亲家庭</td><td>3.54</td><td>11.11</td></tr>
<tr><td>其他</td><td>16.25</td><td>20.09</td></tr>
<tr><td rowspan="19">经济特性</td><td rowspan="7">收入</td><td>0～1000 元/月</td><td>2.44</td><td>3.31</td></tr>
<tr><td>1000～3000 元/月</td><td>25.00</td><td>29.08</td></tr>
<tr><td>3000～6000 元/月</td><td>42.68</td><td>42.08</td></tr>
<tr><td>6000～9000 元/月</td><td>18.52</td><td>17.73</td></tr>
<tr><td>9000～12000 元/月</td><td>8.50</td><td>4.49</td></tr>
<tr><td>12000～15000 元/月</td><td>1.85</td><td>1.18</td></tr>
<tr><td>15000 以上/月</td><td>0.67</td><td>1.65</td></tr>
<tr><td rowspan="7">支出</td><td>0～1000 元/月</td><td>10.61</td><td>10.17</td></tr>
<tr><td>1000～3000 元/月</td><td>56.90</td><td>54.85</td></tr>
<tr><td>3000～6000 元/月</td><td>27.61</td><td>28.37</td></tr>
<tr><td>6000～9000 元/月</td><td>3.28</td><td>4.26</td></tr>
<tr><td>9000～12000 元/月</td><td>0.76</td><td>1.42</td></tr>
<tr><td>12000～15000 元/月</td><td>0.51</td><td>0.00</td></tr>
<tr><td>15000 以上/月</td><td>0.00</td><td>0.47</td></tr>
<tr><td rowspan="5">收入来源</td><td>劳动收入</td><td>81.48</td><td>73.29</td></tr>
<tr><td>财产收入</td><td>6.06</td><td>5.67</td></tr>
<tr><td>政府资助</td><td>1.85</td><td>3.55</td></tr>
<tr><td>房屋租赁</td><td>1.09</td><td>2.36</td></tr>
<tr><td>经营管理</td><td>8.75</td><td>11.11</td></tr>
</table>

续表 6.2

		指标	汉族/%	少数民族/%
	从事的职业	现实型	24.33	16.08
		探索型	4.29	4.49
		企业型	20.88	25.77
		艺术型	4.97	5.91
		社会型	24.07	26.00
		传统型	14.48	8.04
文化特性	宗教信仰	无	89.57	17.26
		伊斯兰教	0.5	76.36
		佛教	8.84	4.73
		基督教	1.09	0.00
	家庭民族构成	只有本民族	92.59	88.42
		两种民族以上	7.41	11.58
居住空间特性	住房来源	自有	85.69	80.61
		租住	3.70	5.91
		单位提供	6.57	6.38
		雇主提供	0.42	1.42
		寄住	1.26	3.07
		其他	1.94	1.42
	上班时间	5 min 以内	4.80	4.73
		5～15 min	20.96	22.93
		15～30 min	41.75	49.41
		30～60 min	25.17	15.37
		60 min 以上	3.54	3.07
	迁移次数	0 次	55.56	43.74
		1 次	22.31	26.95
		2 次	12.46	15.37
		3 次	4.80	6.86
		4 次	1.94	2.84
		5 次及以上	1.35	1.65

资料来源：调查数据 2011 年 5 月。

6.2.2　按教育程度划分

根据教育程度的不同，对问卷进行筛选统计，1.62%的调查对象教育程度在小学以下，15.91%的人教育程度在初中到小学之间，14.73%的人有高中文化程度，36.67%的人具有大中专文化程度，31.5%的人拥有本科及以上的学历，由此发现 70%的人拥有中专以上教育程度。为了更深入了解不同教育程度族群之间的差异，进行如下分析（表 6.3）。社会属性方面：随着学历的增高，农业户口人数逐渐减少，非农业人口逐渐增加。家庭类型方面：高中学历的调查对象中 66%左右都是核心家庭，14%左右父母与一代已婚子女住在一起；大中专学历及本科以上学历的调查对象 80%都是核心家庭和父母与一代子女住在一起。小学以下教育程度的调查对象中单亲家庭的比重在所有教育程度中最高，占 15.38%，核心家庭的比重相对较低，只占到 19.23%，父母与一代已婚子女的比中高于其他教育程度。在收入方面：随着教育程度的上升，月收入在 0～1000 元的比重随着下降，月收入在 1000～3000 元的比例也随之下降，月收入在 3000～6000 元以及月收入在 6000～9000 元的比例也随之上升，月收入在 9000 元以上的大中专教育程度的比例最高。在支出方面：所有调查对象基本都维持在 1000～3000 元/月之间，教育程度越高支出在 0～1000 元/月的比例随之下降，支出在 3000～6000 元/月的比例也随之上升。在职业方面，教育程度越低从事企业型的人越来越多，教育程度越高从事社会型和现实型的比重越大。在宗教文化方面：随着教育程度的上升，无宗教信仰的比例越来越高，信仰佛教的比例有下降趋势，信仰基督教的比例有上升趋势。在住房来源方面：教育程度影响不大，调查对象中 80%左右住房都是来自自有，只有少数比例的人是租赁、单位提供等。

表 6.3 按教育程度划分的不同族群特性

Table 6.3 Characteristics of different educational "groups" %

		指标	小学以下	初小	高中	中专	高学历
社会特性	户口	农业	19.38	24.61	13.92	12.71	10.80
		非农	80.62	75.39	86.08	87.29	89.20
	家庭类型	核心家庭	19.23	37.50	66.67	51.86	54.00
		父母与一代已婚子女	34.62	27.34	13.92	21.86	16.80
		父母与两代或两代以上	15.38	5.08	2.11	6.61	4.60
		单亲家庭	15.38	6.64	3.38	5.08	6.00
		其他	15.38	31.25	13.92	14.58	18.60
经济特性	收入	0～1000 元/月	11.54	6.25	0.84	2.03	1.80
		1000～3000 元/月	57.69	42.19	27.43	23.73	21.00
		3000～6000 元/月	15.38	33.20	44.73	42.37	45.60
		6000～9000 元/月	7.69	14.06	18.57	18.81	20.00
		9000～12000 元/月	3.85	2.73	5.49	9.32	8.80
		12000～15000 元/月	0.00	0.39	1.27	2.88	1.20
		15000 以上/月	0.00	0.39	1.69	0.68	1.20
	收入	0～1000 元/月	11.54	18.75	11.81	9.32	7.00
		1000～3000 元/月	73.08	53.91	56.12	55.59	57.80
		3000～6000 元/月	7.69	23.83	26.58	31.02	27.80
		6000～9000 元/月	0.00	2.34	2.95	2.71	5.60
		9000～12000 元/月	3.85	0.39	1.27	1.18	1.00
		12000～15000 元/月	0.00	0.39	0.84	0.00	0.37
		15000 以上/月	0.00	0.00	0.42	0.01	0.03
	从事的职业	现实型	11.54	26.17	20.68	22.88	20.60
		探索型	3.85	2.73	4.22	3.90	5.80
		企业型	30.77	14.45	29.96	23.39	20.60
		艺术型	7.69	2.34	4.64	7.97	3.80
		社会型	11.54	23.83	24.05	22.54	28.40
		传统型	3.85	6.25	9.28	15.08	15.60
文化特性	宗教信仰	无	53.85	57.81	73.84	64.24	67.00
		伊斯兰教	26.92	29.69	18.57	22.54	24.20
		佛教	19.23	10.55	7.17	6.44	7.60
		基督教	0.00	1.17	0.00	1.19	9.60

续表 6.3

		指标	小学以下	初小	高中	中专	高学历
居住及空间特性	住房来源	自有	84.62	77.73	87.76	85.25	76.40
		租住	0.00	8.59	3.80	2.71	5.00
		单位提供	7.69	7.42	6.33	7.29	4.80
		雇主提供	0.00	1.56	0.42	0.51	0.20
		寄住	0.00	2.34	1.27	1.02	2.80
		其他	0.00	1.56	0.00	2.71	1.40
	迁移次数	0 次	50.00	47.66	47.68	51.02	59.20
		1 次	11.54	24.22	22.78	26.61	20.40
		2 次	15.38	16.02	15.19	12.54	11.60
		3 次	19.23	6.25	8.86	4.07	4.00
		4 次	0.00	3.13	1.69	2.54	1.60
		5 次及以上	0.00	1.17	2.11	1.36	1.40

资料来源：调查数据 2011 年 5 月。

6.2.3　按职业划分

按职业不同可将调查对象划分为现实型、探索型、企业型、艺术型、社会型、传统型，其中现实型的占所有调查对象的 30.75%、探索型所占比例 6.03%、企业型所占比例为 30.75%、艺术型所占比例 7.24%、社会型所占比例 34.11%、传统型所占比例 17.74%。从表 6.4 可以看出，现实型职业男性所占比例比较高，女性相对较少，探索型次之，企业型男女比例基本一样，艺术型女性人口高于男性人口，社会型及传统型女性比例都远远高于男性比例。所有调查对象中 80% 左右都是非农业户口。所有职业调查对象大部分都是核心家庭或父母与一代已婚子女住在一起，艺术型职业调查对象中 8.33%是单亲家庭，高于其他职业类型，传统型职业单亲比例最低只占到 2.91%。在收入方面所有职业都集中在 3000～6000 元/月，其中探索型所占比例最高。在支出方面大部分支出都在 1000～3000 元/月。在宗教信仰方面，不管什么职业，80%左右的人没有宗教信仰，住房来源方面 80% 左右住房都是来自自有，所有职业类型中，有超过 50%的人没有搬迁过家。

表 6.4　按职业划分的不同族群特性

Table 6.4　Characteristics of different professional “groups”

%

		指标	现实型	探索型	企业型	艺术型	社会型	传统型
社会特性	性别	男	63.31	51.43	49.58	46.43	41.16	37.86
		女	36.69	48.57	50.42	53.57	58.84	62.14
	户口	农业	21.29	12.86	14.01	19.05	11.11	10.19
		非农	78.71	87.14	85.99	79.76	88.89	89.81
	家庭类型	核心家庭	53.78	47.14	53.50	34.52	56.31	58.74
		父母与一代已婚子女	22.13	18.57	21.01	35.71	14.90	12.14
		父母与两代及以上子女	4.76	2.86	5.32	8.33	6.31	3.88
		单亲家庭	5.04	7.14	6.72	8.33	6.82	2.91
		其他	14.29	24.29	13.45	13.10	15.66	22.33
经济特性	收入	0～1000 元/月	1.96	4.29	1.40	2.38	2.02	2.91
		1000～3000 元/月	26.05	8.57	13.45	20.24	34.85	26.70
		3000～6000 元/月	42.30	50.00	44.82	41.67	42.42	41.75
		6000～9000 元/月	18.21	25.71	28.29	13.10	14.14	16.02
		9000～12000 元/月	8.68	5.71	7.84	16.67	5.56	8.74
		12000～15000 元/月	1.96	2.86	1.68	3.57	1.01	2.43
		15000 以上/月	0.84	1.43	2.24	2.38	0.00	0.49
	支出	0～1000 元/月	10.64	12.86	5.04	2.38	12.12	11.17
		1000～3000 元/月	56.86	61.43	50.98	63.10	59.85	52.91
		3000～6000 元/月	27.45	20.00	36.69	29.76	23.48	30.10
		6000～9000 元/月	4.20	2.86	4.20	2.38	4.04	2.91
		9000～12000 元/月	0.84	1.43	1.68	1.19	0.25	1.46
		12000～15000 元/月	0.00	0.00	1.12	1.19	0.25	0.49
		15000 以上/月	0.00	0.00	0.00	0.00	0.00	0.00
文化特性	宗教信仰	无	74.23	74.29	63.03	60.71	64.90	76.70
		伊斯兰教	16.25	20.00	28.01	28.57	26.52	13.59
		佛教	8.68	5.71	7.84	10.71	7.07	8.74
		基督教	0.28	0.00	1.12	0.00	1.01	0.97

续表 6.4

		指标	现实型	探索型	企业型	艺术型	社会型	传统型
住房特性	住房来源	自有	88.24	75.71	89.92	86.90	81.06	81.07
		租住	1.96	7.14	2.80	2.38	5.30	4.85
		单位提供	4.48	11.43	4.20	4.76	8.33	10.19
		雇主提供	1.12	1.43	0.56	2.38	0.51	0.00
		寄住	1.40	1.43	1.12	2.38	2.02	0.97
		其他	2.24	0.00	1.40	1.19	2.27	1.94
	迁移次数	0 次	57.14	54.29	47.34	45.24	56.57	53.40
		1 次	18.21	18.57	26.61	29.76	21.72	24.76
		2 次	14.29	11.43	16.53	11.90	11.87	8.74
		3 次	5.88	4.29	5.04	8.33	4.29	6.31
		4 次	0.56	4.29	2.80	2.38	2.53	2.43
		5 次及以上	2.80	2.86	1.12	1.19	0.76	0.97

资料来源:调查数据 2011 年 5 月。

6.3　基于不同民族居住空间分异指数测度分析

6.3.1　典型民族人口分布状况

分析 2010 年人口超过 1000 人的 15 类民族人口变化情况,其中,过去近 30 年中,人口比重呈现下降有 4 个民族分别是汉族、回族、哈萨克族、乌孜别克族,其他民族呈现上升趋势。汉族人口比重基本保持在 75%左右,总体比重下降 0.78%,是下降幅度最大民族,呈现下降—上升—下降波动态势。维吾尔族是乌鲁木齐第二大民族,除了近 10 年略有下降,人口基本呈现上升趋势,总体比重上升 1.53%,是上升幅度最大的民族。回族人口比重排序位于汉族和维吾尔族之后,总体比重下降 0.66%,呈现下降—下降—上升不稳定态势。其他两个人口超过 1 万的民族为哈萨克族和蒙古族,其中哈萨克族人口比重下降 0.72%,蒙古族上升 0.29%。除乌孜别克族人口比重下降 0.03%外,其他少数民族都呈现上升趋势(表 6.5)。

表 6.5 1982—2010 年乌鲁木齐民族构成及变化

Table 6.5 Ethnic group composition and changes in Urumqi, 1982—2010

民族	2010 年/人	2010 年/%	2000 年/%	1990 年/%	1982 年/%	Δ 1982—2010 年/%
汉族	2331654	74.91	75.30	73.40	75.69	−0.78
维吾尔族	387878	12.46	12.79	12.47	10.93	1.53
回族	280186	9.00	8.03	9.51	9.66	−0.66
哈萨克族	68076	2.19	2.34	2.99	2.91	−0.72
蒙古族	10454	0.34	0.35	0.33	0.14	0.19
满族	8541	0.27	0.37	0.48	0.22	0.05
锡伯族	4820	0.15	0.18	0.19	0.12	0.04
俄罗斯族	3010	0.10	0.13	0.16	0.06	0.04
土家族	2869	0.09	0.08	0.05	n/a	n/a
东乡族	2333	0.07	n/a	0.04	0.03	0.01
柯尔克孜族	2207	0.07	0.07	0.07	0.04	0.03
藏族	1621	0.05	n/a	0.02	0.01	0.04
乌孜别克族	1581	0.05	0.07	0.10	0.08	−0.03
壮族	1220	0.04	n/a	0.05	0.04	0.01
苗族	1219	0.04	n/a	0.02	n/a	n/a
其他少数民族	4890	0.16	0.30	0.33	0.06	0.10
合计	3112559	100.00	100.00	100.00	100.00	0.00

数据来源：乌鲁木齐市第三次(1982 年)、第四次(1990 年)、第五次(2000)、第六次(2010 年)人口普查数据(下同)。

6.3.2 典型民族人口与汉族和维吾尔族人口居住分异测度分析

汉族作为乌鲁木齐第一大民族族群，其与各民族之间的居住分异差异明显，通过分析发现，汉族与维吾尔人口分异呈现阶段性波动状态，其中在 1982—1990 呈现下降趋势，1990—2010 年呈现上升趋势，其中 2000—2010 年上升幅度明显增强。回族、哈萨克族、蒙古族与汉族人口分异度呈现下降趋势，一般认为分异指数超过 60 表明居住分异较高(Chares，2003；Massey and Denton，1988)，其中哈萨克族人口居住分异度是四个超过 1 万人口中最大民族，1982—2010 年分异指数基本在 60 以上，回族人口分异度较大，而蒙古族是分异度最小民族。

人口在 1000～10000 人少数民族与汉族人口分异显示，居住分异指数与人口比重基本呈现负相关，即人口比重越小或人口越少，分异度越大，东乡族和壮族除外（表 6.6）。

表 6.6　1982—2010 年典型少数民族人口与汉族人口分异情况

Table 6.6　The ethnic minority groups from Han with a dissimilarity score in Urumqi, 1982—2010

民族	1982 年	1990 年	2000 年	2010 年	Δ 1982—1990 年/%	Δ 1990—2000 年/%	Δ 2000—2010 年/%
维吾尔族	35.68	32.95	35.36	44.45	−7.65	7.31	25.71
回族	53.85	48.6	39.72	40.91	−9.75	−18.27	2.97
哈萨克族	76.09	69.82	62.9	57.96	−8.24	−9.91	−7.85
蒙古族	33.5	31.92	26.64	22.28	−4.72	−16.54	−16.37
满族	23.73	18.89	22.17	18.85	−20.40	17.36	−14.98
锡伯族	35.15	31.49	31.54	26.96	−10.41	0.16	−14.52
俄罗斯族	39.38	26.14	27.71	25.73	−33.62	6.01	−7.15
土家族	n/a	26.77	31.6	22.35	n/a	18.04	−29.27
东乡族	76.24	68.8	n/a	44.48	−9.76	n/a	n/a
柯尔克孜族	49.76	48.94	47.8	47.06	−1.65	−2.33	−1.55
藏族	56.85	39.77	n/a	32.18	−30.04	n/a	n/a
乌孜别克族	57.39	48.68	48.16	51.21	−15.18	−1.07	6.33
壮族	24.98	24.2	n/a	17.93	−3.12	n/a	n/a
苗族	n/a	28.48	n/a	29.45	n/a	n/a	n/a
其他少数民族	24.78	37.84	17.51	20.79	52.70	−53.73	18.73
平均	45.18	38.89	35.55	33.49	−10.09	−7.23	−2.39

注：低度分异（0.000～0.200）；中度分异（0.201～0.400）；较高分异（0.401～0.600）；高度分异（0.601～0.800）；极度分异（0.801～1.0000）。

同时，分析典型少数民族与维吾尔族居住分异发现，哈萨克族人口分异指数平均为 66，居住分异度最高，近 30 年以来，基本呈现下降趋势，并且下降速度呈现阶段性增长态势。回族人口分异指数基本保持在 45 左右，分异度较高，1982—2000 年呈现下降趋势，2000—2010 年呈现上升趋势。蒙古族人口分异指数基本保持在 30～40 之间，分异度适中，居住分异度变化呈现先下降后上升的趋势。分析其他少数民族与维吾尔族分异发现，东乡族分异指数最大，在 1982 年，达到 70 以上，以后呈现下降趋势，其他民族分异变化相对稳定(表 6.7)。

表 6.7　1982—2010 年典型少数民族人口与维吾尔族人口分异情况

Table 6.7　The ethnic minority groups from Uighur with a dissimilarity score in Urumqi, 1982—2010

民族	1982 年	1990 年	2000 年	2010 年	Δ 1990—1982/%	Δ 1990—2000/%	Δ 2010—2000/%
回族	48.87	47.07	43.06	47.52	−3.68	−8.52	10.36
哈萨克族	78.35	70.49	62.46	53.4	−10.03	−11.39	−14.51
蒙古族	36.61	34.56	33.11	41.5	−5.60	−4.20	25.34
满族	35.82	34.26	36.96	47.59	−4.36	7.88	28.76
锡伯族	36.99	31.48	33.26	44.36	−14.90	5.65	33.37
俄罗斯族	34.71	30.76	35.21	43.22	−11.38	14.47	22.75
土家族	n/a	41.15	49.22	49.02	n/a	19.61	−0.41
东乡族	73.01	65.78	n/a	49.45	−9.90	n/a	n/a
柯尔克孜族	50.95	43.93	37.71	34.11	−13.78	−14.16	−9.55
藏族	67.38	50.47	n/a	52.73	−25.10	n/a	n/a
乌孜别克族	43.67	37.17	35.86	28.5	−14.88	−3.52	−20.52
壮族	39.48	41.07	n/a	47.59	4.03	n/a	n/a
苗族	n/a	40.42	n/a	46.06	n/a	n/a	n/a
其他少数民族	36.36	34.56	31.02	36.81	−4.95	−10.24	18.67
平均	48.52	43.08	39.79	44.42	−11.21	−7.64	11.64

总体上，典型少数民族与汉族人口分异度小于与维吾尔族人口分异度，并且与汉族人口分异度呈现阶段性下降趋势，与维吾尔族人口分异度呈现先下降后上升波动趋势。

6.3.3　典型民族人口居住分异相关性分析

为了解释影响民族分异的主要因素，分别选取典型民族人口比重、外来人口比重等 9 个指标分别与维吾尔族、回族、哈萨克族和蒙古族相对于汉族居住分异指数建立相关模型。维-汉族居住分异与蒙古族人口比重和回族人口比重呈现显著负相关，与维吾尔族比重、本地外来人口、疆内外来人口呈现显著正相关；回-汉居住分异与汉族人口比重、蒙古族人口比重、维吾尔族人口比重、本地外来人口比重呈显著负相关，与回族人口比重、疆内外来人口和疆外人口比重呈正相关；哈-汉居住空间分异与其他民族人口比重呈显著负相关，与外来人口比重呈显著正相关；蒙-汉居住空间分异与蒙古族人口比重呈显著正相关，与其他族群相关性并不显著。少数民族人口与汉族人口居住分异与其他民族人口比重都呈现显著负相关，表明其他民族人口比重越大，少数民族人口居住分异度越高，如维-汉居住分异与回族、哈萨克族、蒙古族比重呈现负相关，在某一街区回族、哈萨克族、蒙古族人口比重越大，其居住分异度越高（表6.8）。

表6.8　2010年典型少数民族人口与汉族人口分异相关性

Table 6.8　Weight regression results for the ethnic minority groups from Han with a local dissimilarity score in Urumqi, in 2010

	维吾尔族		回族		哈萨克族		蒙古族	
	B	SE	B	SE	B	SE	B	SE
常数	0.417****	0.008	0.372**	0.011	0.550***	0.007	0.192****	0.02
户籍人口/%	0.050	0.039	0.088*	0.054	0.071**	0.036	0.030	0.096
民族/%								
汉族	−0.074	0.057	−0.080*	0.078	−0.074*	0.052	−0.119	0.139
蒙古族	−0.024***	0.007	−0.019**	0.01	−0.034***	0.007	0.153****	0.018
维吾尔族	0.029***	0.011	−0.027**	0.015	−0.032**	0.01	0.026	0.027
回族	−0.014*	0.009	0.060**	0.012	−0.019***	0.008	−0.005	0.021
哈萨克族	−0.003	0.003	−0.005***	0.004	0.051***	0.003	−0.006	0.007
外来人口/%								
本县市	0.014*	0.007	−0.002**	0.010	0.014***	0.007	0.010	0.018
新疆其他县市	0.050**	0.021	0.036**	0.029	0.058**	0.019	−0.057	0.052
外省	0.026	0.017	0.027**	0.024	0.028**	0.016	0.059	0.042
Adjusted R^2	0.795		0.692		0.839		0.647	
N	65		65		65		65	

* $P<0.1$；** $P<0.05$；*** $P<0.01$；**** $P<0.001$。

6.4 基于不同社会属性人口居住空间分异测度分析

6.4.1 基于不同社会属性人口居住空间分异指数信息熵测度分析

乌鲁木齐市从1982—2010年，人口特征指标信息熵都在3以上，其中性别比、家庭户平均每户人数呈上升趋势，说明性别比及家庭户平均每户人数越来越趋于均衡；老龄人口和流动人口呈下降趋势，表明老年人口和流动人口分布越来越不均衡，有聚集现象，教育水平指标，除了小学学历在2000—2010年信息熵下降外，其余均呈现增加趋势，表明各教育程度人口分布趋于均衡。职业构成指标呈下降趋势(机关工作人员除外)，其中下降幅度最大的是一产业就业人员，表明城区农业人口不断减少并趋于消失，近郊区的农业也逐渐被第二产业和第三产业所替代，农业整体处于萎缩状态，这也与乌鲁木齐市近30年的产业结构调整与演变相一致(表6.9)。

6.4.2 基于不同社会属性人口居住空间分异指数本地化测度分析

从不同教育程度人口分异来看，大专及以上人口分异指数最大，1982年达到0.312，表明1982年大专及以上学历人口空间分异度较高，2000年下降到0.197，下降了0.115，表明分异现象逐渐得到缓解，2010年分异指数进一步下降，混居现象越来越好。这也与社会经济的发展和整体教育水平的提高相一致。文盲人口、小学学历人口、中学学历人口本地化指数不断上升，表明分异现象加剧，主要原因是随着九年义务教育程度的提高，中学学历及以下的人口越来越少，分异现象加剧，这和本地化指数变化现象相适应。

从不同职业人口居住空间分异情况来看，1982—2010年各职业人口本地化指数增加，分异现象加剧。这和信息熵显示结果一致。其中第一产业增加最多，增加了0.507，其次是二产就业人员及服务性人员。主要是 30 年来，随着社会经济的发展，产业结构不断优化升级，第一产业、第二产业就业人口比例不断缩小，大多分布在市郊区及边缘地带，第三产业人口大多聚集在市中心，呈现居住空间分异加剧的景象(表 6.10)。

表 6.9　1982—2010 年乌鲁木齐市不同族群居住空间分异指数(信息熵)及其变化

Table 6.9　Residential space differentiation index (information entropy) different ethnic "groups" and its changes in Urumqi, in 1982—2010

分异对象	信息熵			不同时段差值占比/%		
	1982 年	2000 年	2010 年	1982—2000 年	2000—2010 年	1982—2010 年
老龄人口	3.213	3.287	3.249	−1.18	−1.16	1.12
流动人口	n/a	3.245	3.144	n/a	−3.11	n/a
疆内流动人口	n/a	n/a	3.009	n/a	n/a	n/a
疆外流动人口	n/a	n/a	3.107	n/a	n/a	n/a
文盲半文盲人口	3.228	3.258	3.283	0.77	0.77	1.70
小学学历人口	3.223	3.31	3.255	−1.71	−1.66	0.99
中学学历人口	3.22	3.293	3.298	0.16	0.15	2.42
大专及以上人口	2.827	3.103	3.123	0.71	0.64	10.47
一产就业人员	2.844	n/a	1.575	n/a	n/a	−44.62
二产就业人员	3.214	n/a	2.911	n/a	n/a	−9.43
三产就业人员	3.182	n/a	3.151	n/a	n/a	−0.97
机关工作人员	3.137	n/a	3.158	n/a	n/a	0.67
企事业管理人员	3.127	n/a	3.114	n/a	n/a	−0.42
专业技术人员	3.164	n/a	3.078	n/a	n/a	−2.72
商业工作人员	3.073	n/a	2.939	n/a	n/a	−4.36
服务性工作人员	3.212	n/a	2.917	n/a	n/a	−9.18

表 6.10　1982—2010 年乌鲁木齐市不同族群居住空间分异指数(本地化)及其变化

Table 6.10　Changes of residential space differentiation index different "ethnic groups" in Urumqi, in 1982—2010

分异对象	本地化指数			不同时段差值占比/%		
	1982 年	2000 年	2010 年	1982—2000 年	2000—2010 年	1982—2010 年
老龄人口	0.073	0.1	0.197	36.99	97.00	169.86
流动人口	n/a	0.126	0.215	n/a	70.63	n/a
疆内流动人口	n/a	n/a	0.247	n/a	n/a	n/a
疆外流动人口	n/a	n/a	0.292	n/a	n/a	n/a
文盲半文盲人口	0.07	0.148	0.115	111.43	−22.30	64.29
小学学历人口	0.046	0.091	0.159	97.83	74.73	245.65
中学学历人口	0.025	0.043	0.089	72.00	106.98	256.00
大专及以上人口	0.312	0.197	0.198	−36.86	0.51	−36.54
一产就业人员	0.337	n/a	0.844	n/a	n/a	150.45
二产就业人员	0.064	n/a	0.401	n/a	n/a	526.56
三产就业人员	0.109	n/a	0.225	n/a	n/a	106.42
机关工作人员	0.151	n/a	0.244	n/a	n/a	61.59
企事业管理人员	0.161	n/a	0.202	n/a	n/a	25.47
专业技术人员	0.123	n/a	0.284	n/a	n/a	130.89
商业工作人员	0.259	n/a	0.346	n/a	n/a	33.59
服务性工作人员	0.079	n/a	0.383	n/a	n/a	384.81

6.5　基于不同分区的居住空间分异测度分析

6.5.1　基于不同分区的居住空间分异指数本地化测度分析

汉族人口在整个乌鲁木齐市都处于低度分异状态，说明汉族混居程度很好；少数民族人口都处于中度分异状态，其中辐射区本地化指数最高，为 0.376。维吾尔族人口在整体上处于中度分异状态，辐射区处于较高分异状态。哈萨克族在老城区、新城区、辐射区都处于中度分异状态,在扩展区处于较高分异状态,在郊区处于高度分异状态。回族人口在老城区处于低度分异状态,在新城区、辐射区、郊区处于中度分异状态,在扩展区处于较高分异状态。学龄人口与老年人口均处于低度分异状态。老年人口除了在老城区、辐射区处于低度分异状态外,在其他区域都处于中度分异状态。第一产业就业人员分异度较高,在老城区和新城区处于中度分异状态,在扩展区和郊区处于高度分异状态,在辐射区处于极度分异状态。第二产业就业人员分异度较低,除了新城区处于低度分异状态外,其余区都处于中度分异状态。第三产业就业人员全部处于低度分异状态。常住人口全部处于低度分异状态。流动人口在老城区处于低度分异状态,在其他区域均处于中度分异状态(表 6.11)。

表 6.11　2010 年乌鲁木齐市不同分区居住空间分异指数(本地化)及其变化

Table 6.11　Index of residential space differentiation (isolation index) of different location and its changes in Urumqi ,in 2010

分异对象	老城区	新城区	辐射区	扩展区	郊区
汉族人口	0.092	0.066	0.100	0.114	0.054
少数民族人口	0.223	0.218	0.376	0.219	0.240
维吾尔族人口	0.273	0.239	0.406	0.384	0.212
哈萨克族人口	0.212	0.242	0.397	0.461	0.582
回族	0.149	0.217	0.242	0.421	0.340
学龄人口	0.080	0.087	0.090	0.079	0.135
劳动人口	0.016	0.022	0.015	0.020	0.146
老年人口	0.162	0.238	0.118	0.204	0.261
第一产业就业人员	0.351	0.349	0.942	0.728	0.782
第二产业就业人员	0.249	0.149	0.261	0.244	0.285
第三产业就业人员	0.012	0.006	0.030	0.071	0.082
常住人口	0.023	0.095	0.062	0.070	0.057
流动人口	0.172	0.290	0.211	0.332	0.334

注:低度分异(0.000～0.200);中度分异(0.201～0.400);较高分异(0.401～0.600);高度分异(0.601～0.800);极度分异(0.801～1.000 0)。

6.5.2 基于不同分区的居住空间分异指数信息熵测度分析

汉族人口信息熵在老城区、辐射区、扩展区、郊区比较高，说明在这些区域分布较为均衡，在新城区信息熵相对比较小，说明在新城区分布较其他区域不均衡。少数民族人口信息熵在新城区和郊区分布较不均衡，在扩展区信息熵最大，最为均衡。维吾尔族人口在扩展区和郊区分布相对较均衡，其他区域较为不均衡。哈萨克族人口在老城区及扩展区分布相对较为均衡，在新城区、辐射区、郊区分布不均衡，可能有聚集现象。回族人口信息熵除了在新城区比较低，其余几个区域都比较大，说明回族人口在这几个区域分布相对较为均衡。学龄人口、老年人口、劳动人口信息熵分布较为相似，只有在新城区分布较为小，其他区域信息熵相对比较高，其中最高的是扩展区，依次是郊区、辐射区、老城区，说明这些区域学龄人口、劳动人口、老年人口分布的均衡性依次递减。常住人口和流动人口信息熵也趋于一致，在扩展区都比较高，说明分布较为均衡，其次是辐射区、老城区，信息熵最小的是新城区，说明新城区流动人口和常住人口分布较不均衡(表 6.12)。

表 6.12　2010 年乌鲁木齐市不同区位居住空间分异指数(信息熵)及其变化

Table 6.12　Index of residential space differentiation (Information Entropy) of different location and its changes in Urumqi, in 2010

分异对象	老城区	新城区	辐射区	扩展区	郊区
汉族人口	2.132	1.893	2.367	2.661	2.319
少数民族人口	2.073	1.830	2.026	2.474	1.830
维吾尔族人口	1.961	1.771	1.801	2.395	2.360
哈萨克族人口	2.049	1.693	1.839	2.117	1.737
回族	2.129	1.801	2.336	2.055	2.383
学龄人口	2.172	1.937	2.393	2.683	2.432
劳动人口	2.185	1.910	2.376	2.702	2.402
老年人口	2.098	1.638	2.316	2.582	2.241
第一产业就业人员	1.712	1.582	0.174	1.218	1.420
第二产业就业人员	1.943	1.857	2.253	2.482	2.090
第三产业就业人员	2.186	1.913	2.339	2.683	2.205
常住人口	2.151	1.879	2.323	2.604	1.883
流动人口	2.114	1.739	2.051	2.401	1.741

6.6　基于区位熵的不同民族居住空间分异测度分析

6.6.1　少数民族

1990—2010 年，少数民族人口居住空间分异度正不断加剧。1990 年，高分异区分布于雅玛里克山街道和新华南路、胜利路和黑甲山片区等少数民族集聚区；2000 年较 1990 年高度分异街道有所增加，主要向城南部分街道转移；2010 年，高度分异街区基本呈带状分布于城市的东南区、西部区及东北部分街区，并且东南区基本包含天山区所有街区。总体少数民族居住空间分异度正不断增强，部分街区呈现居住隔离现象(图 6.1)。

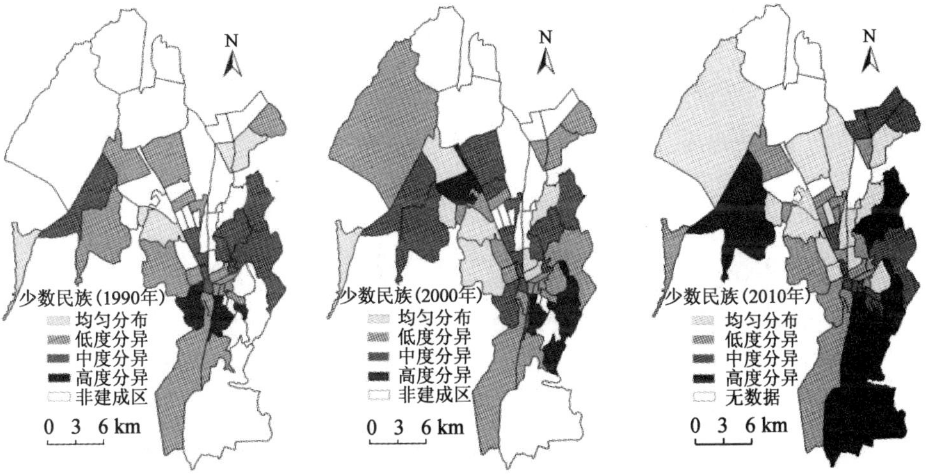

图 6.1　1990—2010 年乌鲁木齐市少数民族居住空间分异演变

Fig. 6.1　An evolution of residential spatial segregation for minority in Urumqi, in 1990—2010

6.6.2　汉族

乌鲁木齐市汉族人口居住空间分异度较低，基本都处于低度分异和均匀分布状态，1982 年，汉族人口在沙依巴克区和新市区低度分异；1982—1990 年期间，随着汉族人口向商业中心集聚，青年路街道、新华南路街道、解放南路街道、东门街道、幸福路街道出现低度分异现象；1990—2000 年期间，水磨沟街道、碱泉街街道、七道湾街道、南湖南路街道出现低度分异现象；2000—2010 年期间，三工乡、高新技术开发区、二工街道、喀什东路街道、银川路街道、南湖北路街道出现低度分异现象（图 6.2）。

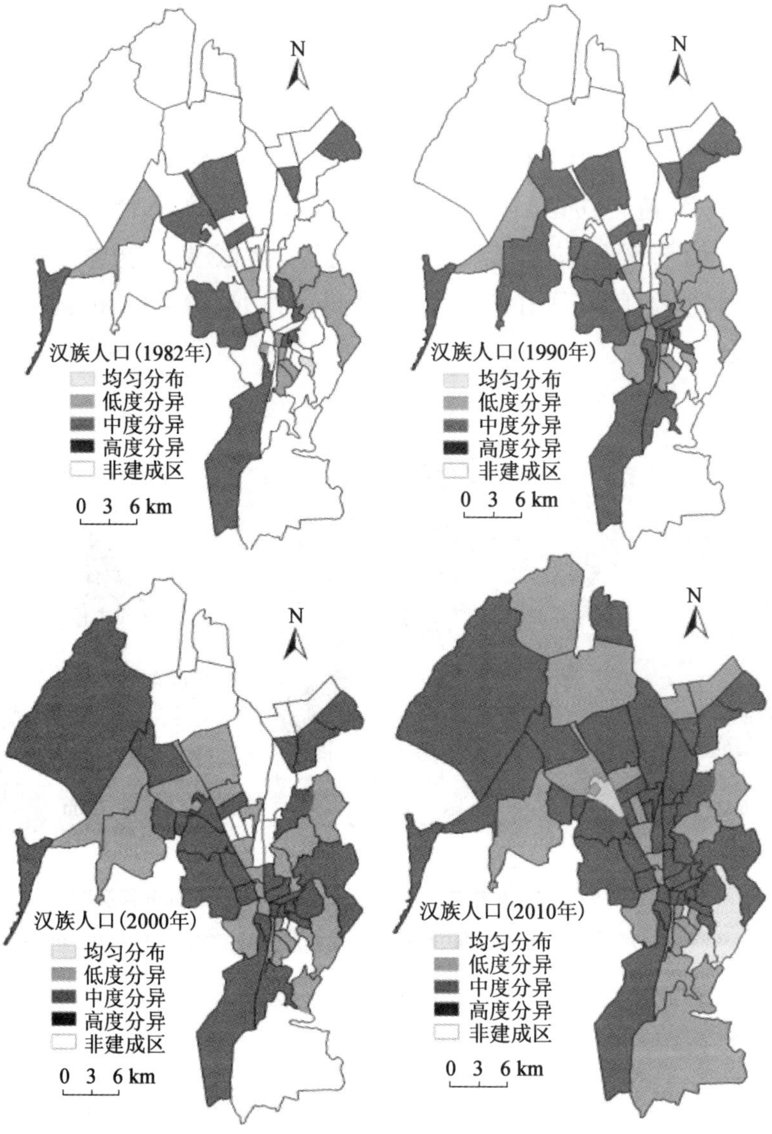

图 6.2　1982—2010 年乌鲁木齐市汉族居住空间分异演变

Fig. 6.2　An evolution of residential spatial segregation for Han in Urumqi, in 1982—2010

6.6.3　维吾尔族

1982 年维吾尔族人口在天山区的团结路街道高度分异，在解放南路街道中度分异，在水磨沟区的水磨沟街道、苇湖梁街道低度分异；1990 年天山区维吾尔族分异现象基本没有发生变化，水磨沟区的六道湾街道维吾尔族人口由均匀分布演变为中度分异；2000 年维吾尔族人口在延安路街道、和平路街道、新华南路街道、地窝堡乡也出现中度分异现象；2010 年天山区的维吾尔族人口分异现象加剧，赛马场管委会、二道桥管委会、大湾管委会出现高度分异现象，水磨沟区的八道湾街道、苇湖梁街道由低度分异演变为中度分异。1982—2010 年，30 年期间维吾尔族人口在水磨沟区以及天山区分异现象加剧，沙依巴克区和头屯河区分异现象减弱，天山区部分街区居住空间凸显隔离和极化现象(图 6.3)。

6.6.4　哈萨克族

1982 年哈萨克族人口在长江路街道、胜利路街道高度分异，在团结路街道中度分异，在其他地方分异现象不明显或均匀分布；1990 年哈萨克族人口分异区域扩展至燕儿窝街道、雅玛里克山街道；2000 年哈萨克族人口在头屯河街道、王家沟街道出现分异现象；2010 年哈萨克族人口在乌鲁木齐市南部街区分异加剧，延安路街道以及红雁街道出现高度分异现象，新市区的六十户乡哈萨克族人口也高度分异；1982—2010 年期间，哈萨克族人口分异区域由零散分布向带状分布转变，分异街区不断增加，并沿着城市中轴线向南北郊区扩展(图 6.4)。

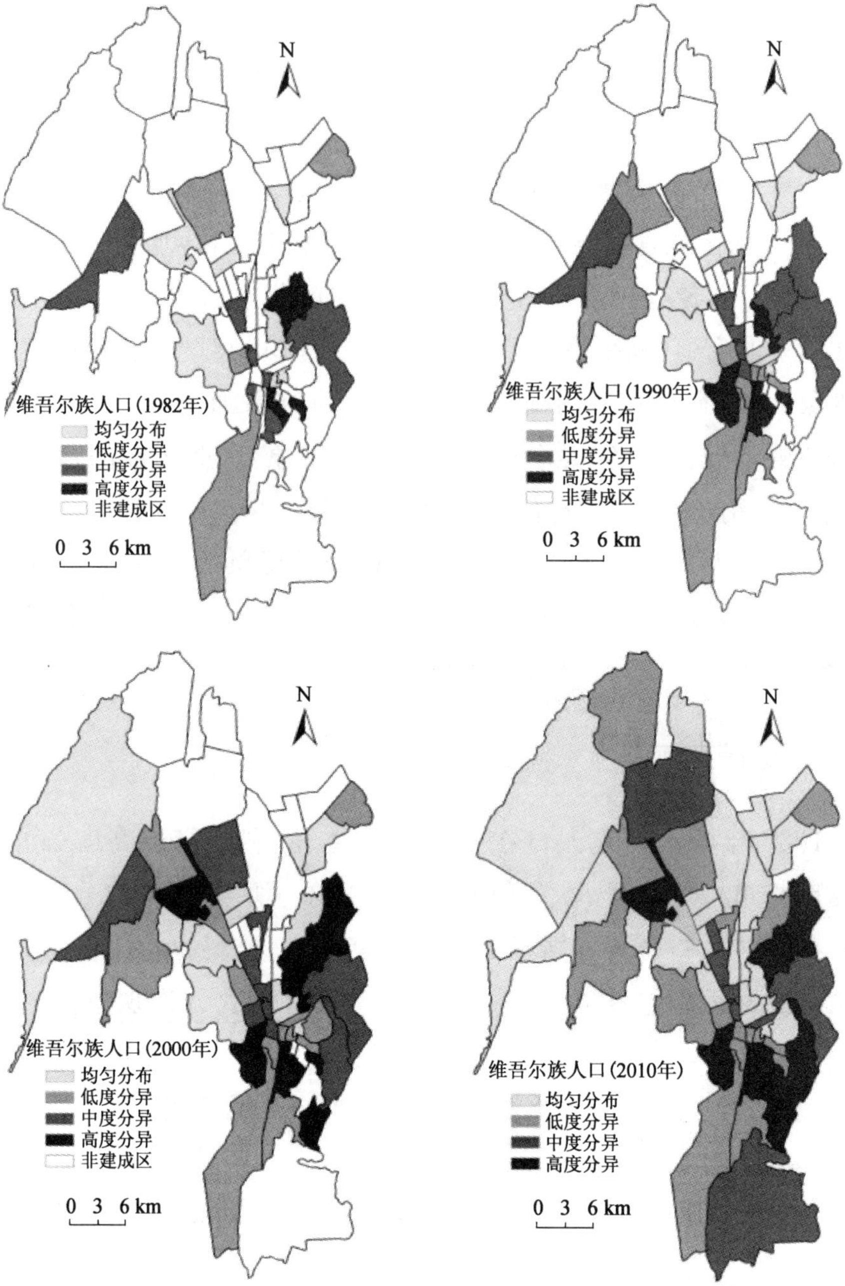

图 6.3　1982—2010 年乌鲁木齐市维吾尔族居住空间分异演变

Fig. 6.3　An evolution of residential spatial segregation for Uighur in Urumqi, in 1982—2010

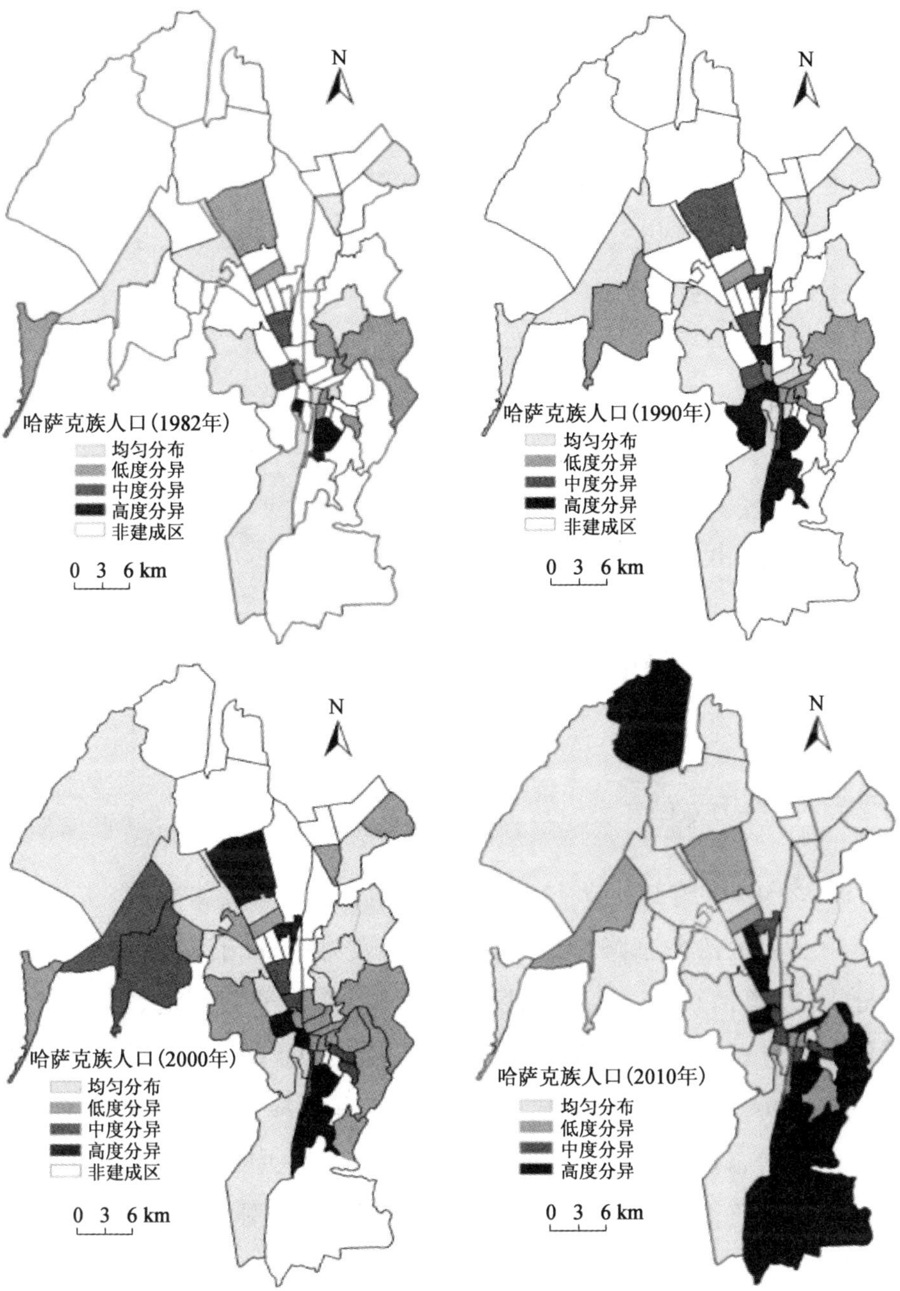

图 6.4　1982—2010 年乌鲁木齐市哈萨克族居住空间分异演变

Fig. 6.4　An evolution of residential spatial segregation for Hazak in Urumqi, in 1982—2010

6.6.5 回族

1982 年回族人口在市中心零散分异，和平路街道和解放南路街道高度分异；1990 年回族人口在沙依巴克区比较分异，大部分街道都出现低度分异现象；2000 年回族人在沙依巴克区变得相对均匀，在天山区和头屯河区出现低度分异现象，在大湾管委会出现高度分异现象；2010 年回族人口分异现象有发生很大的变化，在新市区的六十户乡、安宁渠镇以及米东区的古牧地东街道、古牧地西街道高度分异，在红雁街道出现中度分异现象，在天山区的大部分区域出现低度分异现象。1982—2010 年期间乌鲁木齐市回族人口居住分异发生很大变化，由沙依巴克区转移至天山区（图 6.5）。

6.7 基于区位熵的不同教育程度居住空间分异测度分析

6.7.1 高学历人口

1982 年，大专以上人口高度分异街区呈零星点状分布，主要分布于市中心附近的北京路街道、八一街道、友好南路街道、胜利路街道中度分异，六道湾街道、二工乡、团结路街道、新华北路街道、解放北路街道低度分异；1990 年，高度分异街区以友好商业圈为核心呈向心状扩展态势；2000 年，高度分异街区扩展态势有所减弱，基本保持了 1990 年的分异状态；2010 年，高度分异区沿城市商业中心轴向南北扩展，形成以新华北路商业圈、友好商业圈、铁路局商业圈为核心的带状形态（图 6.6）。

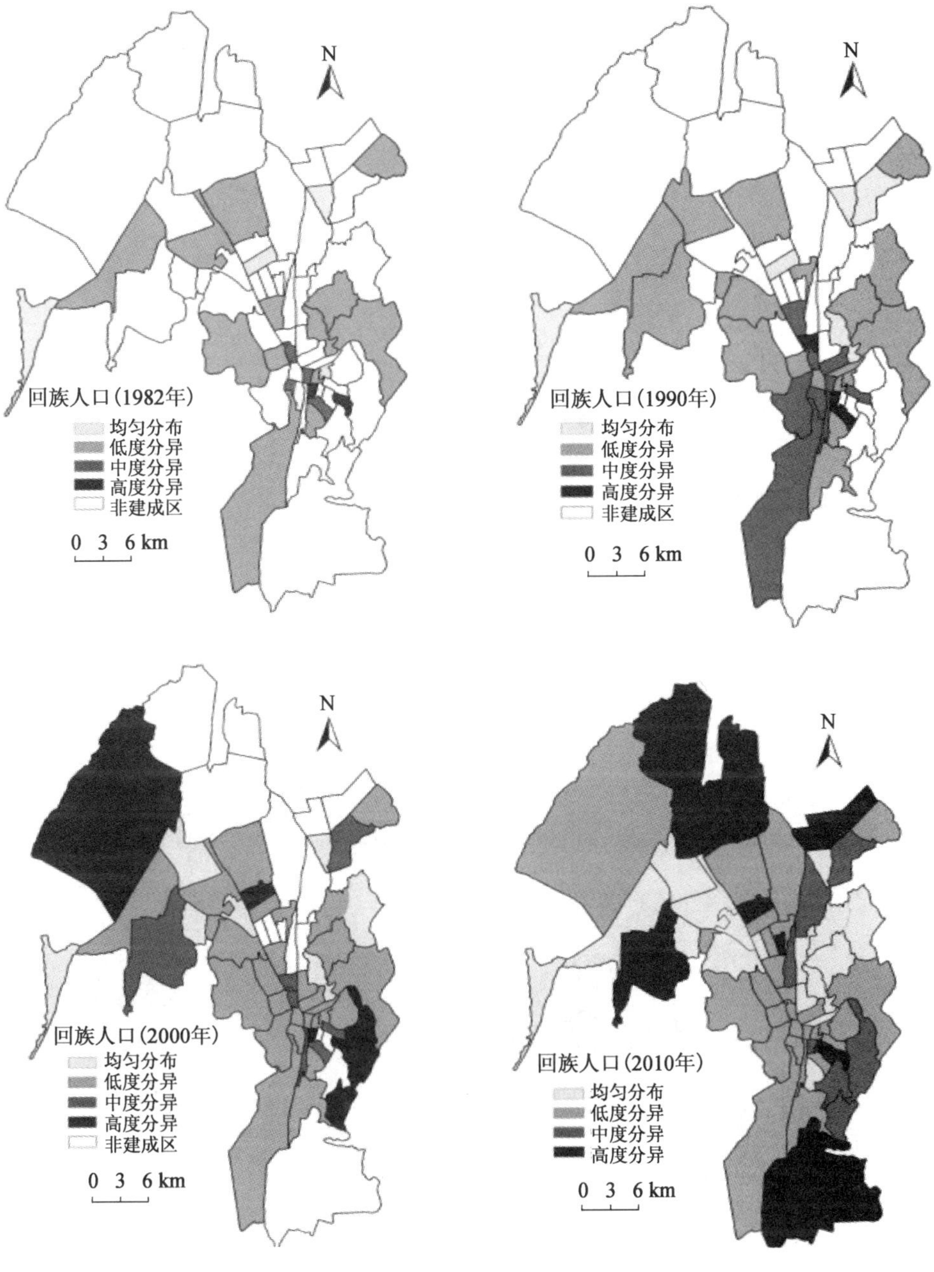

图 6.5　1982—2010 年乌鲁木齐市回族居住空间分异演变

Fig. 6.5　An evolution of residential spatial segregation for for Hui in Urumqi, in 1982—2010

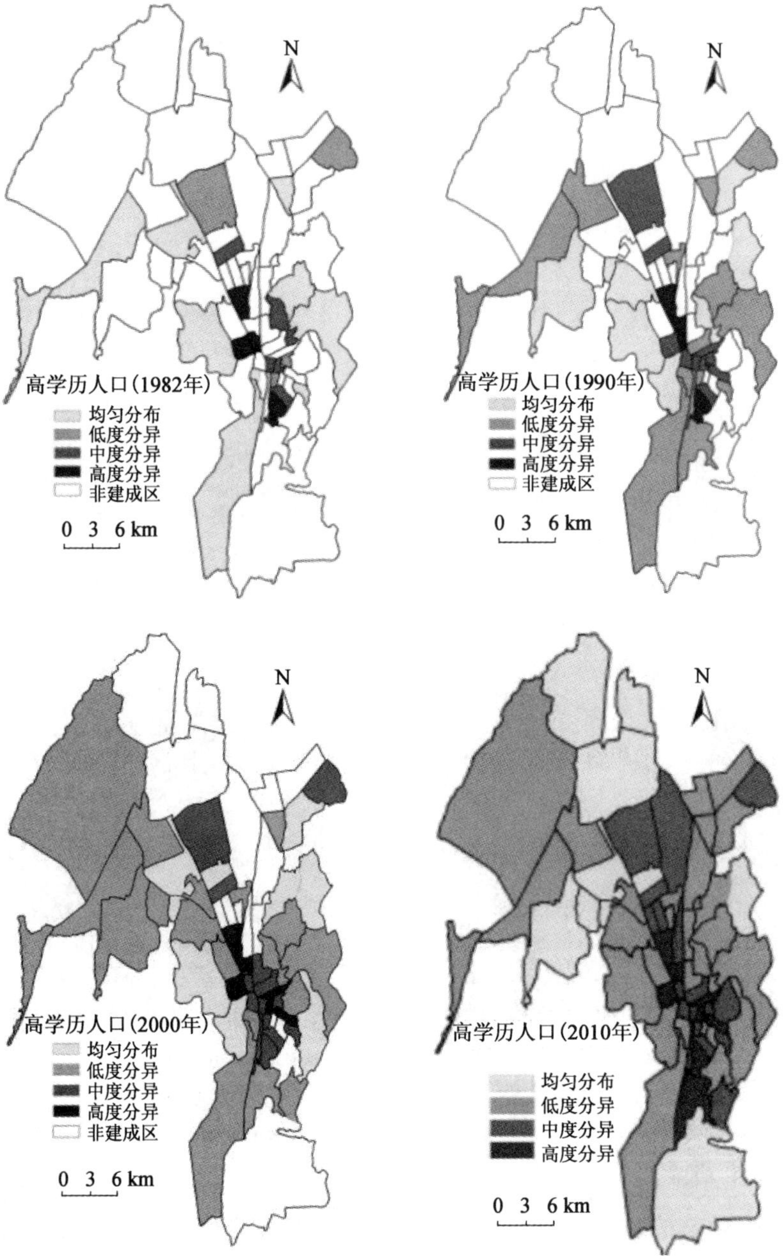

图 6.6　1982—2010 年乌鲁木齐市高学历人群居住空间分异演变

Fig. 6.6　An evolution of residential spatial segregation for college degree or above in Urumqi, in 1982—2010

6.7.2　中等学历人口

1982 年中等学历人口分布基本和高学历人口分布保持空间的一致性，基本上分布在市中心附近，呈零星状；1990 年中等学历人口分异街区在市中心以及头屯河区、沙依巴克区部分街区出现中度分异，2000 年，除了在原来低度分异街道外，继续向东扩展，在水磨沟区和天山区出现了碱泉街道、燕尔窝街道、水磨沟街道低度分异区。2010 年，高度分异街区主要分布在城市西北的二产从业人口集聚区，中度和低度分异街区呈现混合状，中度分异街区位于市中心地带，低度分异位于其周边街区(图 6.7)。

6.7.3　低学历人口

低学历人口占乌鲁木齐市总人口的比重较大，并且分布较集中，均匀分布的区域相对比较少，大部分街道都是中度和低度分异状态。1982 年，低学历主要分异在乌鲁木齐市的边缘街道，在中心城区分布相对比较均匀；1990 年低学历人口分异区域由城市核心区不断向外扩展，边缘街道低度分异街道不断增加；2010 年和 2000 年延续了 1990 年的分异现象，居住空间分异度较大的街区主要沿主城区向边缘城区继续扩展，而且低学历人口低度分异区域与大专及以上人口在区域上形成明显隔离特点(图 6.8)。

6.7.4　文盲人口

1982 年文盲人口零散地分布在乌鲁木齐市各街道，其中边缘城区大部分处于低度分异；1990 年文盲人口呈“Y”形低度分异，在中心城区基本处于均匀分布状态；2010 年和 2000 年文盲人口在沙依巴克区、头屯河区的边缘街道继续分异，边缘街道分异现象特别明显，其中雅玛里克山区出现文盲人口高度分异现象(图 6.9)。

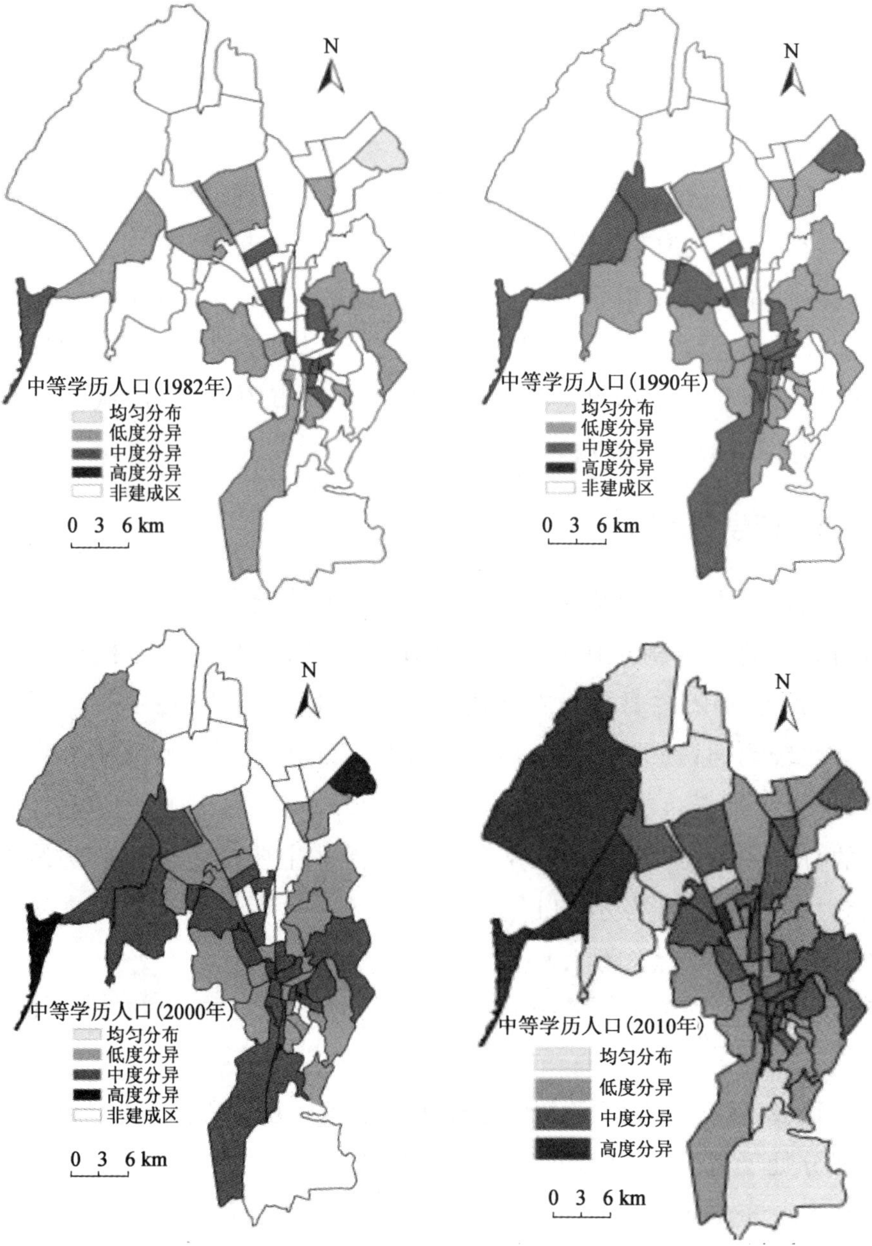

图 6.7　1982—2010 年乌鲁木齐市中等学历人群居住空间分异演变

Fig. 6.7　An evolution of residential spatial segregation for more than high school degree in Urumqi, in 1982—2010

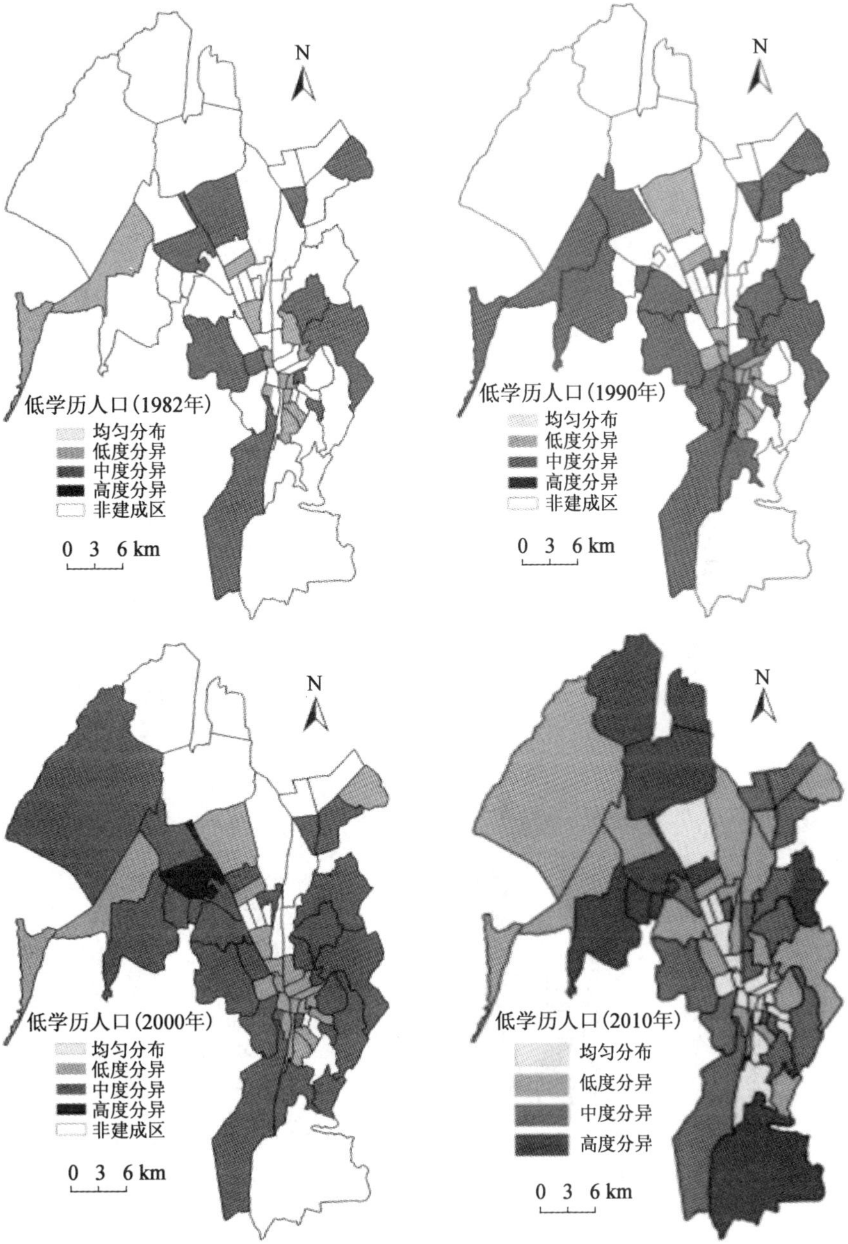

图 6.8　1982—2010 年乌鲁木齐市低学历人群居住空间分异演变

Fig. 6.8　An evolution of residential spatial segregation for junior middle school and primary school degree in Urumqi, in 1982—2010

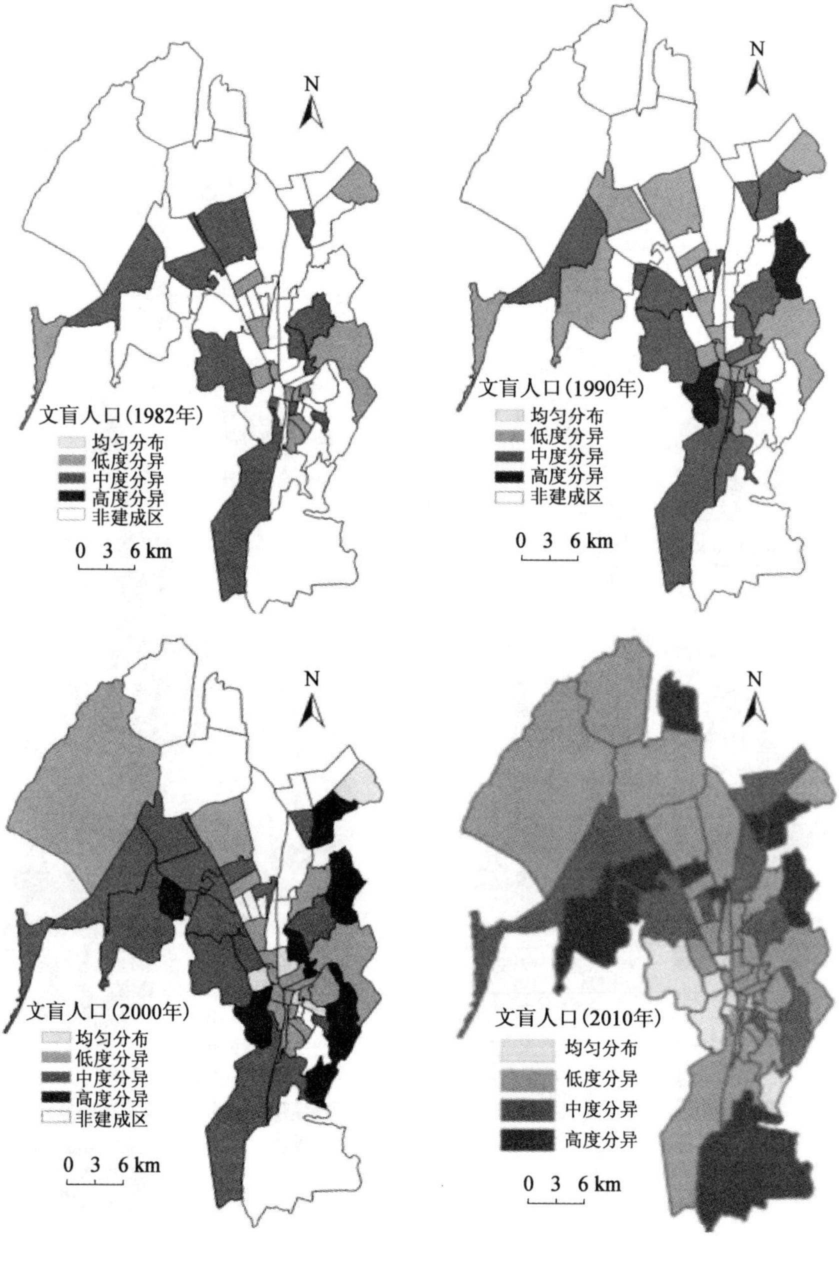

图 6.9　1982—2010 年乌鲁木齐市文盲居住空间分异演变

Fig. 6.9　An evolution of residential spatial segregation for non-reader in Urumqi, in 1982—2010

6.8　基于区位熵的不同年龄阶层居住空间分异测度分析

6.8.1　学龄人口

2000 年，居住空间高分异区并不存在，中度居住分异片区主要位于城市东西两翼和部分次中心区，低度居住分异片区主要分布在城西和城北部分街区，均匀分布区域主要集中在城北的乡镇和部分街区。2010 年，随着外来人口大量迁入，乌鲁木齐学龄人口主要集聚于城市边缘区，居住空间高度居住分异片区呈现团块状，分布于距离市中心较远的街区，中度居住分异片区分布较广，仍以城市的东西两翼分布为主，低度居住分异片区主要沿河滩路贯穿于西南—东北部分街区（图 6.10）。

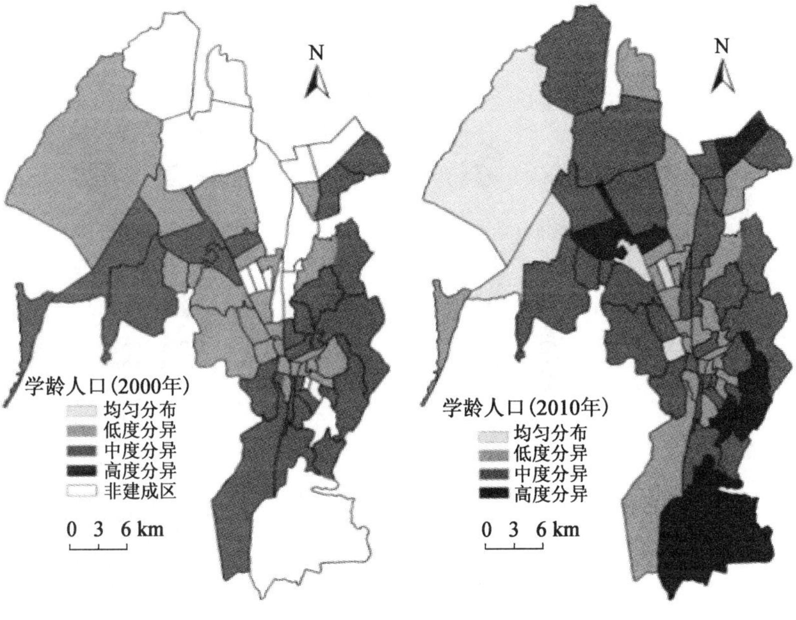

图 6.10　2000—2010 年乌鲁木齐市学龄人口居住空间分异演变

Fig. 6.10　An evolution of residential spatial segregation for 6～18 age in Urumqi, in 2000—2010

6.8.2 老年人口

2000 年，老年人口的高度居住分异片区主要分布在位于城市中心的新华北路和友好南路街区，并在八钢片区分异度较高，主要以行政事业单位和国有企业退休人员为主。中度居住分异片区主要分布于沙区和水区部分街区，以农业人口为主，低度居住分异片区分布在城市沙区的南部和火车北站附近街区，以企业退休人员为主；在北部乡镇和部分街区分布均匀。2010 年，居住空间高度居住分异片区有所增加，主要分布在距离城市中心较远的街道，基本以企业退休工人主要群体的老年人，中度居住分异重心转移至城市南部的人口相对稀疏的街道边缘街区，低度分异并无空间上的规律性，相对比较分散。总体上，老年人口居住分异现象正不断加剧，并随着老年社会的进程的加速，未来，老年人口居住分异现象将成为社会分异的主要表现(图 6.11)。

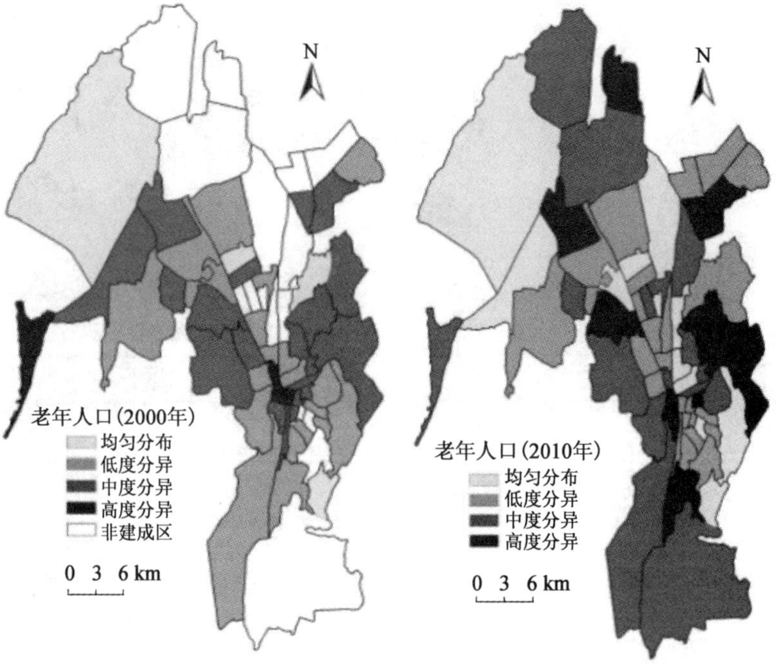

图 6.11　2000—2010 年乌鲁木齐市老年人口居住空间分异演变

Fig. 6.11　An evolution of residential spatial segregation for over 60 ages in Urumqi, in 2000—2010

本章小结

通过全局分异指数、局部分异指数、信息熵、区位熵四个指标分别测度乌鲁木齐不同族群居住空间整体分异、相对分异和局部分异。其中信息熵测算不同族群系统指标在整个城市系统的整体分异，其变化一定程度上反映整体系统的复杂程度和有序化程度，信息熵越大，整体系统越复杂。信息熵在一定程度上也反映系统指标分布的均衡性，信息熵越大，空间差异越小，空间分异度越低，反之，空间分布越趋于分异。分异指数是测算居住空间分异度高低常用指数，主要测度某一族群相对另一族群分异程度。区位熵，又称局部分异系数，与信息熵相对，主要表达街区层面的不同族群空间属性的分异程度。

居住空间整体分异方面，典型少数民族与汉族人口分异度小于与维吾尔族人口分异程度，并且与汉族人口分异度呈现阶段性下降趋势，与维吾尔族人口分异程度呈现先下降后上升波动趋势。老龄人口和流动人口信息熵呈下降趋势，表明老年人口和流动人口分布越来越不均衡，有聚集现象。除了小学学历在 2000—2010 年信息熵下降外，其余均呈现增加趋势，表明各教育程度人口分布趋于均衡。

居住空间相对分异方面，从不同教育程度人口分异来看，大专及以上人口分异指数最大，大专及以上学历人口空间分异度较高，文盲人口、小学学历人口、中学学历人口本地化指数不断上升，表明分异现象有所加剧。

居住空间区域分异方面，从区位熵指数、分异指数和信息熵指数来看，维吾尔族在主城区、新城区和辐射区城市内部区域的分异度相对较高；哈萨克族在郊区分异度较高；回族在城市外围的辐射区、扩展区和郊区分异度较高。学龄人口在新城区、扩展区和郊区分异度较高，老年人口在新城区和老城区分异度较高。流动人口在新城区和郊区分异度较高。

局部空间分异方面，少数民族居住空间分异度正不断增强，部分街区呈现居住隔离现象。汉族人口居住空间分异度较低，基本都处于均匀分布状态和低度分异状态，30 年期间维吾尔族人口在水磨沟区以及天山区分异现象加剧，沙依巴克区和头屯河区分异现象减弱，天山区部分街区居住空间凸显隔离和极化现象。哈萨克族人口分异区域由零散分布向带状分布转变，分异街区不断增加，并沿着城市中轴线向南北郊区扩展，回族人口分异重心发生很大变化，由沙依巴克区转移至天山区。

第7章　乌鲁木齐居住空间分异演化动力机制

7.1　乌鲁木齐居住分异的特点

7.1.1　民族间“大杂居、小聚居、互相交叉居住”逐渐向“分族而居”居住格局转变

居住分异现象凸显。随着房地产市场化程度的不断提高，个人选择居住区位自由化程度不断提高，加之“7・5”事件等暴力恐怖事件的影响，各民族不信任感不断加剧，社会距离和心理距离不断加大，住房迁移现象不断产生，维汉居住分异现象在城市中不断呈现。

7.1.2　外来人口“择族而居”加剧城市居住分异，成为居住分异的加速动力

乌鲁木齐外来人口主要有疆内外来人口和疆外外来人口。疆内外来人口主要以少数民族为主，其择居区位以少数民族集聚区为主；疆外外来人口主要以汉族为主，其择居区位以汉族聚居区为主。基本呈现“择族而居”的格局，如此择居特点加剧了城市民汉居住分异，逐渐形成“分族而居”的分异格局。

7.1.3 清真寺成为少数民族主要聚居文化核心，但受商业化空间侵蚀效应的影响将不断弱化

调研发现，清真寺相对集中的区域也是少数民族聚居的区域，清真寺成为影响少数民族聚居的主要因素。清真寺由于其特殊文化意义，对维吾尔族、回族人口的集聚作用仍然很大，但同时已经受到商业化的冲击，清真寺文化和商业功能将成为新的居住空间集聚力，但其分异作用将不断弱化，这种商业与文化新型混合区对于研究民族人口的迁移和居住空间选择提出新的视角。

7.1.4 商业巴扎成为少数民族聚居市场核心，将成为少数民族集聚的主要力量

调研发现，巴扎周围区域一般为少数民族聚居区，也是少数民族主要工作、生活、娱乐区。巴扎也是少数民族外来人口的主要集聚区。随着少数民族人口的聚居，巴扎的规模和集聚效应正不断增强，同时也缩小了少数民族对外交流的空间，阻断了与其他民族交流的机会，成为影响少数民族集聚的主要商业景观，也是民汉居住分异的主要动力。

7.1.5 居住分异、社会分层和民族分异并存，三者相互交错、互为影响

受社会经济的转型和工业化、城市化、信息化推进的影响，新疆除了面临社会阶层和经济阶层的分化，也面临民族分异。而居住分异会阻碍社会阶层交往，导致阶层分化扩大，致使社会阶层矛盾加深，导致社会问题增多，增加社会治理成本，导致城市整体和谐程度降低；居住分异会导致民族分异的加剧，拉大各民族间社会和心理距离；反之，民族分异和阶层分化会进一步增强各阶层和各民族间的居住分异。

7.1.6 新疆城市居住空间分异与其他省(自治区)居住空间分异存在差异

在经济社会引起的居住分异如产业人口的分异，不同年龄人口的分异，不同职业人口的分异受社会经济的环境影响依然存在，并将长

期存在，这是我国城镇化过程中的必然产物。而由于宗教信仰、文化习俗、民族行为习惯等文化要素所引起的各民族间的居住分异是新疆居住分异的主要特点，特别是维吾尔-汉、维吾尔-哈萨克、回-维吾尔等民族之间的分异呈现加剧态势。

以上经济、社会、文化因素导致的居住空间的分异必将影响经济融合、社会融合和文化融合，进而影响和谐社会的构建。

7.2　乌鲁木齐居住空间分异演化一般动力

7.2.1　城市景观是居住空间分异的物质基础

自然景观主要是指城市周围的地形、位置、水文、气候和资源分布等自然地理特征。任何一个城市在一定的地理特征上形成、发展都与其自然景观有密切的联系，地形、位置、水文、气候和资源等自然因素构成了城市存在和发展的基础，直接影响着城市的发展潜力、方向、模式等。因此，每个城市的居住空间形态都受当地自然景观的影响，是对当地气候、地形等条件长期适应的产物，自然景观对居住空间的影响是先天的，也是明显的。

乌鲁木齐市是典型的绿洲城市，位于亚欧大陆腹地，海拔 580～920 m，自然坡度 12‰～15‰，地处天山北麓、准噶尔盆地南缘，东、南、西三面环山，地势东南高、西北低，东、南、西三面的空间扩展余地很小。乌鲁木齐城市空间发展主要以乌鲁木齐河为南北轴线沿河谷南北纵向延伸，在河流两岸及冲积扇平原的上部布局，呈北宽南窄的 T 字形。乌鲁木齐中心城区地处地质灾害易发区，地面塌陷灾害高易发区面积 814.3 km^2，山洪泥石流灾害高易发区面积约 1943.1 km^2。市内各类地质灾害点共计 196 处，其中地面塌陷 138 处，占总数 70.41%；崩塌 12 处，占总数 6.12%；滑坡 17 处，占总数 8.67%；泥石流 29 处，占总数 14.80%(图 7.1)。

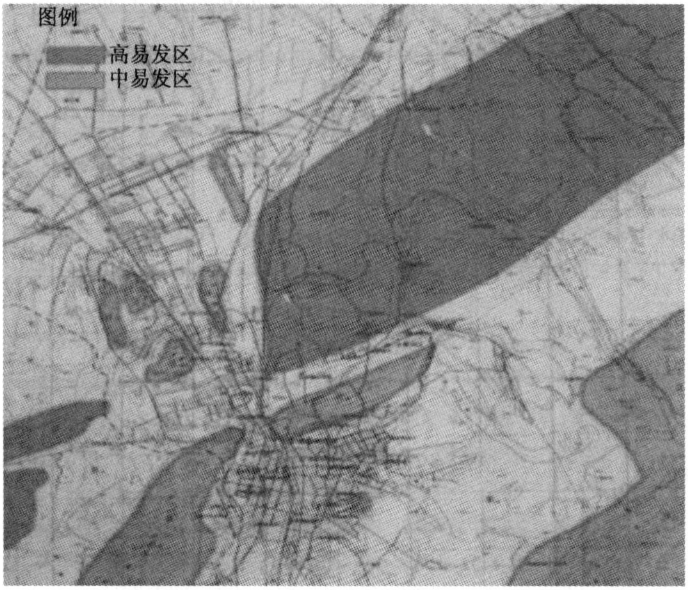

图 7.1　乌鲁木齐中心城区地质灾害分布

Fig. 7.1　The distribution of geological disasters in MSA of Urumqi

资料来源：乌鲁木齐市城市总体规划(2009—2020)

城市空间格局的演化是外部拓展和内部重组的作用过程，自然条件对城市的发展空间和演化起着重要作用，既是城市空间发展的基础，又在一定程度上限制了城市的发展方向，同时也无形地设定城市发展空间极限。当外部空间拓展趋于极限，内部空间的重组便成为必然，大部分城市发展初期空间外部扩展的速度和效率远远大于内部空间重组的速度和效率，但受自然因素的影响城市空间逐渐减少，导致城市空间开发成本的上升，城市空间外部拓展的速度和规模下降，而城市对空间需求仍在增长，此时，内部空间的重组便成为可能。房屋质量和使用功能的递减必然规律，导致城市空间内部重组首要区域便是工业、居住、商业衰败区。目前我国大部分城市基本完成工业衰败区的更新改造。未来几十年随着早期单位制居住社区败落，居住社区的拆迁改造将成为城市空间格局演变的新动力，并为城市居住空间分异提供了必要条件。乌鲁木齐目前基本处于对居住社区改造的初期，大量的城中村是社区改造的重点，也是居住空间分异的热点区。居住区的拆迁改造所引发的居住社区的变迁是居住空间分异和重构的主要途径(图 7.2)。

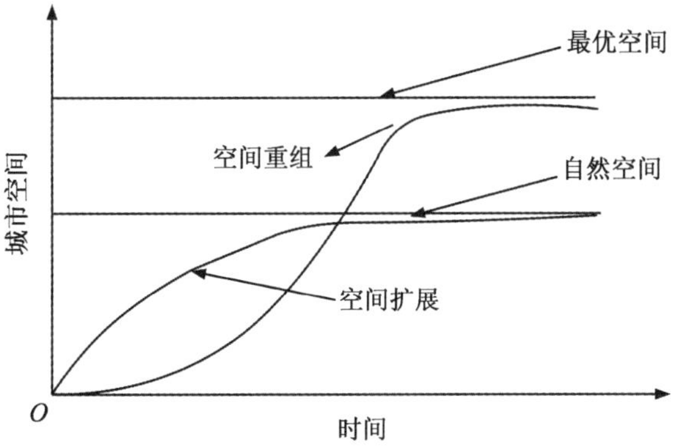

图 7.2　自然景观对城市空间演化影响过程

Fig. 7.2　The affect process of the evolution urban space and natural landscape

7.2.2　居住空间分异是经济转型的结果

我国目前正处于社会转型时期,其对城市生产力和生产关系的影响是普遍性的。社会经济转型是社会生活具体结构形式和发展的整体性变迁,是在分化—整合—再分化—再整合的循环往复中不断得以进步和发展,同时,城市居住空间也在转型前后体现出不同的形式。

(1)单位社会时期,我国城市居民获取住房的主要途径在于单位福利分房,单位的地域空间位置和社会资源拥有量决定了居民的住房条件,这种条件下的居住空间布局具有较强的同质性,住房分配逐渐成为居住空间分布的重要影响因素。随着单位社会向市场社会转变,城市化进程快速推进,城市人口规模激增,单位福利分房已经不能满足城市居民对城市住宅的居住环境和居住质量的更高要求,与此同时,房地产市场化改革逐步展开,住房开始成为一种商品进入市场进行交易,货币买房赋予了城市居民更多的自主选择权,居民在物质生产需求得到满足之后,更易于转向实体消费领域,以住宅为各阶层社会地位的符号表征得到强化。在转型中的中国经济体制下,多样化的分配制度使得城市各阶层收入差距不断扩大,相应在居住空间上也就出现了广泛的分异现象。

(2)改革开放以来,城市经济的发展模式开始向市场体制转轨,城市化进程快速推进。从经济角度看,城市是第二、三产业构成的特有经济空间,第二、三产业的发展带来了人口的聚集,加强了生产的社会化和专业化,造就出城市性地域景观。传统居住区的居住主体在人口构成、年龄结构、家庭结构、社会网络都发生了变化,因此,在城市内部,伴随着个体经济的快速发展,社会阶层分化明显,其中城市中产阶级逐渐成长并壮大,城市新贫困阶层则在旧城的集聚,而经济收入富足的新兴社会阶层对城市居住空间要求优越性,在城市中心得天独厚的政治、经济、文化、交通资源具有明显的区位优势,这样富人区应运而生;相对城市外部即城乡接合部,城市经济发展的整体效益影响圈还没有涉及,同时与之相适应的基础服务设施还不够完善,郊区则处于明显的区位劣势。在新的经济体制下,居民的职业类型、收入水平及文化背景差异会产生不同社会阶层的居住区,而居住空间分异实质是社会分层在居住空间区位上的反映,由此带来的城市居住空间布局重新建构,差异性渐趋明显,以职业和收入为标志的阶层差异在城市居住空间结构中鲜明地展现出来,居住空间也具有了人为的等级差异。

总体而言,社会经济转型使得社会阶层差异性扩大,基于差异性的住房需求和阶层的分化导致城市居住空间分异的扩大和居住隔离现象的出现,而转型后经济社会的发展促使城市居住空间分异现象更加突出(图 7.3)。

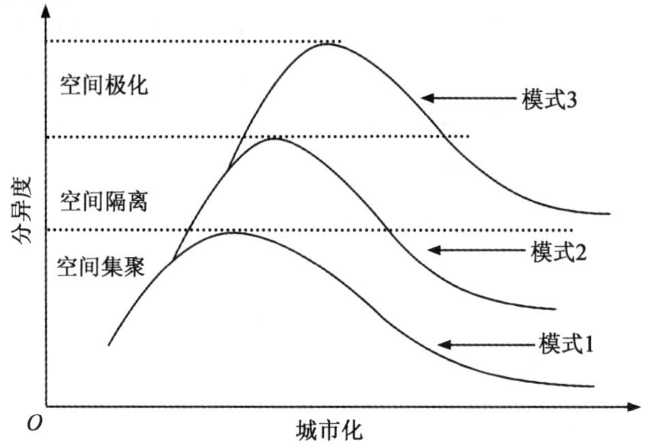

图 7.3 城市化与居住空间分异响应模式

Fig. 7.3 An effect model of residential spatial segregation and urbanization

7.2.3 居住空间分异是住房市场分化的社会表现

住房制度的改革，市场经济打破了原有的福利分房制度以及平均主义的局面，取而代之的是区位的竞争和分化，并随着房地产市场化进程不断加剧，房地产市场的过滤效应将发挥其功效。房地产市场的过滤现象是房屋本身质量、功能和区位与不同收入阶层选择住房和迁移的动态过程，并且呈现住房质量向下衰变和过滤，相对收入水平将向上过滤逆向阶梯状推移态势，随着房屋本身的老化和区位衰变降低房地产质量和价格减退，上一阶层收入者的住房随着时间推移被过滤为下一等级住房（C-c，B-b，A-a），在业主和租客本身收入增长的情况下，将重新进入市场选择更高一档次住房（c-C，b-B，a-A）（图 7.4），由此，住房房地产市场的过滤效应使不同收入层次与不同居住区位产生了直接的关联，居民可以选择生活空间，使同一居住小区的住户具有高度的同质性。房地产开发商在土地制度的驱动下，通过招、拍、挂的方式获得土地，为了追求效益的最大化，针对不同的消费人群开发不同区位不同档次的住房，以满足不同类型和不同层次居民的居住需求。例如开发花园别墅、高级公寓区聚集了富人，变成了富人聚集区；廉租房及经济适用房开发片区随之变成了穷人聚集区，加剧了不同收入阶层的人城市居住空间分异、隔离。所以，在某种程度上，乌鲁木齐居住空间的分异是住房市场的分化和过滤效应作用的结果。

7.2.4 居住空间分异是社会经济分层的响应

城市居住空间呈现出以不同地位、收入状况、职业、风俗等同类相聚或趋于相对集中的状态，身份特征相类似的集聚于同一特定地区，差异化导致的隔离，产生了城市居住空间分异现象。随着经济持续高速发展、社会经济体制转型以及快速城市化进程，城市居民贫富差距不断扩大，社会经济分层更加显著，居住选择和居住迁移差异凸显，导致居住空间分异与隔离的趋势越来越明显（图 7.5）。

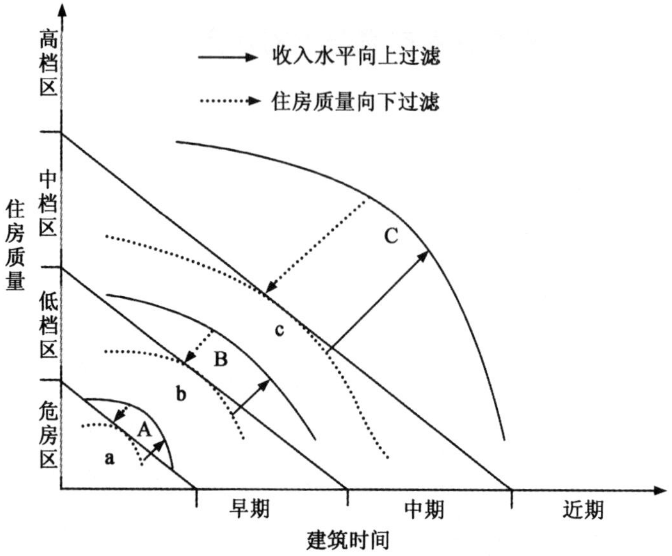

图 7.4 住房市场过滤效应与居住空间分异演化模型发展

Fig. 7.4 An evolution model development for housing filtering effect and residential spatial segregation

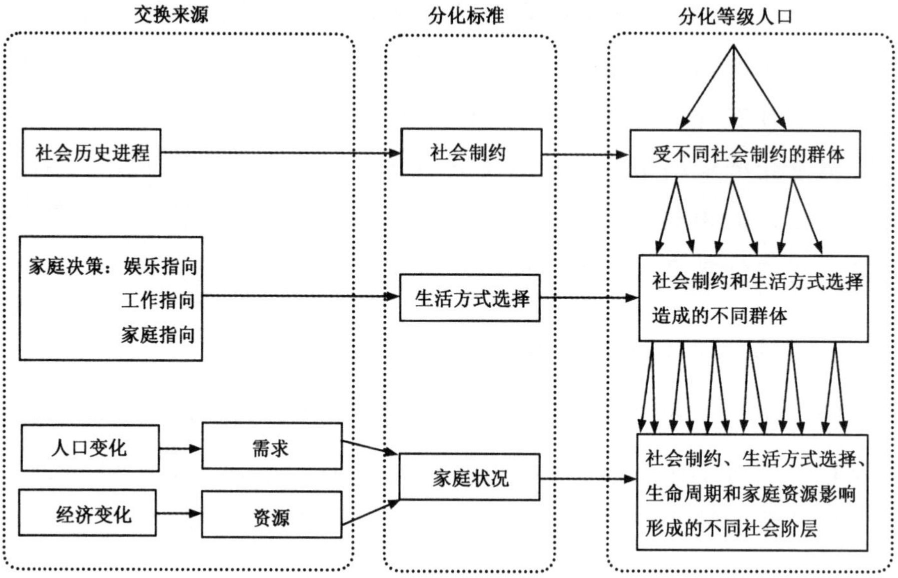

图 7.5 社会分层与居住选择

Fig. 7.5 Social stratification and the choice of living

资料来源：Feitelson(1993)。

居住空间分异是阶层文化的产物。同质聚居使经济地位、生活方式、教育背景等特征相类似的社会个体聚居于特定地区，异质的集团间则彼此分开，不同的阶层文化由于地域的分割，其分异性被进一步强化，导致文化隔离，不同阶层间的相互隔膜，尤其是富裕与贫困阶层之间社会距离扩大并引起居住空间形态上强烈反差的社会现象，这种过度分化与隔离的居住空间分异格局，必然会加剧阶层间的对立和冲突，从而增加社会的不稳定性等诸多负面问题，影响社会和谐。当低收入群体将自己的不如意境遇归结为获益群体的剥夺时，社会中就潜伏着冲突的危险，他们的敌视和仇视指向也会扩散蔓延。社会风险最容易从承受力最低的群体的身上爆发，从而构成危及社会稳定，影响社会发展的一个巨大的社会隐患。在法国大城市及其郊区，由于“富人区”与“廉租区”泾渭分明，居住空间过度的隔离最终演化成了社会的对抗，激化了社会矛盾。

虽然认识社会分层是比较复杂的思维过程，但它是客观存在的，社会分层也是社会流动的动力来源，有其存在的可能条件。从社会分层到居住分异是复杂的社会化过程，也是认识社会分层最直观的载体，社会分层是解决社会矛盾的依据，比如城市按照收入多少衡量对保障房的供给和生活补贴的发放。城市居住空间的融合是构建和谐社会的基本要求，对城市空间分异的控制有利于对社会分化的抑制，实现社会的整合是构建和谐社会的重要方面。

7.3　民族文化是居住空间分异的特殊动力

乌鲁木齐现有 52 个民族，城市范围内少数民族人口由 1978 年的 18%增长至 2010 年的 27%，乌鲁木齐市天山区居住着个 44 民族，沙依巴克区居住有 38 个民族，水磨沟区居住着 29 个民族。乌鲁木齐市哈萨克族和维吾尔族相对聚居现象比较明显，其他各民族大多杂居在各个街区。各民族人口在分布上，呈现为以维吾尔族、汉族这两个民族人口为主的“大杂居，小聚居，互相交错杂处”的居住格局。具有不同信仰的民族有可能存在着某种程度的隔离，各民族文化在相互接触抗拒调适适应的过程中发生变迁，与其他民族处于隔离状态，宗教活动和民族宗教景观清真寺从侧面反映了居住空间分异这一现象（图7.6）。民族文化隔离效应虽然很难通过数据调查得以证实，文化阶层却实存在于现实社会中，但文化的隔离效应产生社会反应需要特定的条件和环境，并且在短期内很难被研究者证明，需要长期对某一地区民族人口的居住稳定性和迁移模型进行观测和研究。

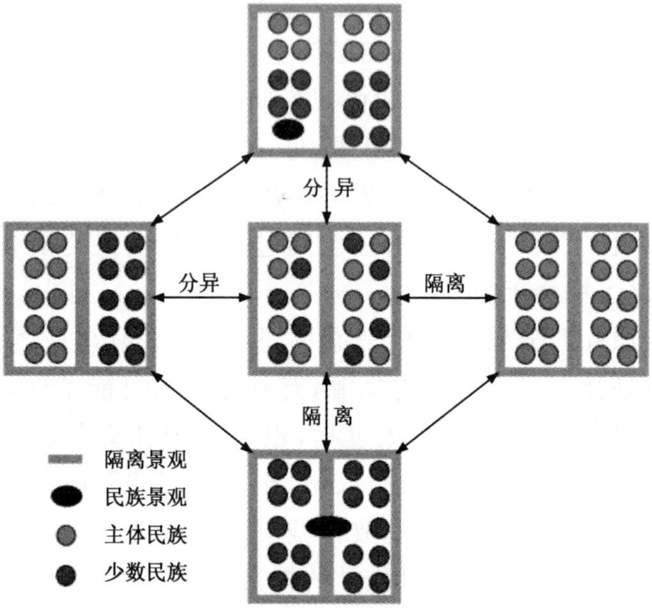

图 7.6　民族文化与居住空间分异响应模式

Fig. 7.6　An effect model of residential spatial segregation and ethnic landscape

本章小结

乌鲁木齐城市空间的演化早期主要受政治、军事的影响，呈现星点状向团块状发展演化，居住空间基本保持和城市空间同步扩展的趋势，由迪化城向北部扩展，并形成老满城居住空间模式（图 7.7）。新中国成立初期主要受政治、经济和社会阶层变革，居住空间分异现象逐渐凸显，家庭、民族和社会经济地位成为主导居住空间演化的主要动力，居住格局基础呈现无序发展态势；社会转型期，城市规划开始实施，经济社会的快速发展，城市空间规模达到前所未有的增长速度，信息化、工业化、城市化的加速发展，城市文化的多元发展，此阶段居住格局的演化的影响因素呈现多元化，城市功能化、城市文化多元化、经济社会地位分化成为主导居住格局演化和分异的主要动力。

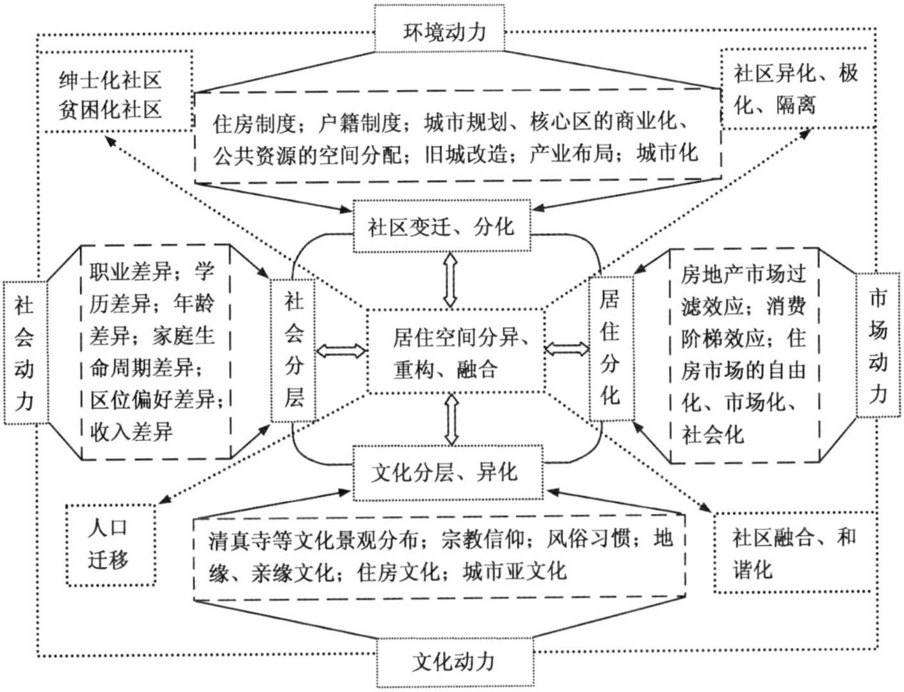

图 7.7　乌鲁木齐居住空间分异、重构与融合的系统动力模式

Fig. 7.7　A system dynamic model of residential space differentiation, reconstruction and integration, in Urumqi

第8章　乌鲁木齐居住空间分异模式

8.1　研究区域及数据的选择

研究的数据主要来源于2012年乌鲁木齐市主城区的街道问卷调查资料以及2010年乌鲁木齐市的人口普查数据资料。调查区域主要包括乌鲁木齐市主城区的沙依巴克区、天山区、水磨沟区、新市区，其中涉及43个主要街道。将收集到的数据分为区位、社会文化、经济、居住特征四部分。在区位子系统评价分析中选取商服环境、生活环境、物流环境、教育环境、交通环境、文化环境等六项因子；在社会文化子系统评价中选取了民族构成、性别比、年龄构成、人口流动性、学历构成、婚姻状况、户籍状况、宗教信仰、家庭成员的民族构成等九大因子；在经济子系统评价中选取了家庭收入、家庭支出、家庭收入主要来源、家庭支出主要用途、产业类型及职业类型等六大指标；在居住子系统的评价中，主要选取了上班交通工具、住房面积、住房属性、住房购买年份、工作与住所是否在同一社区、出行工具、住所到工作单位时间、换房次数、对住房条件评价状况等九大类指标。

8.2　研究方法

本文主要运用 spss19.0 的 Analyze(Data Reduction-Factor)因子分析功能对数据矩阵进行因子生态分析。首先对社会文化、经济、居住特征三部分分别做原始矩阵，在抽取方法上选择相关性矩阵分析，抽取按照特征值大于 1 进行；在旋转上，选取最大方差法。经过反复试验，在区位子系统中提取 6 个主因子，旋转后的累计方差达到了 76.61%。社会文化子系统提取 6 个主因子，旋转后的累计方差达到 76.50%。经济子系统提取 6 个主因子，旋转后累计方差达到 70.35%。居住子系统提取 7 个主因子，旋转后累计方差达到 75.54%。因子的结果比较清晰，同时也比较符合实际。

8.3　公共空间结构类型分析

第一主因子——商服环境：因子的方差贡献率为 23.61%，主要反映了 10 个变量信息。因子与城市的政府、银行、电影院等主要公共服务设施的密度和最小距离呈现正向强相关，表明此因子可以解释商服环境的优劣。同时，因子得分较高街区主要分布在商业中心区临近街道，并随着距商业中心的距离增加得分依次降低，也体现乌鲁木齐城市公共服务设施的发展规律，如图 8.1(a)所示。

第二主因子——生活环境：因子的方差贡献率为 18.92%，主要反映了 6 个变量信息。因子与商超密度、公交车站密度、幼儿园密度、小区密度等六项指标呈现很强的正相关，不存在负相指标，表明此因子代表城市生活环境优劣。该因子得分较高的街区主要分布在城市商业中心和商业副中心的外围，并形成阶梯状向区域外延依次递减，如图 8.1(b)所示。

第三主因子——物流环境：因子的方差贡献率为 13.67%，主要反映了 1 个变量信息。乌鲁木齐物流中心以华凌市场和美居物流园为主要代表，因此，因子得分较高街区主要分布在两个物流中心所在街区及邻近街区，如图 8.1(c)所示。

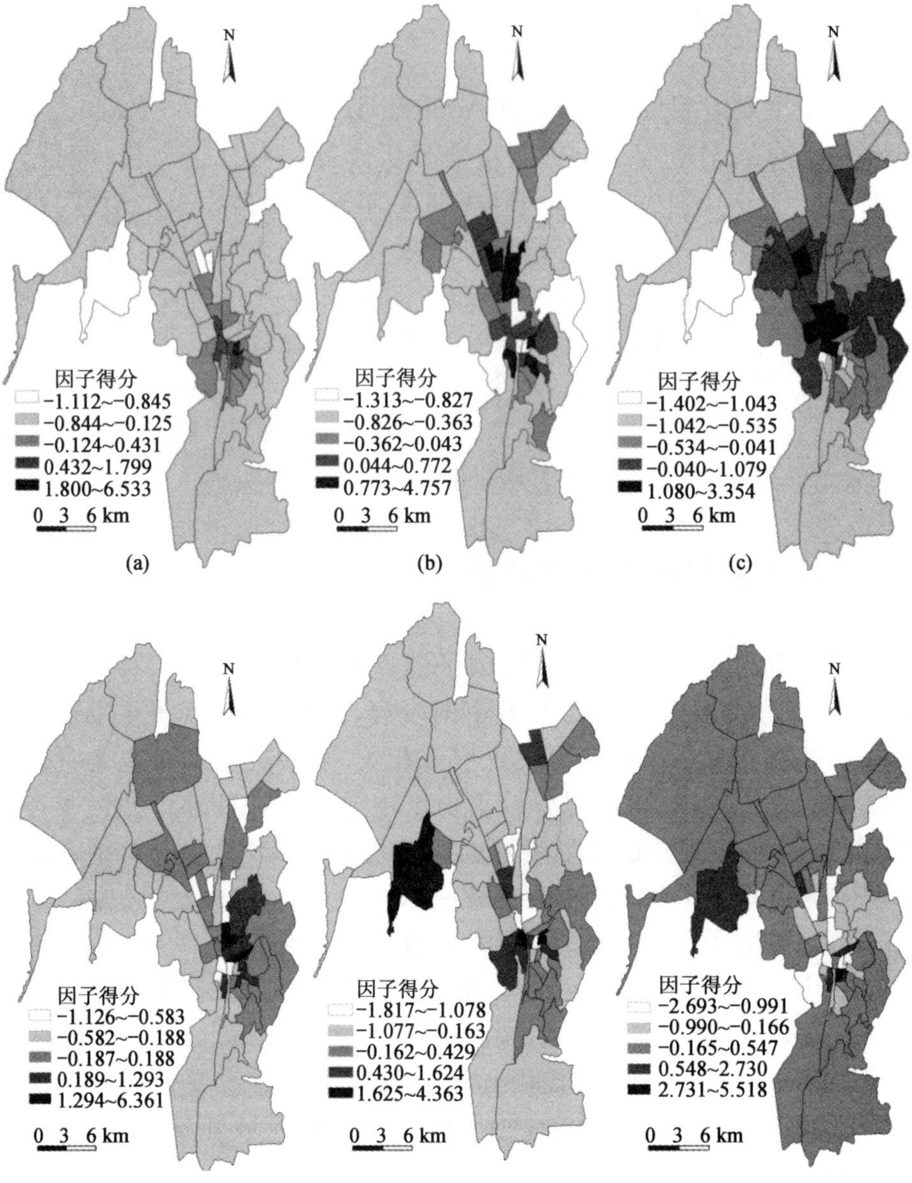

(a)第一主因子；(b)第二主因子；(c)第三主因子；(d)第四主因子；(e)第五主因子；(f)第六主因子

图 8.1　乌鲁木齐公共空间子系统因子得分分布

Fig. 8.1　The distribution of factor score for public space subsystem in Urumqi

第四主因子——教育环境：因子的方差贡献率为 9.06%，主要反映了 4 个变量信息。因子与小学密度、中学密度、小学最短距离、中学最短距离四项指标呈现强相关，因子得分较高的街区主要分布在教育设施较为密集的区域，如青年路、新民路，并沿城市中轴线向城市外围递减，如图 8.1(d)所示。

第五主因子——交通环境：因子的方差贡献率为 6.39%，主要反映了 4 个变量信息。其中与交通因素直接相关的主要是距离汽车站和火车站的最短距离，其他两个指标与交通环境没有直接关联性，因子的高分区主要分布于火车站所在街道和附近街区，如图 8.1(e)所示。

第六主因子——文化环境：因子的方差贡献率为 4.96%，主要反映了 1 个变量信息。文化环境主要指少数民族文化环境，通过街道中心到清真寺的距离体现，高分区主要集聚于解放南路，并在天山区、新市区、米东区维吾尔族和回族较为集中街区得分相对较高，得分较低区域主要分布于以汉族人口为主的城市北部街区，如北京路街区，红庙子街区等，如图 8.1(f)所示。

公共资源空间结构特征根及方差贡献见表 8.1。

表 8.1　公共资源空间结构特征根及方差贡献

Table 8.1　Public resources spatial structure characteristics and variance contribution

主因子	未旋转			正交旋转		
	特征根	贡献率/%	累积贡献率/%	特征根	贡献率/%	累积贡献率/%
商服环境	11.67	44.88	44.88	6.14	23.61	23.61
生活环境	2.58	9.94	54.82	4.92	18.92	42.53
物流环境	1.81	6.96	61.78	3.56	13.67	56.20
教育环境	1.43	5.48	67.26	2.36	9.06	65.26
交通环境	1.35	5.19	72.45	1.66	6.39	71.65
文化环境	1.08	4.17	76.62	1.29	4.96	76.61

公共资源空间结构因子载荷矩阵见表 8.2。

表 8.2　公共资源空间结构因子载荷矩阵

Table 8.2　Public resources spatial structure factor loading matrix

指标	商服环境	生活环境	物流环境	教育环境	交通环境	文化环境
Min(S)自治区政府	**0.905**	0.054	0.022	0.148	0.110	−0.009
电影院密度	**0.897**	0.133	0.076	0.026	−0.101	0.099
银行密度	**0.879**	0.341	0.186	0.023	0.102	0.006
健身场所密度	**0.857**	0.280	0.199	0.085	0.140	−0.052
停车场密度	**0.813**	0.449	0.148	0.086	0.070	0.012
Min(S)商业次中心	**0.811**	0.202	0.237	0.040	0.209	0.086
医院密度	**0.698**	0.530	0.204	0.251	0.031	0.261
Min(S)医院	**0.590**	0.091	0.453	0.064	0.078	0.166
Min(S)市政府	**0.560**	0.089	0.520	0.178	−0.045	−0.294
Min(S)商业主中心	**0.512**	0.196	0.499	0.183	0.402	−0.117
商超密度	0.440	**0.776**	0.176	0.064	0.137	0.151
Min(S)体育馆	0.162	**0.840**	0.234	0.212	−0.020	0.107
Min(S)大型超市	0.044	**0.805**	0.125	0.221	0.045	0.206
公交车站密度	0.327	**0.791**	0.159	0.391	0.023	0.111
小区密度	0.259	**0.785**	0.441	0.125	0.005	0.029
幼儿园密度	0.050	**0.768**	0.308	0.057	−0.080	−0.131
Min(S)物流中心	0.031	0.318	**0.733**	0.247	−0.278	−0.104
小学密度	0.538	0.257	0.149	**0.604**	0.136	0.207
Min(S)中学	0.182	0.126	0.196	**0.891**	0.066	−0.117
Min(S)小学	0.256	0.148	0.018	**0.738**	0.350	−0.025
中学密度	0.321	0.201	0.442	**0.559**	0.283	0.141
Min(S)区级政府	0.341	0.241	0.262	0.133	**0.715**	−0.199
Min(S)公园广场	0.311	0.000	0.268	0.092	**0.399**	−0.327
Min(S)火车站	−0.064	0.010	−0.134	−0.034	**0.599**	0.125
Min(S)汽车站	0.062	−0.168	0.024	−0.150	**0.398**	−0.372
Min(S)清真寺	0.226	0.123	0.091	−0.031	−0.040	**0.759**

8.4 社会文化空间结构类型分析

第一主因子——维吾尔族和哈萨克族人口混居：因子的方差贡献率为 23.09%，主要反映了 8 个变量信息。在宗教信仰上，该主因子与信奉伊斯兰教指标高度正相关；与无宗教信仰指标负相关。在家庭成员的民族构成中，该主因子与维吾尔族、哈萨克族、其他民族高度正相关；与汉族指标呈高度负相关。在年龄构成方面，该因子与劳动人口指标呈较强的相关性。这些与维吾尔族和哈萨克族的人口混居构成的条件基本一致。如图 8.2(a)所示，得分较高地区主要分布在少数民族分布较密集的天山区，如延安路街道、新华北路与新华南路街道，得分较低的地区主要分布在沙依巴克区，如西山街道，雅玛里克山街道。

第二主因子——高学历人口：因子的方差贡献率为 11.40%，主要反映了 4 个变量信息。在民族构成上，该主因子与维吾尔族指标呈高度正相关；与汉族指标呈负相关。在年龄构成上，该主因子与学龄人口呈正相关。在学历构成上，该主因子与研究生指标高度相关。这些充分表明该群体为高学历人口。如图 8.2(b)所示，得分较高的街区主要分布在高校比较密集的天山区，如新疆大学所在的街道附近地区得分较高，主要有赛马场街道、二道桥街道。

第三主因子——低学历人口：因子的方差贡献率为 11.31%，主要反映了 5 个变量信息。在学历构成上，该主因子与小学以下、小学、初中指标呈高度正相关；与大专、本科、研究生学历指标负相关，解释为低社会阶层群体。如图 8.2(c)所示，得分较高的地区主要分布在城市的老城区与郊区。在城市的高新区与商业区的街道得分较低。

第四主因子——回族人口：因子的方差贡献率为 10.84%，主要反映了 4 个变量信息。在民族构成上，该主因子主要与回族因子呈高度正相关。在性别比上，该主因子与该指标相关。在人口流动性上，该主因子与常住人口指标高度负相关。在宗教信仰上，该主因子与佛教指标呈较强负相关。这些与回族人口的构成的条件基本一致。如图 8.2(d)所示，得分较高的地区主要分布在回族分布较为集中的天山区，主要有大湾街道，黑甲山街道。

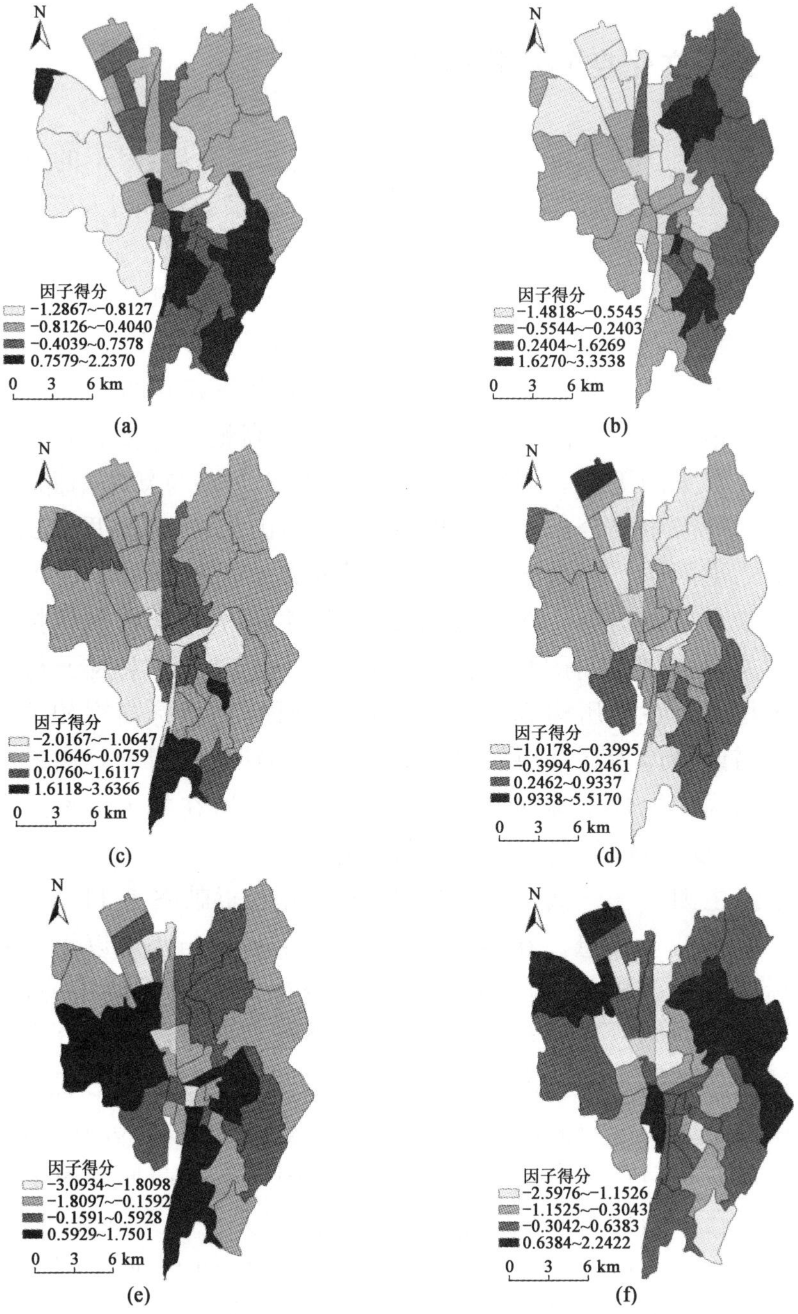

(a)第一主因子;(b)第二主因子;(c)第三主因子;(d)第四主因子;(e)第五主因子;(f)第六主因子

图 8.2 乌鲁木齐社会文化空间子系统因子得分分布

Fig. 8.2 A factor score distribution of Social and cultura spatial subsystem in Urumqi

第五主因子——外地人口:因子的方差贡献率为 9.95%,主要反映了 4 个变量信息。在婚姻状况构成上,该主因子与未婚指标呈较强正相关性;与其他指标呈负相关。在户口所在地上,该主因子与外地人口指标呈正相关;与本地人口呈负相关,这些充分表明该因子为外地人口群体,如图 8.2(e)所示。得分较高的地区主要分布在红庙子街道、新华南路、西山街道,得分较低的地区主要分布在新华路、杭州北路。

第六主因子——老年人口:因子的方差贡献率为 9.90%,主要反映了 3 个变量信息。在年龄构成上,该主因子主要与老年人口指标较强相关。在学历构成上,该主因子与高中指标呈较强相关性。在人口流动性,该主因子与流动人口呈高度负相关。这些充分表明该主因子为老年人口群体。如图 8.2(f)所示,得分较高的地区主要分布在老城区和近郊区,主要街道有石油新村街道,和田街街道,得分较低的地区主要分布在商业区附近。

社会文化空间结构特征根及方差贡献见表 8.3。

表 8.3　社会文化空间结构特征根及方差贡献

Table 8.3　Social and cultural spatial structure characteristics and variance contribution

成分	未旋转			正交旋转		
	特征根	贡献率/%	累积贡献率/%	特征根	贡献率/%	累积贡献率/%
1	7.50	25.71	25.71	5.64	23.09	23.09
2	3.91	14.86	40.57	2.77	11.40	34.50
3	3.12	12.44	53.01	2.74	11.31	45.80
4	2.27	9.89	62.90	2.59	10.84	56.64
5	1.99	9.02	71.91	2.30	9.95	66.58
6	1.81	8.50	80.41	2.28	9.90	76.50

社会文化空间结构因子载荷矩阵见表 8.4。

表 8.4　社会文化空间结构因子载荷矩阵

Table 8.4　Social and cultural spatial structure factor loading matrix

变量类型	变量名称	各主因子载荷					
		哈维混合	高学历	低学历	回族人口	未婚外地	老年人口
民族构成	汉族	−0.382	**−0.658**	0.092	−0.322	−0.059	0.121
	维吾尔族	0.367	**0.736**	−0.141	−0.009	0.072	−0.095
	哈萨克族	**0.464**	0.022	0.12	−0.104	0.012	−0.181
	回族	0.014	0.031	0.076	0.892	−0.01	−0.061
性别比	性别比	−0.236	−0.052	0.069	0.278	0.12	−0.221
年龄构成	学龄	0.149	**0.563**	0.1	0.529	0.069	0.142
	劳动	**0.421**	−0.246	−0.128	−0.204	−0.141	0.139
	老年	−0.296	−0.009	0.082	−0.324	−0.136	**0.673**
人口流动性	常住人口	0.105	−0.037	0.012	−0.787	0.078	0.523
	流动人口	−0.010	0.184	−0.001	0.087	−0.076	**−0.861**
学历构成	小学以下	0.085	−0.221	**0.807**	−0.093	−0.017	0.001
	小学	0.313	0.080	**0.772**	−0.079	0.218	0.004
	初中	−0.021	−0.165	**0.825**	0.072	0.144	0.047
	高中	−0.307	−0.341	0.161	0.362	−0.238	**0.434**
	中专	0.258	−0.147	−0.073	−0.006	0.001	−0.203
	技校	0.028	−0.083	0.248	−0.099	0.058	0.043
	大专	−0.303	−0.21	**−0.618**	0.003	−0.254	−0.126
	本科	0.044	0.285	**−0.758**	−0.137	0.101	−0.066
	研究生及以上	−0.031	**0.747**	−0.142	−0.081	−0.072	−0.166
婚姻状况	已婚	0.162	0.292	0.114	0.288	0.409	0.317
	未婚	−0.181	−0.172	−0.342	−0.068	**0.433**	−0.04
	其他	−0.08	−0.134	−0.014	−0.242	**−0.734**	−0.122
户籍状况	本地	−0.166	0.023	−0.148	0.12	**−0.773**	0.101
	外地	0.518	−0.024	0.207	−0.13	**0.61**	0.02
宗教信仰	无宗教信仰	**−0.797**	−0.291	−0.174	−0.012	−0.127	0.132
	伊斯兰教	**0.89**	0.211	0.208	0.015	0.171	−0.016
	佛教	0.312	0.313	0.03	**−0.645**	−0.009	−0.281
	基督教	−0.148	−0.136	0.113	0.372	0.071	0.12
家庭人口民族构成	汉族	**−0.951**	−0.108	0.004	0.014	−0.06	0.015
	维吾尔族	**0.781**	0.208	0.166	0.039	0.026	−0.019
	哈萨克族	**0.869**	−0.073	−0.185	−0.004	0.064	−0.08
	回族	−0.146	0.084	0.075	−0.144	−0.077	0.108
	其他民族	**0.481**	−0.149	−0.453	−0.147	0.249	0.143

社会文化空间结构因子与变量关系见表 8.5。

表 8.5　社会文化空间结构因子与变量关系

Table 8.5　Social and cultural spatial structure structure factor and the relationship between variables

主因子	正相关变量	负相关变量
1	哈萨克族的人口比重;劳动人口比重;宗教信仰为伊斯兰教的人口比重;家庭人口的民族构成为维吾尔族、哈萨克族与其他民族的人口比重	无宗教信仰的人口比重;家庭人口的民族构成为汉族的人口比重
2	维吾尔族的人口比重;年龄构成为学龄的人口比重;研究生及以上的人口比重	汉族人口比重
3	小学以下、小学和初中的人口比重	大专及本科的人口比重
4	回族的人口比重;性别比	流动性人口比重;信仰佛教人口比重
5	未婚的人口比重;本地人口比重	其他的人口比重;外地人口比重
6	老年人口比重;高中人口比重	流动人口比重

8.5　经济空间结构类型分析

第一主因子——高收入群体:因子的方差贡献率达 15.32%,主要反映了 9 个变量信息。该主因子与家庭收入在 15000 元/月的人口、家庭支出在 9000～15000 元/月以上的人口、支出主要用于教育培训人口高度相关。与房屋租赁收入人口、支出主要用于交通费用人口有较强的相关性,与支出主要用于子女上学、企业型/事业型人口呈负相关。该主因子得分较高的街区主要集中在市中心的商业区周围。主要有东门街道,解放北路街道,青年路街道,这些街道附近分布着大量的商业购物中心与写字楼,收入水平高。得分较低的街道主要有杭州路和南纬路[图 8.3(a)]。

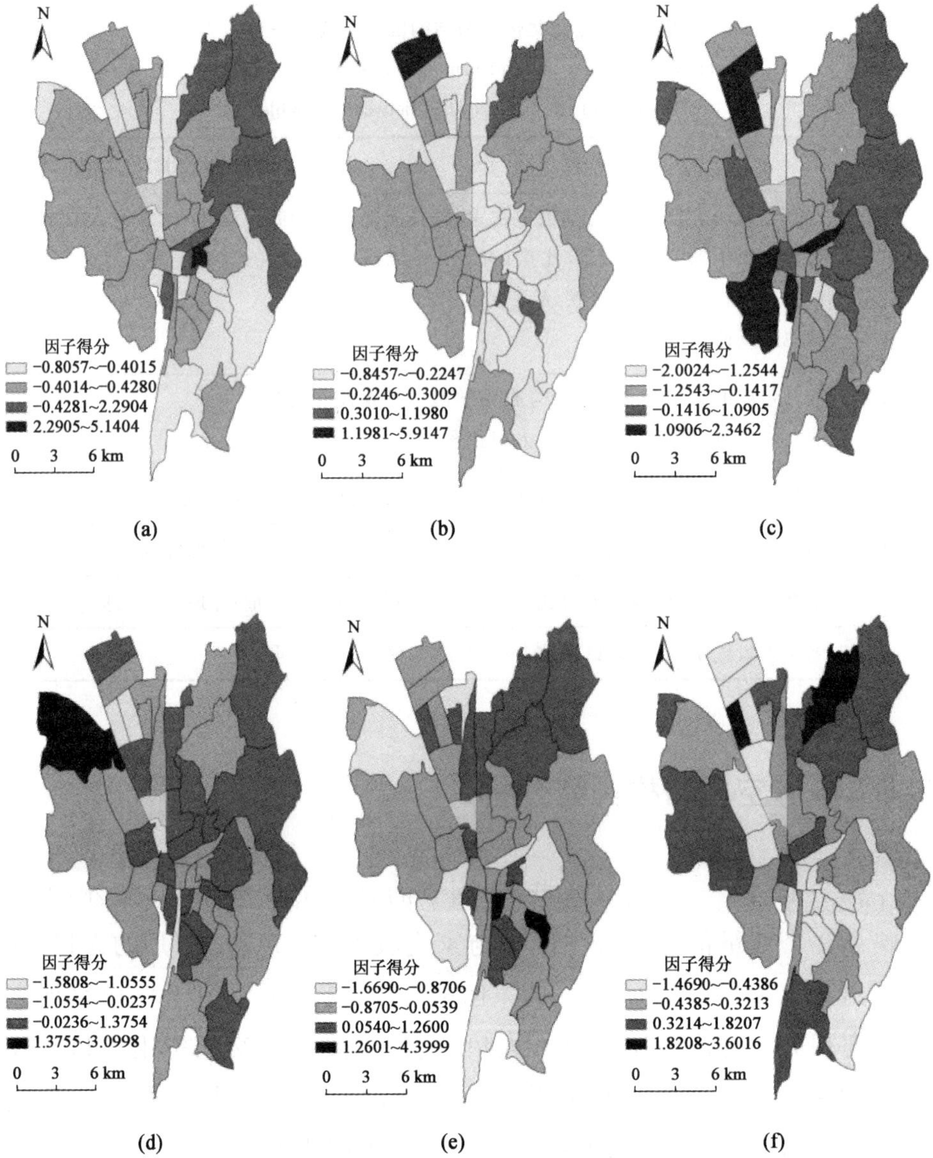

(a)第一主因子;(b)第二主因子;(c)第三主因子;(d)第四主因子;(e)第五主因子;(f)第六主因子

图 8.3 乌鲁木齐经济空间子系统因子得分分布

Fig. 8.3 A factor score distribution of economic spatial subsystem in Urumqi

第二主因子——从事第一产业的群体：因子的方差贡献率为14.89%，主要反映了7个变量信息。该主因子与第一产业类型、现实型职业类型高度相关；与家庭支出主要用于交通费用、教育培训，传统型职业类型有较强的相关性；与第三产业、职业类型为艺术型呈负相关。因子得分高的地区农业化特征明显，主要集中在城市的东北方向的郊县，主要有二宫乡、七道湾街道、和平路街道，得分较低的主要街道有喀什东路和新民路[图 8.3(b)]。

第三主因子——中等收入群体：因子的方差贡献率为14.19%，主要反映了8个变量信息。该主因子与家庭收入在9000～12000元/月、12000～15000元/月，收入主要来源为经营管理(产业)收入高度相关，与家庭支出在3000～6000元/月、6000～9000元/月、支出的主要用途为吃和娱乐消费呈较强相关性。该主因子与家庭收入为3000～6000元/月、家庭支出在1000～3000元/月之间呈负相关，得分较高的地区主要分布在青年路和铁路局商圈[图 8.3(c)]。

经济空间结构特征根及方差贡献见表8.6。

表 8.6　经济空间结构特征根及方差贡献

Table 8.6　Economic spatial structure characteristics and variance contribution

成分	未旋转			正交旋转		
	特征根	贡献率/%	累积贡献率/%	特征根	贡献率/%	累积贡献率/%
1	6.03	19.04	21.34	4.69	15.32	15.32
2	5.03	16.27	37.61	4.53	14.89	30.20
3	3.67	12.50	50.11	3.20	11.19	41.39
4	3.22	11.25	61.35	2.81	10.11	51.51
5	2.31	8.72	70.08	2.72	9.86	61.36
6	2.17	8.33	78.41	2.41	8.99	70.35

经济空间结构因子载荷矩阵见表8.7。

表 8.7 经济空间结构因子载荷矩阵

Table 8.7 Economic spatial structure factor loading matrix

变量类型	变量名称	各主因子荷载					
		高收入群体	从业一产群体	中等收入群体	低收入群体	保障群体	从业二产群体
家庭收入	0～1000 元/月	0.326	−0.221	−0.089	**0.551**	0.078	−0.075
	1000～3000 元/月	−0.014	0.065	−0.173	**0.597**	0.325	−0.105
	3000～6000 元/月	−0.214	0.119	**−0.618**	−0.367	−0.246	−0.039
	6000～9000 元/月	0.060	−0.203	**0.721**	−0.318	−0.102	0.027
	9000～12000 元/月	−0.019	0.003	**0.735**	−0.127	−0.054	0.279
	12000～15000 元/月	0.051	0.020	**0.882**	−0.069	−0.001	−0.062
	15000 以上	**0.773**	−0.059	0.278	0.010	−0.074	−0.142
家庭支出	0～1000 元/月	−0.097	0.000	−0.103	**0.853**	−0.116	0.154
	1000～3000 元/月	−0.271	0.157	**−0.757**	−0.091	0.069	−0.236
	3000～6000 元/月	0.020	−0.127	**0.763**	−0.526	−0.005	0.119
	6000～9000 元/月	0.399	−0.067	**0.673**	0.289	−0.008	0.106
	9000～12000 元/月	**0.826**	−0.066	0.108	−0.040	−0.053	−0.133
	12000～15000 元/月	**0.800**	−0.024	0.078	0.024	0.145	0.101
	15000 以上	**0.784**	−0.019	−0.045	−0.096	0.19	0.035
收入主要来源	劳动(工资)收入	−0.358	−0.093	0.048	−0.066	**−0.802**	0.047
	财产(投资)收入	0.063	−0.143	0.115	−0.012	**−0.83**	−0.035
	政府资助	0.047	−0.042	−0.051	0.06	**0.902**	−0.132
	房屋租赁收入	**0.681**	−0.021	−0.165	−0.097	0.268	0.234
	经营管理收入	0.260	0.300	**0.816**	0.128	0.113	−0.077
支出主要用途	吃	−0.199	−0.241	**0.509**	−0.193	−0.195	0.059
	穿	−0.095	0.021	−0.092	0.011	**−0.151**	−0.134
	房屋租赁	−0.144	**0.406**	−0.108	0.074	0.112	−0.063
	交通费用	**0.380**	−0.258	−0.096	−0.317	0.02	−0.053
	娱乐消费	0.309	0.003	**0.537**	0.081	0.111	0.071
	子女上学	**−0.158**	−0.052	0.060	−0.096	0.08	0.011
	老人就医	−0.103	**0.643**	−0.030	0.003	−0.094	−0.227
	教育培训	**0.749**	0.192	0.055	0.186	0.031	−0.04
产业类型	一产	0.024	**0.941**	−0.110	0.060	−0.055	0.067
	二产	−0.011	−0.025	0.205	0.076	−0.083	**0.913**
	三产	−0.017	**−0.856**	0.015	−0.087	0.086	−0.446
职业类型	艺术型	0.235	**0.667**	−0.310	−0.206	0.129	−0.041
	传统型	−0.242	**0.668**	0.170	0.033	0.098	−0.194
	企业型/事业型	**−0.242**	0.192	−0.068	−0.077	0.067	0.006
	探索型/调研型	−0.062	0.345	0.214	**−0.695**	0.243	0.159
	现实型	0.002	**0.915**	−0.112	0.084	−0.074	−0.010
	社会型	−0.010	0.021	0.145	0.070	−0.081	**0.940**

经济空间结构因子与变量关系见表 8.8。

表 8.8　经济空间结构因子与变量关系

Table 8.8　Economic spatial structure structure factor and the relationship between variables

主因子	正相关变量	负相关变量
1	家庭收入在 15000 元/月的人口比重;家庭支出在 9000～15000 元/月以上的人口比重;房屋租赁收入的人口比重;家庭支出主要用于交通费用与教育培训的人口比重	家庭支出主要用于子女上学的人口比重;企业型/事业型的人口比重
2	支出主要用于房屋租赁的人口比重;支出主要用于老人就医的人口比重;一产人口比重;艺术型人口比重;传统型人口比重;现实型人口比重	从事三产人口比重
3	家庭收入在 9000～12000 元/月人口比重;家庭支出在 3000～6000 元/月人口比重;家庭支出主要用于吃的人口比重;家庭支出主要用于娱乐消费的人口比重	家庭收入 3000～6000 元/月的人口比重;家庭支出 1000～3000 元/月的人口比重
4	家庭收入在 0～1000 元/月的人口比重;家庭收入在 1000～3000 元/月的人口比重;家庭支出在 0～1000 元/月的人口比重;职业为探索型/调研型人口比重;政府资助的人口比重	职业类型为探索型/调研型的人口比重
5	收入主要来源为政府资助的人口比重	收入主要来源为劳动(工资)收入的人口比重以及财产(投资)收入的人口比重;支出主要用于穿的人口比重
6	二产的人口比重;职业为社会型的人口比重	

第四主因子——低收入群体:因子的方差贡献率达 10.11%,主要反映了 4 个变量信息。该主因子与家庭支出在 0～1000 元/月呈高度相关,与家庭收入在 0～1000 元/月、1000～3000 元/月,职业类型为探索型/调研型呈较强相关。由图 8.3(d)可知,得分最高的街区分布较为分散,且呈扇形分布,主要集中在城市的外围地区。主要的街道有新市区北站东路、石油新村街道及其天山区的解放南路街道。在这里主要分布的是普通工人以及外来人口,得分最低的街区分布在新市区

的杭州路街道，以及位于市中心的新华南路街道附近和杭州路街道。

第五主因子——保障群体：因子的方差贡献率达 9.86%，主要反映了 4 个信息变量。该主因子与收入主要来源于政府资助高度相关，与收入主要来源于劳动（工资）收入、财产（投资）收入、支出主要用途为吃呈负相关。这些与无收入人群的收入、支出及消费情况基本一致。得分较高的街区主要集中在老城区，主要的街道有解放南路街道，和平路街道和东门街道，居住在该地区的人们大部分依靠政府资助生活，以下岗职工与老人居多，得分较低的街区主要集中在碱泉街、石油新村和青年路街道[图 8.3(e)]。

第六主因子——从事二产群体：因子的方差贡献率达 8.99%，主要反映了 2 个信息变量。该主因子与二产从业类型与社会型职业类型高度相关。得分较高的地区分布在城市周边，工业发展较集中的地区。主要的街道有七道湾街道，南纬路街道及喀什东路街道，得分较低地区分布在商业以及高校集中的地区，如青年路街道、八一街道[图 8.3(f)]。

8.6 居住空间结构类型分析

第一主因子——居住单位保障房：因子的方差贡献率为 12.61%，主要反映了 7 个变量信息。该主因子与上班主要骑自行车因子，住房属性为廉租房因子，出行工具主要为自行车、出租车因子呈高度正相关；与住房购买年份为 1983—1990 年因子、住所到工作单位时间为 5～15 min 因子呈较强相关性。该主因子与住所到工作单位时间为 30～60 min 因子呈负相关。这些与居住在单位保障房群体的条件构成相一致。如图 8.4(a)所示，得分较高的街区主要分布在市中心的老城区，主要街道有和平路、解放南路、解放北路。得分较低的街区分布在市的近郊区，如石油新村街道。

第二主因子——居住在私人建房：因子的方差贡献率为 12.04%，主要反映了 8 个变量信息。该主因子与上班交通工具为步行因子、住房面积在 140 m^2 以上因子、住房属性为私人建房因子高度相关；与住房属性为单位集资建房因子、出行工具为步行的因子呈较强相关性；该主因子与上班交通工具为步行、住房属性为商品房、住房购买年份在 1983 年以前呈负相关。这些充分表明该主因子为私人建房因子。如图 8.4(b)所示，得分较高的街区主要分布在乌鲁木齐市的城市中心的城中村附近以及私人建房较密集的城市的近郊区。主要的街区有二道桥街区，燕儿窝街区，得分较低的街区主要分布在城市的商业核心区，主要有友好南路街道。

第三主因子——普通商品房：因子的方差贡献率为 10.56%，主要反映了 6 个变量信息。该主因子与上班交通工具为单位车接送因子、住房面积为 120～139 m^2因子高度正相关；与换房次数为 3 次、5 次因子呈较强正相关；与工作单位与住所不在一个小区、换房次数为无的因子呈负相关。如图 8.4(c)所示，得分较高的地区主要分布在市中心及适宜人居住的城市的扩展区，主要街道有解放北路街道、东门街道，得分较低的地区主要分布在工业较集中的新市区，主要有天津路。

第四主因子——中小户型商品房：因子的方差贡献率为 9.98%，主要反映了 5 个变量信息。该主因子与住房面积为 60～89 m^2因子高度正相关；与工作与住所同个社区因子、与换房次数为 1 次因子呈较强相关性；与住房面积为 90～119 m^2因子、住房属性为经济适用房因子呈负相关。这些充分表明该主因子为居住在中小户型商品房阶层。如图 8.4(d)所示，得分较高的街区成片状分布，分布极为集中，主要分布在乌鲁木齐市的适宜人们居住的城市扩展区。主要的街道有东门街道，南湖南路街道以及八道湾街道。得分较低的地区主要分布在城市的远郊区，主要有黑甲山、赛马场附近。

第五主因子——房改房：因子的方差贡献率为 9.79%，主要反映了 4 个变量信息。该主因子与住房属性为房改房因子、住房购买年份为 1991—2000 年因子高度正相关；与对住房满意程度为不太满意呈较强相关；与住房购买年份为 2006—2012 年因子呈负相关。这些充分表明该主因子为居住为房改房因子。如图 8.4(e)所示，得分较高的街区分布较分散，主要有东门街道、杭州路街道，得分较低的街道主要分布在新华南路街道、长江路街道。

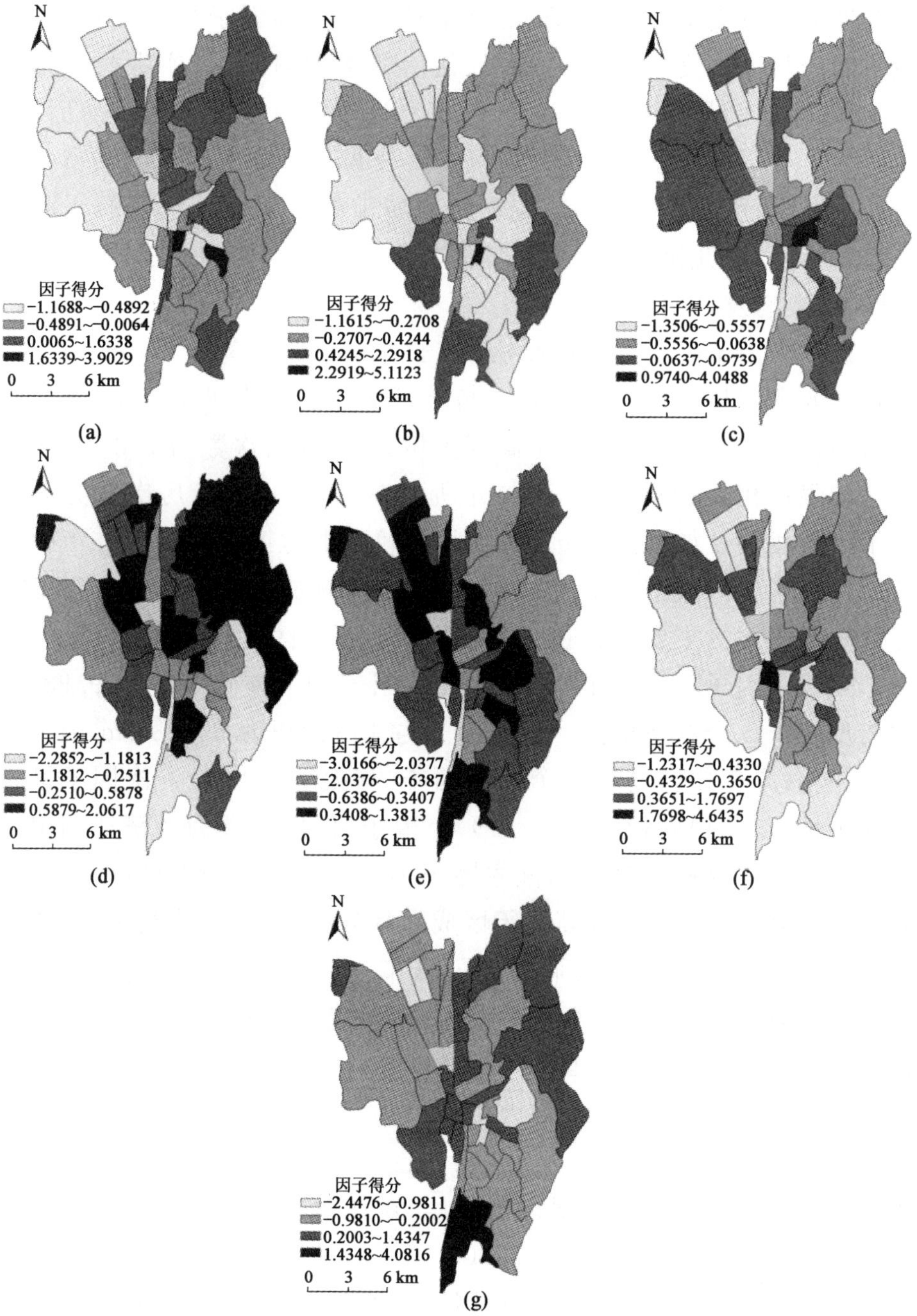

(a)第一主因子;(b)第二主因子;(c)第三主因子;(d)第四主因子;(e)第五主因子;(f)第六主因子;(g)第七主因子

图 8.4 乌鲁木齐居住空间子系统因子得分分布

Fig. 8.4 A factor score distribution of residential spatial subsystem in Urumqi

第六主因子——小户型单位集资住房：因子的方差贡献率为 9.36%，主要反映 4 个变量信息。该主因子与换房次数为 2 次因子高度正相关；与住房面积为 59 m^2 以下因子、住房购买年份为 2000—2005 年因子呈较强相关；与对住房条件评价为非常满意呈负相关。这些与小户型单位集资住房的条件构成基本一致。如图 8.4(f)所示，在空间上，得分较高的地区分布较分散，主要街道有扬子江路和和田街，得分较低的街区主要有燕儿窝街道。

第七主因子——近郊商品房：因子的方差贡献率为 9.19%，主要反映了 4 个变量信息。该主因子与住所到工作单位时间为 60 min 以上因子呈较强相关性，与换房次数为 4 次与住房满意程度因子呈高度相关。该主因子与对住房满意及比较满意因子呈负相关。如图 8.4(g)所示，得分较高的街区主要分布在城市的近郊区，主要街道有天山区的燕儿窝街道，新市区的北站东路街道，得分较低的街区主要分布在市中心地区，如二道桥街道。

居住空间结构特征根及方差贡献见表 8.9。

表 8.9　居住空间结构特征根及方差贡献

Table 8.9　Residential spatial structure characteristics and variance contribution

主因子	未旋转			正交旋转		
	特征根	贡献率/%	累积贡献率/%	特征根	贡献率/%	累积贡献率/%
1	7.90	20.86	20.86	4.27	12.61	12.61
2	5.06	14.41	35.27	4.02	12.04	24.66
3	4.01	12.02	47.29	3.37	10.56	35.21
4	3.19	10.16	57.44	3.12	9.98	45.19
5	3.09	9.93	67.37	3.03	9.79	54.99
6	2.60	8.81	76.18	2.84	9.36	64.35
7	2.36	8.27	84.44	2.77	9.19	73.54

居住空间结构因子载荷矩阵见表 8.10。

表 8.10 居住空间结构因子载荷矩阵

Table 8.10 Residential spatial structure factor loading matrix

变量类型	变量名称	各主因子荷载						
		单位保障房	私人建房	普通商品房	中小户型商品房	房改房	小户型单位集资	近郊商品房
上班交通工具	公交车	-0.120	**-0.608**	-0.110	-0.215	-0.286	-0.149	-0.024
	私家车	0.259	-0.268	-0.100	0.023	-0.272	-0.231	-0.182
	自行车	**0.841**	-0.043	0.157	-0.006	-0.022	0.014	0.035
	步行	-0.101	**0.838**	0.020	0.157	-0.075	0.362	0.075
	单位车接送	-0.051	0.126	**0.767**	-0.085	0.168	-0.075	0.054
住房面积	59 m^2 以下	0.017	0.076	0.219	0.36	0.083	**0.499**	-0.110
	60～89 m^2	0.201	-0.02	-0.33	**0.828**	-0.105	0.054	-0.224
	90～119 m^2	-0.261	-0.354	-0.15	**-0.822**	-0.016	-0.068	0.138
	120～139 m^2	0.139	0.063	**0.791**	-0.296	0.208	0.000	0.303
	140 m^2 以上	-0.035	**0.815**	0.110	-0.043	-0.007	-0.433	-0.025
住房属性	商品房	-0.394	**-0.549**	-0.190	0.264	-0.36	-0.315	0.017
	经济适用房	0.289	0.070	0.122	**-0.645**	0.012	0.256	-0.082
	廉租房	**0.782**	0.066	-0.020	0.125	0.059	0.112	-0.048
	单位集资建房	-0.020	**0.415**	0.276	0.060	0.307	0.321	0.09
	房改房	0.034	-0.009	0.306	0.139	**0.807**	0.036	0.067
	私人建房	0.131	**0.869**	-0.250	0.126	-0.087	-0.021	-0.031
住房购买年份	1983 年以前	0.006	**-0.035**	-0.06	0.020	0.027	-0.026	-0.001
	1983—1990 年	**0.412**	0.055	0.007	-0.012	0.256	0.006	-0.074
	1991—2000 年	0.130	0.078	0.182	-0.108	**0.794**	0.098	-0.06
	2000—2005 年	0.081	0.160	-0.110	-0.219	-0.096	0.321	-0.252
	2006—2012 年	-0.196	-0.179	-0.030	0.240	**-0.456**	-0.311	0.243
工作单位与住所是否同个社区	是	0.134	-0.062	-0.18	**0.31**	-0.298	0.218	-0.003
	否	0.032	-0.019	**-0.39**	-0.087	-0.149	0.003	-0.045
出行工具	步行	0.052	**0.692**	0.294	-0.216	0.129	0.092	-0.209
	公交车	-0.457	-0.282	-0.22	0.203	-0.062	-0.082	0.141
	自行车	**0.882**	0.111	0.036	0.156	-0.018	-0.086	0.025
	出租车	**0.849**	-0.008	0.011	-0.051	0.138	0.023	-0.081
	私家车	-0.123	-0.251	0.01	-0.107	-0.069	0.047	0.017
住所到工作单位时间	5 min 以内	0.262	0.076	0.154	-0.335	0.232	0.039	-0.200
	5～15 min	**0.204**	0.121	0.145	0.057	0.187	0.153	0.122
	15～30 min	0.003	0.005	-0.260	0.238	-0.373	-0.176	-0.384
	30～60 min	**-0.230**	-0.133	0.030	-0.118	-0.011	0.056	0.089
	60 min 以上	-0.175	-0.052	0.110	-0.100	0.275	-0.003	**0.594**
换房次数	没有换过	-0.190	-0.095	**-0.580**	-0.025	-0.093	-0.521	0.086
	1 次	-0.036	-0.123	-0.050	**0.556**	0.158	0.055	-0.323
	2 次	0.151	0.141	-0.030	-0.069	-0.13	**0.788**	-0.047
	3 次	0.259	-0.057	**0.692**	0.056	0.134	-0.108	-0.002
	4 次	0.015	-0.031	0.408	-0.099	0.116	-0.100	**0.758**
	5 次以上	-0.084	-0.086	**0.358**	-0.086	0.101	0.064	0.102
对住房条件评价	非常满意	0.112	0.045	0.117	-0.005	-0.266	**-0.707**	-0.022
	比较满意	-0.040	0.024	-0.060	0.106	-0.099	0.124	**-0.281**
	一般	-0.038	0.043	-0.040	-0.053	0.269	0.353	0.08
	不太满意	0.386	-0.127	-0.070	-0.079	**0.485**	-0.036	0.466
	很不满意	-0.066	-0.006	-0.070	-0.131	-0.196	0.024	**0.798**

居住空间结构因子与变量关系见表 8.11。

表 8.11　居住空间结构因子与变量关系

Table 8.11　Residential spatial structure structure factor and the relationship between variables

主因子	正相关变量	负相关变量
1	上班主要骑自行车的人口比重；住房属性为廉租房的人口比重；出行工具主要为自行车、出租车的人口比重；住房购买年份为 1983—1990 年的人口比重、住所到工作单位时间为 5～15 min 的人口比重	住所到工作单位时间为 30～60 min 的人口比重
2	上班交通工具为步行的人口比重；住房面积在 140 m^2 以上的人口比重；住房属性为私人建房的人口比重；住房属性为单位集资建房的人口比重；出行工具为步行的人口比重	上班交通工具为步行的人口比重；住房属性为商品房的人口比重；住房购买年份在 1983 年以前的人口比重
3	上班交通工具为单位车接送的人口比重、住房面积为 120～139 m^2 的人口比重；换房次数为 3 次、5 次因子的人口比重	工作单位与住所不在一个小区的人口比重；换房次数为无的人口比重
4	住房面积为 60～89 m^2 的人口比重；工作单位与住所同个社区的人口比重；换房次数为 1 次的人口比重	住房面积为 90～119 m^2 的人口比重；住房属性为经济适用房的人口比重
5	住房属性为房改房的人口比重；住房购买年份为 1991—2000 年的人口比重；对住房满意程度为不太满意的人口比重	住房购买年份为 2006—2012 年的人口比重
6	换房次数为 2 次的人口比重；住房面积为 59 m^2 以下的人口比重；住房购买年份为 2000—2005 年的人口比重	对住房条件评价为非常满意的人口比重
7	住所到工作单位时间为 60 min 以上的人口比重；换房次数为 4 次的人口比重；住房满意程度为很不满意的人口比重	对住房满意程度为比较满意的人口比重

8.7 城市系统空间结构分区模式

以各街道因子得分作为数据矩阵，运用聚类分析法对乌鲁木齐市公共空间子系统分区类型、社会文化空间子系统分区类型、居住空间子系统分区类型、经济空间子系统空间类型进行划分。采用分层聚类法，距离测度采用平方欧式距离，并采取 Ward 法计算类间距离，最终将乌鲁木齐公共空间子系统的 65 个街区和 43 个社会文化空间子系统、居住空间子系统、经济空间子系统的内城街区进行分区。计算四个空间子系统的每个主因子得分的算术平均值，并结合实际调查数据，分别判断四个空间子系统特征并进行命名。

8.7.1 公共空间结构分区模式

基于对 65 个街道的计算分析，并结合公共空间子系统各因子分布特征抽象出其空间结构分区模式(图 8.5)，将其命名为商业核心区、商业副中心区、商业次中心区、商居混合区、宜居区、工农区六个空间分区，表达乌鲁木齐市公共空间的分布格局，六个分区基本呈现环状与扇形混合式格局。商业中心区分布于新华北路、解放北路、新华南路、解放南路及和平路等老城区的部分街道，表征其商业集聚度，交通便利度，生活便利度较强；商业副中心区主要位于友好北路、友好南路及铁路局商圈，以城市新区部分街道为主；商业次中心区主要呈星点状分布于宜居区之中，作为几个街区的商业中心；商居混合区主要分布于商业中心区和商业副中心扩展区域，是城市扩展过程中的产物，商业特色和居住特色同时并存，成为仅次于商业区人口密集区；宜居区主要以带状分布于城市的东西两翼，基于响应乌鲁木齐城市规划的战略要求，此区域商业设施规模较小，集聚度较低，主要满足居住生活需求；工农区主要分布于城市的南部和北部，是呈现未来发展的主要区域。

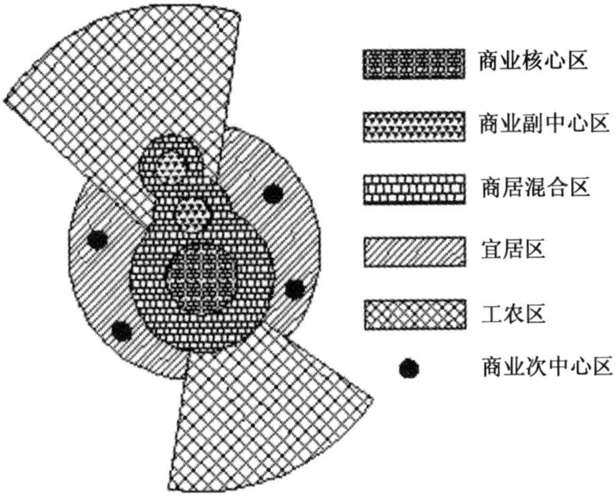

图 8.5　乌鲁木齐市公共空间抽象模式
Fig. 8.5　An abstract pattern of public space in Urumqi

8.7.2　社会文化空间结构分区模式

乌鲁木齐市社会文化空间结构分区模式的划分主要基于 43 个街道的数据分析而得。由于社会文化空间的复杂性，为了更详细地表达其空间布局，根据其社会文化指数的特征将其划分为 9 个分区（图 8.6）。其分布基本以环状分布为主要空间格局类型，并形成混合居住零星分布的空间特征，其中商服人员主要为了降低其通勤成本以城市商业中心区为集聚，中等学历为主的群体主要居住于商业中心的外围。同时由于高校分布的影响，其中高学历人群混居其中；低学历人口主要分布于东部和西部的城乡结合区，由于其低廉的居住、生活成本成为其聚居的主要动力；外来人口聚居区主要分为低学历外来人口和高学历外来人口，其中低学历外来人口主要与低学历人口聚居，集聚现象明显，并容易融合其中。高学历人口形成散居现象。民族人口主要分布于城市的东南部，其中维吾尔族人口主要居住于新华南路、解放南路、团结路、胜利路等街道，聚居现象明显，同时在北部地窝堡和东部八道湾街道聚居显著。哈萨克族人口主要聚居于南部燕儿窝街道。回族人口主要聚居新市区的二工街道及邻近街道。少数民族人口混居区主要以维、哈、回民族人口聚居为主，分布在大湾片区，呈现较聚居形态。

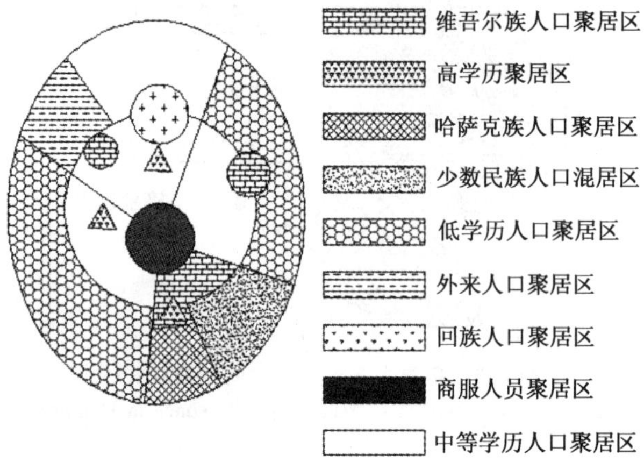

图 8.6 乌鲁木齐市社会文化空间抽象模式

Fig. 8.6 An abstract pattern of social and cultural space in Urumqi

8.7.3 居住空间结构分区模式

“二环二带二点”是居住空间分布格局主要特点，其中单位制居住区和混合居住区主要呈环状分布于城市商业区及其扩展区，并且单位制居住区成为混居区主要居住景观；商品房多层居住区和城中村居住区主要呈带状分布于内城区的外围，其中商品房多层居住区主要沿着城市的东、南、西、北四个方向延伸，而北部新市区成为近几年商品房开发的重要区域，四个方向的发展也响应了乌鲁木齐市扇形发展格局；城中村居住区主要以低层私人住房为主的景观特性，是城市典型低层建筑景观，主要分布于城市的近郊和远郊，并逐步通过城市的拆迁改造被新居住区所替代；高层公寓区和私人别墅区由于其规模较小，很难形成集聚型的景观，主要以零星状与其他居住区混合分布（图 8.7）。

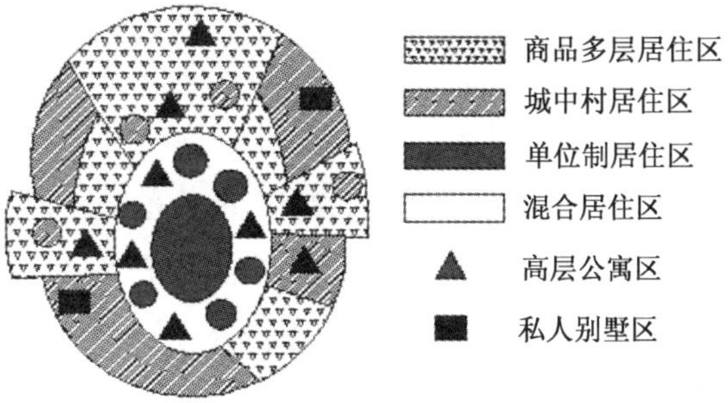

图 8.7　乌鲁木齐市居住空间抽象模式

Fig. 8.7　An abstract pattern of residential space in Urumqi

8.7.4　经济空间结构分区模式

由于乌鲁木齐经济空间的复杂性和动态性，相对于其他三个空间，很难以单一依据数据分析进行划分，由此在数据分析基础上，结合调查、访谈、咨询，将其划分为五个空间分区。其中，内城商业核心由于其在教育资源方面的优势成为高收入阶层暂住区域，但随着家庭生命周期的演进，高收入阶层正逐渐向城市郊区迁移，并形成高低收入混合区，此区域由于其居住人口的经济地位差异是城市微观视角的主要居住分区；依据其经济地位的差异，中等收入租住阶层主要选择居住于商业区位相对较好的城市次核心区，其外围成为新生中高收入阶层的主要聚居区；低收入简单劳动阶层主要选择生活成本相对较低的郊区集聚（图 8.8）。

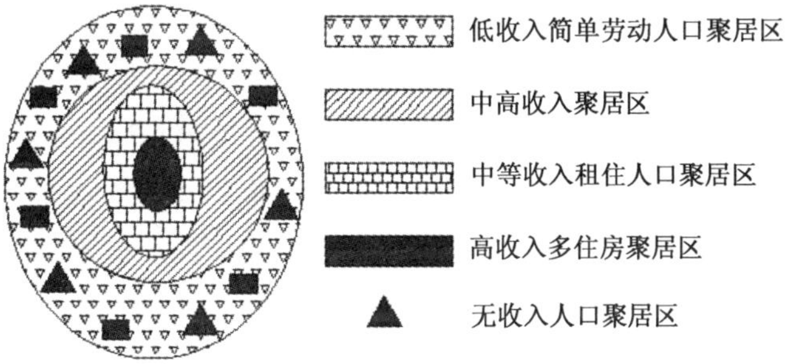

图 8.8　乌鲁木齐市经济空间抽象模式

Fig. 8.8　An abstract pattern of economic space in Urumqi

本章小结

本章延续地理学研究城市空间结构主义范式，将城市空间结构划分为公共空间、社会文化空间、居住空间、经济空间，并通过其要素和属性的集聚程度，抽象其分区模式。乌鲁木齐的公共空间由商业核心区、商业副中心区、商业次中心区、商居混合区、宜居区、工农区六个空间分区组成，六个分区基本呈现环状与扇形混合式空间格局。根据其民族、学历、职业等社会文化指数的特征集聚程度将其划分为维吾尔族人口聚居区、哈萨克族人口集聚区、高学历人口聚居区等 9 个空间分区。其分布基本以环状分布为主要空间格局类型，并形成混合居住零星分布的空间特征。根据居住指标属性的集聚程度，将乌鲁木齐居住空间分为商品房多层居住区、城中村居住区、单位制居住区等六个区，“二环二带二点”是居住空间分布格局主要特点。依据经济指标属性的集聚程度，将其划分为高收入多房产富人聚居区、中高收入聚居区、中高收入租住聚居区、低收入简单劳动人口聚居区和无收入人口聚居区五个空间分区。

第9章 乌鲁木齐居住空间分异的耦合协调机制

9.1 城市系统居住空间生态位评价

9.1.1 研究理论

生态位一词又称生态龛,最早是 Grinnel 于 1917 年提出来的,指生物种群所占据的基本生活单位,主要指物理空间,1927 年 Elton 定义为有机体在与环境的相互关系中所处的功能地位;1957 年 Hutchinson 将基础生态位定义为生物个体或物种可以在其中不受限制的生活下去的多维生态因子空间。Odum 指出,生态位决定于生物在哪里生活,如何生活以及它们如何受到其他生物的约束等。总之,生态位是生物与环境之间关系的某种定性或定量的描述。它有 2 层含义:一是对生物个体和种群来说,其生存所必需的或可被其利用的各种生态因子或关系的集合;二是对生物实际生活的环境来说,其中各种生态因子或生态关系对该种生物的适宜程度。每一种生物在多维生态空间中都有其理想的生态位,而每一种环境因素都给生物提供了现实生态位。理想生态位与现实生态位之差就产生了生态位势。这种位势一方面使生物去寻求、占领和竞争良好的生态位，能动地去改造环境；另一方面也迫使生物不断地适应环境，调节自己的理想生态位，并通过自然选择，实现生物和环境关系的世代平衡，使现实生态位与理想生态位之差最小。一个区域或任何一种人类栖境给人类活动所提供的生态位，是指它提供给人们的或可被人们利用的各种生态因子和生态关系的总体集合，区域生态位不仅包括生活条件，也包括生产条件；不仅有物质、能量因素，还有文化、信息因素；不仅有空间概念，还有时间概念。它反映了一个区域的现状对于人类各种经济活动和生活活动的适宜程度，反映了一个区域的性质、功能、地位、作用及其人口、资源、环境的优劣势，从而决定了它对不同类型的经济活动以及不同职业、年龄人群的吸引力和离心力。人类社会实质上是以人的行为为主导、自然环境为依托、资源流动为命脉、社会体制为经络的人口、资源、环境复合生态系统。

城市生态位是城市的现状对人类各种经济活动和生活活动的适宜程度，反映城市的性质、功能、地位、作用及其人口、资源、环境的优劣势，从而决定了它对不同类型的经济以及不同职业、年龄人群的吸引力和离心力。城市生态位是针对城市这个特殊的“有机生态元”而言的，其实质是城市居民的生存条件和生存质量的满足程度。生态位理论在竞争机制、生态元(包括人类)对环境的适应性、生态系统的演化、多样性和稳定性、人类生态、城市生态等方面研究中具有重要的指导意义。近年来，随着生态位概念的不断拓展，生态位理论已被经济学、社会学、城市规划学等学科借用，其理论含义正在不断拓展。

9.1.2 研究方法

城市居住空间生态位的高低是客观、科学、有效地了解城市居住空间耦合现状的主要依据。在借鉴了相关文献的基础之上，建立和发展了城市系统居住空间生态位的指标体系和评价方法，分别从区位、居住、社会、经济等 4 个方面对城市系统居住空间生态的区位-经济、区位-居住、区位-社会文化、居住-经济、居住-社会文化 5 个子系统进行生态位的评价。

区位-经济生态位模型

$$N_i^{\mathrm{LE}} = \frac{L_i + A_i E_j}{\sum_{j=1}^{n}(L_j + A_j E_j)} \tag{9.1}$$

区位-居住生态位模型

$$N_i^{\mathrm{LH}} = \frac{L_i + A_i H_j}{\sum_{j=1}^{n}(L_j + A_j H_j)} \tag{9.2}$$

区位-社会文化生态位模型

$$N_i^{\mathrm{LS}} = \frac{L_i + A_i S_i}{\sum_{j=1}^{n}(L_j + A_j S_j)} \tag{9.3}$$

居住-经济生态位模型

$$N_i^{\mathrm{HE}} = \frac{H_i + A_i E_j}{\sum_{j=1}^{n}(H_j + A_j E_j)} \tag{9.4}$$

居住-社会文化生态位模型

$$N_i^{\mathrm{HS}} = \frac{H_i + A_i S_i}{\sum_{j=1}^{n}(H_j + A_j S_j)} \tag{9.5}$$

式中：$i,j = 1,2,\cdots,n$ 表示街区个数；N_i^{LE}、N_i^{LH}、N_i^{LS}、N_i^{HE}、N_i^{HS} 表示 i 街区的区位-经济生态位宽度、区位-居住生态位宽度、区位-社会文化生态位宽度、居住-社会文化生态位宽度、居住-经济生态位宽度；L_i、L_j 表示街区 i、j 的势；S_i，S_j 表示街区的社会文化态；E_i，E_j 表示街区的经济态；H_i，H_j 表示街区的居住态和居住势；A_i，A_j 为量纲转化系数，为了计算方便，A_i 和 A_j 设为 1。

其中：

$$L_i = a_1 F_{L1} + a_2 F_{L2} + \cdots + a_i F_{Li} + \cdots + a_n F_{Ln}$$

$$S_i = a_1 F_{S1} + a_2 F_{S2} + \cdots + a_i F_{Si} + \cdots + a_n F_{Sn}$$

$$E_i = a_1 F_{E1} + a_2 F_{E2} + \cdots + a_i F_{Ei} + \cdots + a_n F_{En}$$

$$H_i = a_1 F_{H1} + a_2 F_{H2} + \cdots + a_i F_{Hi} + \cdots + a_n F_{Hn}$$

式中,1,2,…,n 为街区 i 态和势的影响因子个数;a_i 为影响因子的权重;F 为影响因子的得分。

区位势:主要通过商服环境指数、生活环境指数、物流环境指数、教育环境指数、交通环境指数、文化环境指数六项构成,来反映城市街区交通条件、生活条件、教育条件等区位优劣,进而表现城市公共物质空间分布的格局及差异。

居住势(态):主要通过交通指数、住房面积指数、住房属性指数、住房成新度指数、居住-工作距离指数、出行时间成本指数、迁移指数、住房条件评价指数八项指标构成,来反映居民居住条件、居住区位、居住成本、居住意愿等居住状况的优劣,进而表现各街区居民住房属性在居住空间分布格局和差异形成过程中的地位和作用。居住状况受家庭、社会、文化、经济四个主要因素的影响,因此也作为居住势的表达方式。

经济态:主要通过收入水平指数、支出水平指数、收入途径指数、支出途径指数、行业指数、职业指数六项指标构成,来反映家庭经济收入、支出,从事行业和职业与居住和区位的关系,进而表现各街区家庭经济属性在居住空间分布格局和差异形成过程中的地位和作用。

社会文化态:主要通过民族、年龄、性别、婚姻、户籍、学历、宗教信仰等七项指标构成,来反映不同族群的社会文化属性,进而表现在居住空间分布格局和差异形成过程中的地位和作用。

9.1.3 区位-经济生态位

区位-经济生态位是由区位势和经济态构成的城市居住空间子系统,一方面表征了公共区位资源对不同经济属性家庭的引力或推力作用,体现区位的集聚和扩散功能;另一方面表征不同经济属性的家庭对居住区位选择和适宜能力,体现区位的过滤和排斥功能。通过分析,乌鲁木齐区位-经济生态位较高的街区主要分布在距离城市中心和次商业中心较近的街区，呈现 O 字形。从区位势分析，街区的商服条件，生活条件，交通条件最优；从经济态分析，以上街区主要以高收入群体为主，经济属性优质群体对公共区位资源的竞争性和适宜性较强。区位-经济生态位中等的街区位于优质区位的外围，呈 V 字形向东北和西北两个方向延伸，街区的教育环境和交通环境较优，但生活环境和商业环境较一般，如八一街道、南湖东路街道、红庙子街道等。区位-经济生态位较低的街区主要位于优质区和中等区外围，呈现 C 字形，覆盖天山区和沙区大部分街区及新市区沿河滩路部分街区，其交通条件、商业环境、教育环境等公共区位资源相对缺乏，整体上区位势较差，居住群体主要以中低收入阶层为主。

9.1.4　区位-居住生态位

区位-居住生态位是由区位势和居住态构成的城市居住空间子系统，表征公共区位资源对不同居住条件家庭的选择和排斥，主要通过房地产市场的过滤功能来分异不同族群的居住区位，进而形成不同层次的居住格局。乌鲁木齐区位-居住生态位优质区主要位于商业中心(新华南路街区)的邻近 8 个街区及南湖北路街区和二工街区。此类街区主要分布于商服、交通条件、生活条件较优区域，大型的商业设施、政府机构、超市分布，中小学较为集中，房地产价格和租金的过滤作用更加强烈，并随着内城的改造拆建，高档公寓不断呈现，居住态位较高。区位-居住生态位中等区主要分布于优质区的外围，并在城市的南部燕儿窝街区和米东南路有零星分布，此类街区主要以交通条件和生活条件较好，商服条件和教育条件一般，以普通住房和私人出租住房为主，居住态一般。区位-居住生态位低等区主要分布在距离城市商业中心和次中心较远的街区，此类街区的区位势较低，是城中村和旧城改造的集中区域，住房条件相对较差，居住态呈现较低的现状。

9.1.5　区位-社会文化生态位

区位-社会文化生态位是由区位势和社会文化位构成的城市居住空间子系统，一方面表征城市公共区位资源对不同社会文化属性族群的吸引力和排斥力;另一方面表征不同社会文化属性的差异性及由此决定居住空间分异过程中形成的相对地位和空间格局。乌鲁木齐区位-社会文化生态位较优的区域主要分布于城市商业中心区的临近街区,并以老城区为主,此类街区的商业设施、教育资源、交通条件较优,大型的商服设施、中小学、政府机构等较集中,区位势较高。人口分布主要以政府机构职员、商业精英为主,部分街区以少数民族为主,社会文化属性较强。区位-社会文化生态位中等区域主要分布于城市正北和东南方向的街区,以天山区和新市区为主,此类街区区位势一般,社会文化属性较强,社会文化位较高。区位-社会文化生态位低等区域主要分布于城市东部街区和西北街区。此类街区距离城市商业中心较远,生活条件、交通条件、商业条件相对较差,主要以汉族人口为主的区域,文化属性相对单一,社会文化态较低。

9.1.6 居住-经济生态位

居住-经济生态位是由居住势和经济位构成的城市居住空间子系统,表征不同街区家庭居住水平与家庭经济水平的协调和适应关系,同时也表征经济属性的竞争在居住属性中的体现,表明不同经济属性与居住属性的耦合关系。乌鲁木齐居住-经济生态位的优质区主要分布于城市的新区,形成菱形点状分布格局。随着房地产市场的活跃,城市基础设施和公共设施不断完善,居住小区以新型小区为主,居住人口以中产阶级为代表,并随着内城高收入人口的外迁,此区域成为高收入人口迁入的主要区域,此区域居住势和经济态相对较高,经济属性和居住属性的耦合程度较高。居住-经济生态位中等区域主要位于优质区域的外围,并形成东西两大片区,此区域居住条件主要处于新型住宅与老旧住宅的混合区,居住势相对一般,居住人口以中等收入人口为主,经济态一般。居住-经济生态位低等区域主要分布于城市中心城区。主要以老旧单位制住宅为主,居住条件相对较差,以出租经营为主的住房较多,经济态主要体现其收入一般的外来人口。

9.1.7　居住-社会文化生态位

居住-社会文化生态位是由居住势和社会文化位构成的城市居住空间子系统，表征不同社会文化属性对居住条件的适应能力，同时也表征居住市场对不同社会文化属性群体的过滤作用，进而影响不同阶层人群的居住格局。乌鲁木齐高等居住-社会文化生态位区域主要以城市中心区和边缘区为主。中心区以高级公寓为主，以高学历和户籍人口为主，居住势和社会文化位整体较高，进而体现居住-社会文化生态位层次较高。居住-社会文化生态位中等区域主要分布于新市区和沙区两个区域，分布范围较高，居住态以多层普通住宅为主，居住条件适中，社会文化位主要以户籍和非户籍人口混合居住，以汉族为主要族群，整体居住-社会文化生态位层次一般。居住-社会文化生态位较差区域主要分布于南部少数民族集聚区，主要以老旧住宅和自建房为主，居住条件相对较差，居住人群主要以外来少数民族或多民族混居为主，整体居住-社会文化生态位较低。

9.2　城市系统居住空间系统耦合评价

9.2.1　研究理论

耦合原本是物理学上的概念，是指两个或两个以上系统或运动形式通过各种相互作用而彼此影响的现象。它与协调是有区别的，协调是指系统之间或系统内部要素之间和谐一致、配合得当的关系，侧重于现象或系统间的良性相互关系，耦合系统之间的彼此影响有可能导致它们之间相互促进或互相破坏。相互促进是系统协调发展的表现，相互破坏则是在系统耦合时发生的不够协调的诸多问题，它们构成系统耦合的对立面系统相悖，既是系统耦合的障碍，也是有待克服和解放系统耦合生产潜力的关键。系统由无序走向有序的关键在于系统内部序参量之间的协同作用，它左右着系统相变的特征与规律，耦合度正是这种协同作用的度量。

9.2.2 研究方法

利用“最小-最大规范化”方法，将区位、经济、居住、社会文化系统的评价值进行线性变换，映射到新的区间[0.0001,1]，其公式为：

$$S_i' = \frac{S_i - \min S_i}{\max S_i - \min S_i}(\max S_i' - \min S_i') + \min S_i' \tag{9.6}$$

式中：S_i'表示规范化处理后数据；S_i 表示原始数据；$\max S_i$ 和$\min S_i$ 是 S_i 最大值、最小值；$\max S_i'$和 $\min S_i'$是 S_i'的最大值、最小值。考虑到后面的计算，取 $\min S_i'$取 0.0001。

$$C = \frac{S_1' \times S_2' \times S_3' \times \cdots \times S_m'}{\left\{\frac{1}{m} \times [(S_1')^m + (S_2')^m + (S_3')^m + \cdots + (S_m')^m]\right\}^{\frac{m-1}{m}}} \tag{9.7}$$

式中：$C \in (0,1]$ 为系统耦合指数；S_m'为 m 系统综合发展水平；m 为系统个数。

本文考虑城市居住空间系统的区位、经济、居住、社会文化四个子系统，公式简化为：

$$C = \frac{S_l' \times S_h' \times S_e' \times S_s'}{\left\{\frac{1}{4} \times [(S_l')^4 + (S_h')^4 + (S_e')^4 + (S_s')^4]\right\}^{\frac{3}{4}}} \tag{9.8}$$

式中：$C \in (0,1]$ 为城市居住空间系统耦合指数；S_l'为区位系统评价值；S_h'为居住系统的评价值；S_e'为经济系统的评价值；S_s'为社会文化系统的评价值。依据相关文献并结合乌鲁木齐市特点，将耦合类型进行分类（表 9.1）。

表 9.1　乌鲁木齐市居住空间耦合类型

Table 9.1　A coupling type of residential space in Urumqi

分度	系统特征	子系统特征	耦合阶段
$0<C\leqslant 0.3$	低度耦合	系统之间处于低相关性和无序性状态	无序阶段
$0.3<C\leqslant 0.5$	中度耦合	系统之间处于中度相关性和序列激发状态	颉颃阶段
$0.5<C\leqslant 0.8$	高度耦合	系统之间处于高度相关性和有序发展状态	磨合阶段
$0.8<C\leqslant 1$	优质耦合	系统之间处于极度相关性和极有序性状态	有序阶段

9.2.3　城市系统居住空间耦合关系评价

以上基于生态位宽度的城市系统居住空间评价主要反映两两子系统之间的协调和适应关系，并不能科学地反映整个城市系统居住空间的耦合协调关系。通过耦合指数对乌鲁木齐区位、经济、居住、社会文化四个子系统的耦合度的计算，能科学反映城市物质空间、社会空间和经济空间的协整关系(图 9.1)。

通过计算分析，乌鲁木齐优质耦合区并没有呈现，高度耦合区主要分布于内城区，以东门街道和新华南路街道为主，此区域由于具有先天的区位优势，在区位子系统，居住子系统和经济子系统中处于优势地位，是城市的商业扩展区，是交通、生活设施、教育资源、物流资源较集中区域，也是高档公寓集聚区和高收入人口集聚区，耦合质量相对较高。中度耦合区主要分布在八一街道、友好北路街道、新民路街道、和田街道、解放北路街道 5 个街区，以老城区为主，区位子系统评价值较高，但由于其住房以老旧住房为主，同时混杂有少量的高档住宅，居住子系统评价值一般。城市中心区具有便利的交通和生活条件，但由于居住条件相对落后，主要以非户籍人口为主的社会属性，社会文化子系统和经济子系统评价值也处于中等水平，整体系统处于中度耦合状态。低度耦合区分布相对广泛，主要以城市商业中心外延区和城市新区为主，由于其以新建住房和陈旧住房混合属性，居住子系统评价值相对较低，商服设施、生活设施、教育资源相对匮乏，缺少大型的超市和优质的教育资源，导致居住属性相对较低，整体处于低度耦合状态。

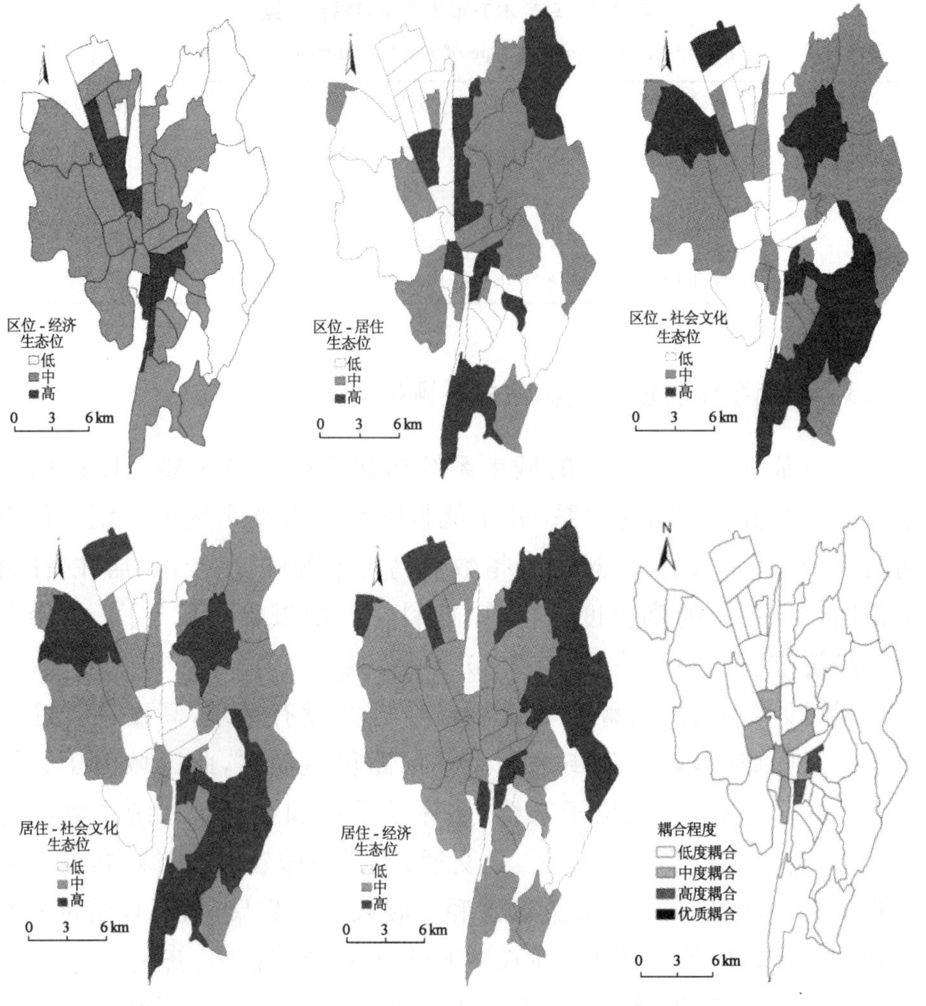

图 9.1 乌鲁木齐城市空间秩序评价

Fig. 9.1 An evaluation of spatial order in Urumqi

本章小结

借鉴生态位和耦合指标对乌鲁木齐市居住空间秩序进行评价，城市生态位是针对城市这个特殊的“有机生态元”而言的，其实质是城市居民的生存条件和生存质量的满足程度。进而反映空间公共景观布局与社会、经济、文化、居住属性的匹配度，探究乌鲁木齐城市居住空间属性与社会、经济、文化之间的协调关系。研究发现，乌鲁木齐区位-经济空间、区位-社会空间、区位-居住空间协调度呈现明显的差异，基本呈阶梯环状形态，其中商业中心区和谐度较高，其周围街区为中度和谐区，城区郊区和远郊区基本呈现低度和谐状态，而居住-文化和居住-经济空间和谐度，并不存在明显的分布规律。通过耦合指数对乌鲁木齐市区位、经济、居住、社会文化四个子系统的耦合度的计算，能科学反映城市物质空间、社会空间和经济系统空间的协整关系。研究发现，乌鲁木齐城市系统空间整体和谐度较低，优质耦合区并没有呈现，高度耦合区主要分布于老城个别街区，其他街区基本呈现低度耦合状态。

第10章 乌鲁木齐居住空间分异社会响应

本章所指城市景观主要指城市公共景观和商业景观,公共景观主要指学校(不包括大中专院校)、医院、清真寺、政府机构、火车站、汽车站、公园、体育馆等;商业景观主要包括商超、商业中心、商业副中心等。

10.1 商业中心对居住空间分异的响应分析

将乌鲁木齐商业中心进行等级划分,分为一个商业中心,主要在新华北路及其比邻街区,三个商业副中心,主要在友好商圈、铁路局商圈、米东商圈的核心区域。数据显现,乌鲁木齐高密度人口集聚区仍以商业中心为核心,形成圈层居住格局。商业中心的辐射范围 10 km 范围,商业副中心的辐射范围基本在 5 km 范围,商业中心和副中心对住房出租水平影响更加显著,新华路商业主中心、友好路商圈、铁路局商圈高出租率证明商业中心的经济引力作用仍在加强(图 10.1)。

10.1.1 商业中心与人口格局响应分析

依据商服环境指数、生活环境指数、物流环境指数、教育环境指数、交通环境指数、文化环境指数,运用因子分析法,将乌鲁木齐市划分为商业核心区、商业次核心区、辐射区、扩展区和郊区 5 个片区。并根据各片区人口分布和密度变化分析其与商业区的响应过程。1982—2010 年,核心区人口分布呈现下降趋势,人口密度在 1982—1990 年和 2000—2010 年呈现下降趋势,1990—2000 年呈现上升趋势,

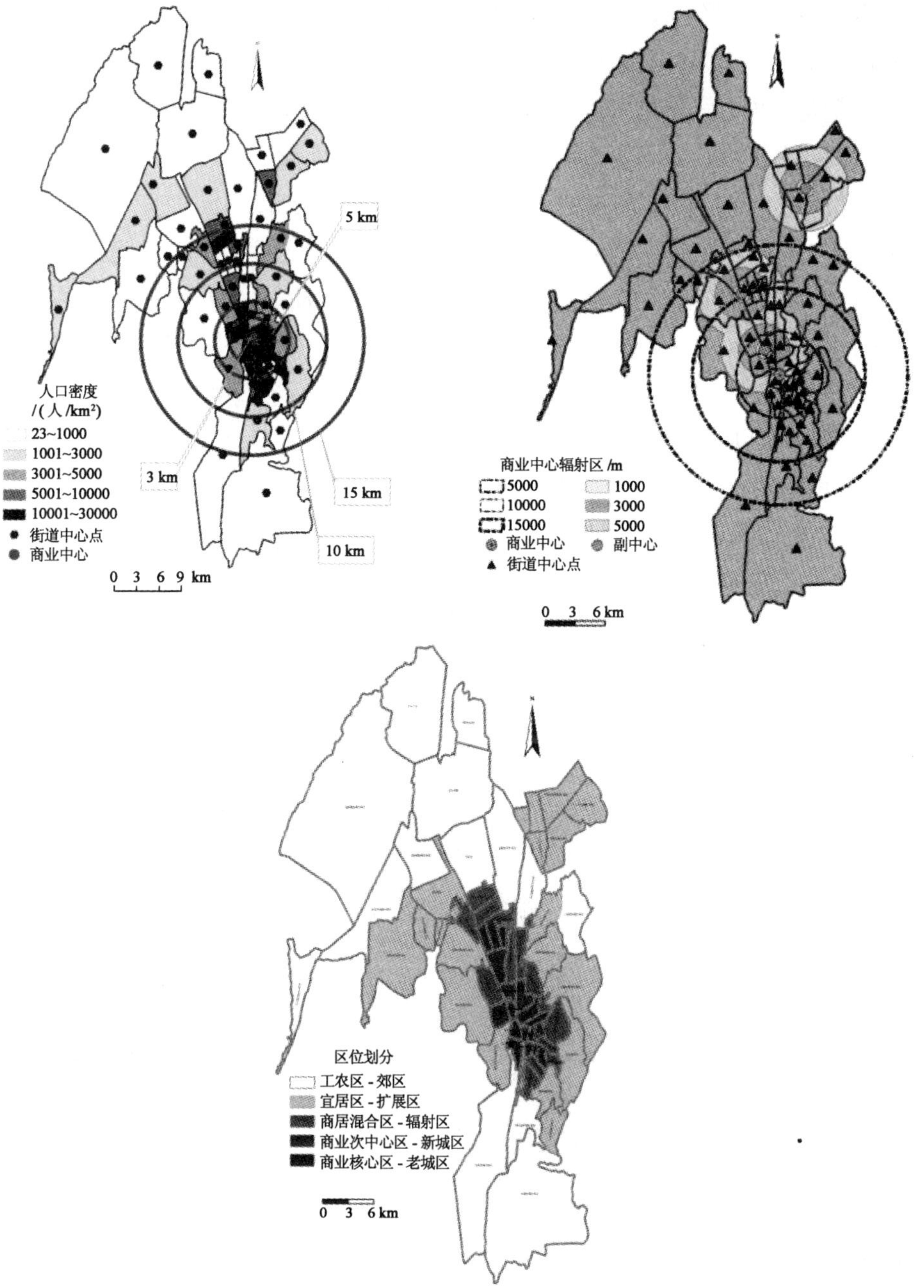

图 10.1　乌鲁木齐商业中心及商业区划分

Fig. 10.1　Business center and business district in Urumqi

总体呈现下降趋势。商业次核心区人口分布在1982—1990年呈现上升趋势，1990—2010年呈现下降趋势，人口密度在1982—2000年呈现上升趋势，2000—2010年呈现下降趋势，整体呈现上升趋势。居住景观逐渐被写字楼、商超等商业景观所替代，商业核心区形成是城市功能定位、城市拆迁和人口迁移等共同响应的结果。同时，人口分布格局也随之发生改变。其中，1982—2000年人口迁移主要向就近的生活设施水平相对较高的商业次中心区转移。此阶段，政府行为是人口迁移的主要动力，形成商业核心区人口减少，商业次核心区人口增加的景象。2000—2010年，随着房地产市场作用力逐渐形成，房地产市场化的功能不断呈现，商业核心区和商业次核心区人口都呈现递减态势，人口分布基本呈现由城市核心区向城市外围转移格局(表10.1)。

表10.1 乌鲁木齐商业分区与人口分布关系

Table 10.1 The relationship between commercial partition and population distribution in Urumqi

区划		人口分布变化/%			人口密度变化/%		
		1982—1990年	1990—2000年	2000—2010年	1982—1990年	1990—2000年	2000—2010年
商业核心区	累计	−7.75	−7.48	−0.60	−38.89	71.63	−36.75
	平均	−1.11	−0.94	−0.07	−5.56	8.95	−4.08
商业次核心区	累计	5.81	−3.30	−1.67	125.81	239.19	−73.47
	平均	1.16	−0.66	−0.24	25.16	47.84	−10.50
辐射区	累计	−4.47	−2.06	−6.27	49.67	382.04	−309.54
	平均	−0.89	−0.29	−0.63	9.93	54.58	−30.95
扩展区	累计	−0.42	−2.94	−5.61	242.33	310.32	198.93
	平均	−0.07	−0.27	−0.35	40.39	28.21	12.43
郊区	累计	0.01	−3.82	−3.47	31.84	167.96	−119.96
	平均	0.00	−0.55	−0.43	6.37	23.99	−15.00

10.1.2 商业中心与不同族群人口响应分析

依据乌鲁木齐经济发展状态，人口密度与商业中心关系仍然重复传统城市发展的轨迹，人口密度以商业中心为核心呈现圈层形态递减，同时不同民族人口基本也秉承圈层递减模式。汉族、维吾尔族、回族、哈萨克族人口密度与商业中心距离呈现较高相关性，只是递减程度有所差异。汉族、维吾尔族、回族人口密度随距离的递减程度远大于哈萨克族人口递减程度，表明商业中心对汉族、维吾尔族、回族人口的集聚作用大于哈萨克族人口。少数民族人口聚居程度由于受维吾尔、回、哈萨克族等主要民族的影响，仍然呈现递减态势，商业中心对流动人口的影响主要体现其辐射程度(图 10.2)。

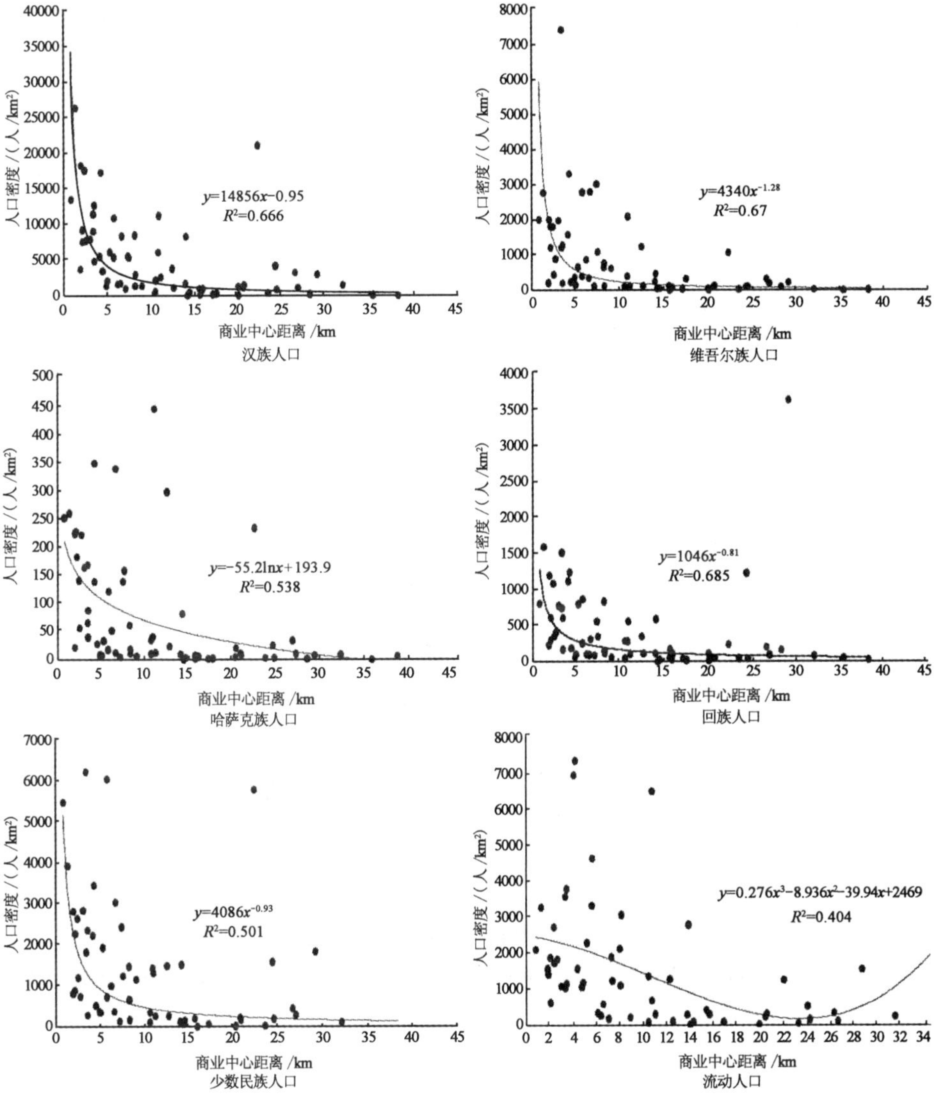

图 10.2　不同族群与商业中心响应关系

Fig. 10.2　A response relationship between different "ethnic group" and business center

不同产业人口分布与商业中心距离关系主要体现在二产人口和三产人口(图 10.3)。其中,二产人口与商业中心的距离并不存在明显的相关性,分布较均匀,高密度人口主要分布在距离商业中心 2.5 km 和 25 km 的个别街区。三产人口密集程度与距离商业中心距离呈现指数相关性,人口密度随着距离的增加而降低,表现为城市特有的分布格局。

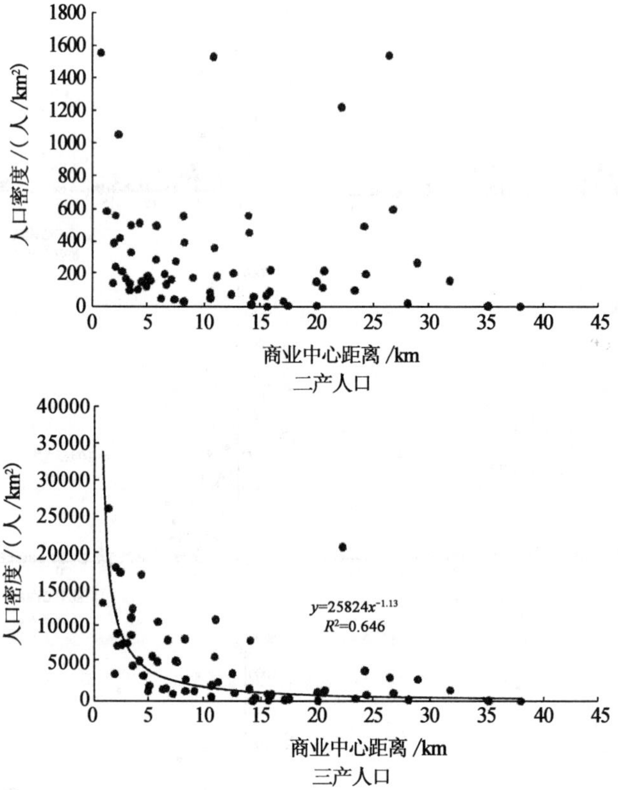

图 10.3 不同产业群体与商业中心的响应关系

Fig. 10.3 A response relationship between different non-agriculture group and business center

随着城市商业中心居住区住房功能的落后,交通拥挤、噪声污染不断加剧、公共设施过度利用等城市病的现象不断凸显,商业中心作为理想居住区观念的逐渐终结。但由于商业中心在区位上的优势,仍然是人口集聚的主要区域,但此区域的居住群体阶层已发生了质的改变。由于私人汽车的不断普及,原居住于商业中心老城区的中高收入阶层逐渐由向城市郊区迁移,这种城市内部短距离迁移已经成为社会阶层在居住空间分异的主要特征。商业中心区居住阶层逐渐被以租住为主的年轻中产阶层取代。同时商业中心由于其医疗资源和教育资源的优势,是优质中小学的主要集聚区,部分居住区域外的核心家庭有内迁的趋势,但这种短暂迁移将伴随家庭生命周期的演进而结束。目前,随着商业中心租住需求的不断增加,房地产价格和租金水平处于高位状态。但随着社会经济的发展,商业中心的景观格局将发生显著变化,原有的陈旧低层或多层单位式住房将被高耸的商业办公楼宇和高档公寓所取代,以生活为主的社区将被商业、休闲、娱乐场所所取代,以高密度人口生活中心将被就业中心所取代。

10.2 清真寺对少数民族人口居住空间分异的响应分析

10.2.1 清真寺的分布状况

清真寺在穆斯林心目中有着神圣崇高的地位,它是穆斯林宗教生活、社会生活和学习伊斯兰文化的中心,是穆斯林的精神家园。穆斯林以清真寺为中心形成同心圆式的居住方式,这就是一种宗教性地缘社区。它整合了这个社区的生活,增强了社区内部的凝聚力。社区穆斯林以清真寺为中心经常进行相互沟通,共享新信息,为广大穆斯林群众提供方便,保证了伊斯兰文化的传承与内部秩序的整合。同时作为伊斯兰文化象征的清真寺,也总是与政治、经济、文化等因素掺合在一起,它在关注弱势群体,提倡社会公正,规范穆斯林的社会行为,传承伊斯兰文化和为穆斯林群体提供心灵慰藉等方面发挥着重要的影响和作用(阿孜古丽·吾甫尔,2009)。

清真寺作为乌鲁木齐市主要民族宗教景观,对乌鲁木齐少数民族人口居住格局影响较大,乌鲁木齐清真寺80%分布在老城区,且建筑年代久远。天山区的解放南路、新华南路街道、二道桥街道、黑甲山街道、团结路街道、胜利路街道是清真寺主要集中带。其中解放南路是维吾尔族、回族等穆斯林民族居住人口较多的社区，同时也是乌鲁木齐市的商业中心之一，设有国际大巴扎、南门市场和马市等商业经济区域，形成清真寺与该商业区同处一地的城市景观。信教群众以维吾尔族为主的清真寺，主要有二道桥清真寺、汗腾格里大寺、白大寺、拜图拉清真寺、洋行清真寺。信教群众以回族为主的清真寺，主要有陕西大寺、宽巷寺、青海大寺、西大寺、南大寺等。纵观解放南路20余座清真寺，究其源流，基本呈现出多元脉络的宗教景观。解放南路清真寺不仅由于参加宗教活动主体人口而有所区别，而且由于其始建人的籍贯而形成差异。清真寺是超越民族界限的，但是，从当地信教群众和实际的宗教活动中，依然存在着民族在宗教活动场所内的区分，这不仅反映了清真寺的历史渊源，而且体现出清真寺与周围穆斯林社区的对应关系，即一座清真寺与相应的民族聚居社区紧密关联。“回族清真寺”附近，回族居民较多，而在“维吾尔族清真寺”附近居住了较多维吾尔族。

乌鲁木齐宗教活动场所变化情况见表10.2。

表10.2　乌鲁木齐宗教活动场所变化情况

Table 10.2　Changes for location of religious activities in Urumqi

宗教活动场所/座	1997年	1999年	2000年	2005年	2006年	2007年	2008年	2009年	2010年
合计	361	364	364	371	371	460	461	461	462
伊斯兰教清真寺	334	342	342	348	348	432*	433	433	434
汉传佛教寺院	2	2	2	2	2	3	3	3	3
道教宫观	1	1	1	1	1	1	1	1	1
天主教教堂	1	1	1	1	1	1	1	1	1
基督教教堂	22	17	17	18	18	22	22	22	22
东正教	1	1	1	1	1	1	1	1	1
宗教信教群众/万人	20	21.08	21	40.3	40.3	45	45	45	45

* 2007年清真寺增加主要由于米泉市并入乌鲁木齐市。

10.2.2　清真寺与维吾尔族人口时空响应关系

1982—1990 年，维吾尔族的人口比例和人口密度两个指标在 5 个分区都基本呈现上涨趋势。其中，辐射区人口增长较快，老城区增长缓慢；1990—2000 年，在老城区和和新城区，人口比例呈现下降趋势，其他 3 个分区呈现上升趋势，人口密度都呈现上涨趋势；2000—2010 年，人口比例在老城区和新城区、扩展区和郊区呈现上升趋势，人口密度呈现下降趋势。总体上，维吾尔族人口在老城区空间密集程度呈现下降趋势，在其他分区呈现上升趋势，但人口集聚程度呈现上升趋势（表 10.3，图 10.4）。这表明随着老城区人口的外迁，人口密度呈现下降趋势，进而导致维吾尔族人口集聚程度由所加强，清真寺是其集聚的主要动力。

表 10.3　维吾尔族人口分布变化与清真寺关系

Table 10.3　The distribution change of Uighur population relates to the mosque

区划		人口分布/%			人口密度/(人/km²)			清真寺/个	清真寺距离/km
		1982—1990 年	1990—2000 年	2000—2010 年	1982—1990 年	1990—2000 年	2000—2010 年		
老城区	累计	0.84	−0.91	0.77	−2342	1076	−436	41	
	平均	0.12	−0.11	0.10	−335	134	−54	4.56	0.67
新城区	累计	7.37	−2.86	5.56	1856	1515	−1254	23	
	平均	2.46	−0.57	0.93	619	303	−209	2.30	0.80
辐射区	累计	50.68	25.34	−51.67	3407	9398	−5894	16	
	平均	10.14	3.62	−5.17	681	1343	−589	1.23	0.95
扩展区	累计	32.46	6.30	86.97	528	1047	−62	8	
	平均	4.64	0.57	5.44	75	95	−4	0.40	1.50
郊区	累计	8.12	7.20	4.50	97	250	−411	2	
	平均	2.03	1.03	0.56	24	36	−51	0.15	4.49

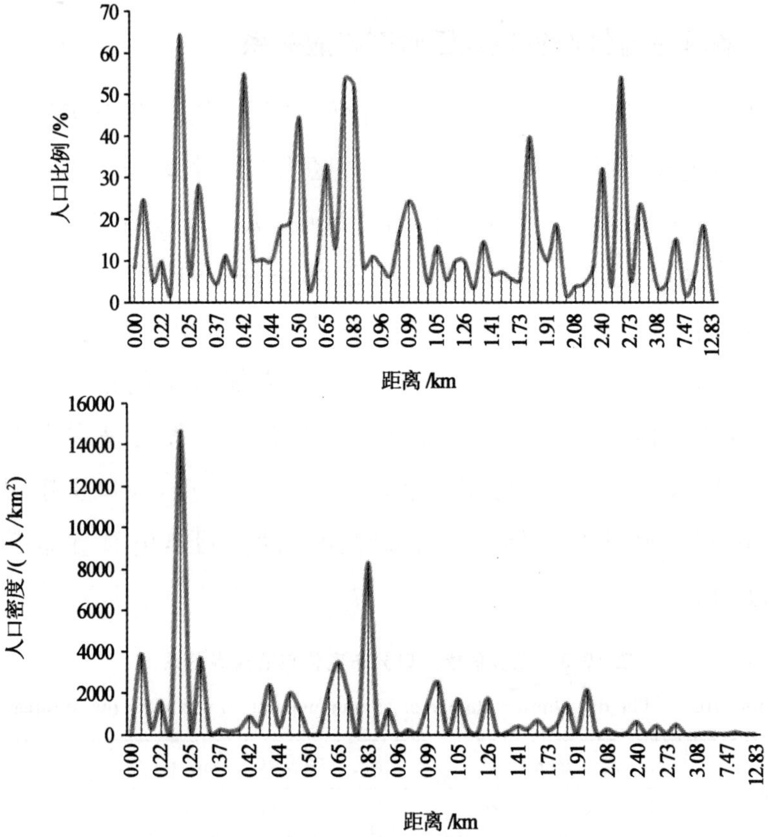

图 10.4　维吾尔族人口分布与清真寺距离关系

Fig. 10.4　A relation between the distribution change of Uighur population and distance to mosque

为了更好地探究清真寺对维吾尔族人口分布格局响应分析，选取清真寺较为集中的老城区为样本区分析。1982—1990 年，维吾尔族人口集聚情况明显，减少区域主要集中在长江路、扬子江路和新华北路三个商业街区，此区域的人口基本通过政府拆迁的方式完成，基本处于居住区向商业区过渡的初期(图 10.5)。

1990—2000 年，维吾尔族人口以河滩路为东西界限，呈现西部减少东部增加态势，此阶段，天山区主要街区维吾尔族人口集聚明显，可以说明清真寺的空间响应作用成为维吾尔族人口东迁聚居主要原因(图 10.6)。

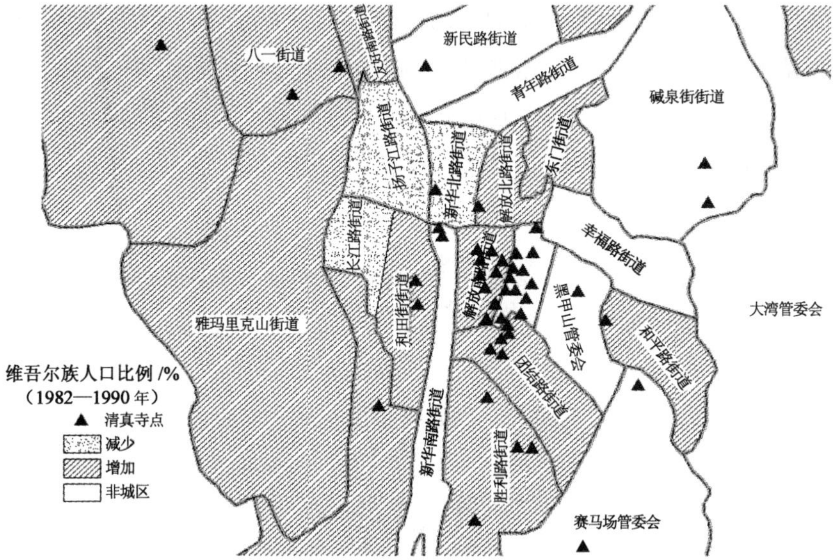

图 10.5　1982—1990 年维吾尔族人口与清真寺分布
Fig. 10.5　A relationship between the distribution change of Uighur population and distribution of mosque in 1982—1990

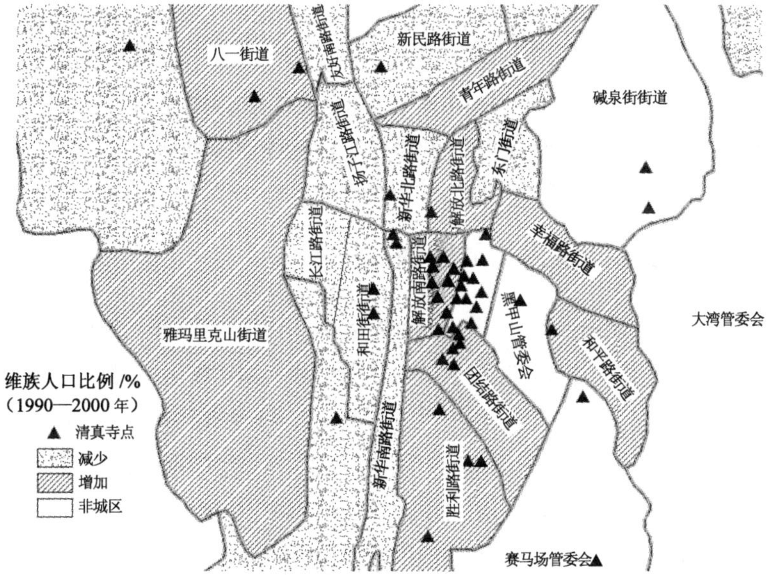

图 10.6　1990—2000 年维吾尔族人口与清真寺分布
Fig. 10.6　A relationship between the distribution change of Uighur population and distribution of mosque in 1990—2000

2000—2010 年,延续了维吾尔族人口东迁的态势,但有所不同现象:清真寺较集中的解放南路维吾尔族人口呈现下降态势,其周围街区呈现增长态势。此阶段,解放南路片区的国际大巴扎的兴建和二道桥市场的成熟,商业建筑景观逐渐吞噬了居住建筑景观,大量人口外迁至邻近街区(图 10.7)。

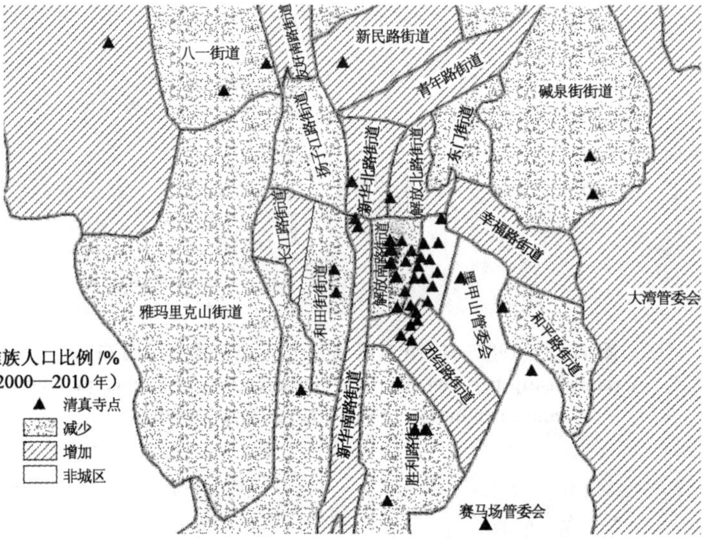

图 10.7 2000—2010 年维吾尔族人口与清真寺分布

Fig. 10.7 A relation between the distribution change of Uighur population and distribution of mosque in 2000—2010

10.2.3 清真寺与回族人口时空演变关系

1982—1990 年,回族人口在老城区人口比例上升,人口密度下降,表明人口绝对集聚下降,相对集聚上升,即在老城区总体人口下降条件下,回族人口在此分区人口比例上升,人口下降速度相对较慢。在新城区人口比例和人口密度都呈现上升态势,表明回族人口在此分区集聚速度相对较快;在辐射区,回族人口比例呈现下降态势,人口密度呈现上升态势,表明回族人口在此分区集聚速度相对较慢;扩展区和郊区人口变化态势如新城区,表明回族人口在此分区的集聚速度相对较快。此阶段回族人口在老城区呈现下降趋势,但人口集聚增强,在辐射区人口呈上升趋势,但集聚程度减弱,其他三个分区人口呈现上升趋势，同时集聚程度增强，并且回族人口空间格局变化态势与总人口的变化趋势吻合，清真寺密集的老城区和新城区人口集聚程度明显增强。

1990—2000 年，回族人口在老城区人口呈现下降趋势，人口集聚程度减弱，在新城区和辐射区，人口呈现上升趋势，但集聚程度减弱；在扩展区，人口呈现小幅上升趋势，同时人口集聚程度增强；在郊区，人口略有上升态势，但人口集聚程度减弱。总体来看，在此阶段，回族人口在老城区、新城区、扩展区和郊区四个分区人口集聚程度下降，在扩展区人口集聚程度增强，人口密度在各个分区的变化格局与总人口变化格局吻合，此阶段清真寺对回族人口的集聚动力并没有体现。

2000—2010 年，老城区回族人口呈现上升态势，同时回族人口的集聚程度明显增强；在新城区、辐射区和扩展区人口呈下降趋势，但回族人口的集聚程度增强；在郊区，回族人口呈现下降趋势，同时人口集聚程度减弱。此阶段，回族人口密度在各个分区的变化格局与总人口的变化格局并不吻合，其中在老城区和扩展区的变化呈现反向发展的态势。但人口仍向清真寺比较密集的老城区集聚，表明清真寺的集聚动力呈现(表 10.4)。

表 10.4　1982—2010 年回族人口分布变化与清真寺关系

Table 10.4　The distribution change of Hui population relates to the mosque

区划		人口分布/%			人口密度/(人/km^2)			清真寺/个	清真寺距离/km
		1982—1990 年	1990—2000 年	2000—2010 年	1982—1990 年	1990—2000 年	2000—2010 年		
老城区	累计	0.95	−10.26	1.47	−1579	−1033	182	41	
	平均	0.14	−1.28	0.18	−226	−129	23	4.56	0.67
新城区	累计	1.33	−6.35	1.06	452	556	−867	23	
	平均	0.44	−1.27	0.18	151	111	−145	2.30	0.80
辐射区	累计	−7.18	−16.42	27.85	186	1012	−3253	16	
	平均	−1.44	−2.35	2.79	37	145	−325	1.23	0.95
扩展区	累计	2.93	6.42	4.07	55	327	−694	8	
	平均	0.42	0.58	0.24	8	30	−41	0.40	1.50
郊区	累计	1.86	−1.96	−6.96	13	61	−78	2	
	平均	0.46	−0.28	−0.87	3	9	−10	0.15	4.49

总之,三个阶段,1982—1990 年和 2000—2010 年,清真寺对回族人口的集聚作用体现较明显。在 1990—2000 年,从数据分析发现,清真寺对回族人口的集聚作用体现得较弱。从清真寺与各街区距离分析,回族人口绝对密集区与清真寺距离有密切关系,距离清真寺最近街区在 1 km 以内回族人口密集程度较大,回族人口集聚程度较大街区主要分布在 0.25 km、1.25 km、2 km、5 km 四个节点(图 10.8)。

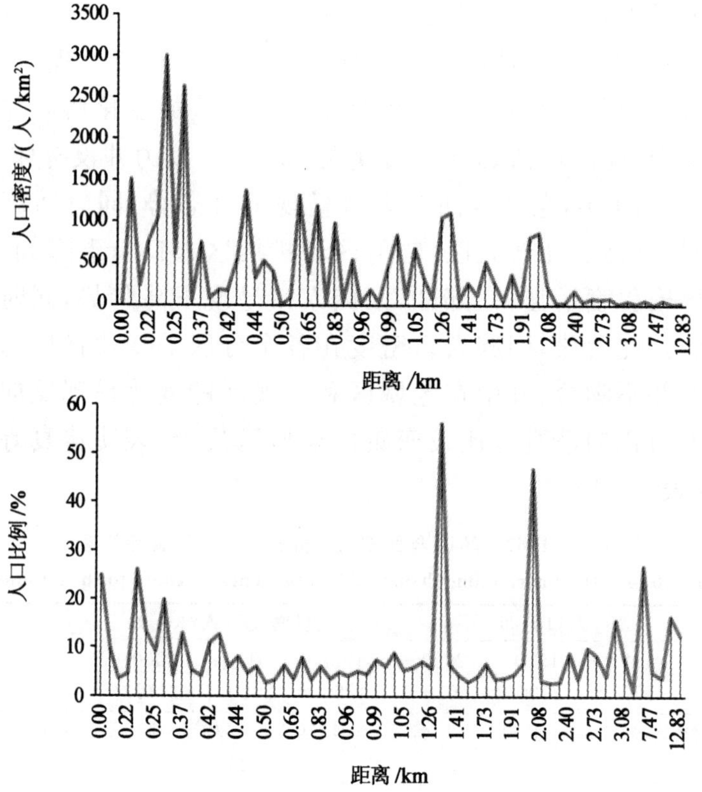

图 10.8　回族人口分布与清真寺距离关系

Fig. 10.8　A relation between the distribution change of Hui population and distance to mosque

为了更微观地研究清真寺与回族人口空间响应,选取比较集中的老城区作为研究区域。1982—1990 年,回族人口在清真寺集中的解放北路、新华北路和和田街等街区比重呈现下降趋势,而在其周边的解放南路、新华南路、团结路等商业街区呈现上升趋势，表明此阶段回族人口在老城区集聚程度增强的同时其内部集聚呈现分异现象，并且，回族人口下降的街区基本是维吾尔族人口增加街区（图 10.9）。1990—2000 年，回族人口集聚的格局更加明显，解放北路成为回族人口唯一增加区，并成为主要集聚区，其周边街区人口呈现下降趋势，其距离清真寺密集区较近。这表明回族人口在此阶段集聚程度明显增强，民族居住分异度加剧（图 10.10）。2000—2010 年，回族人口以解放北路为核心向北和东进行扩展，解放北路、新华北路、幸福路街区以北片区回族人口比例呈现增长趋势。表明此阶段，回族人口重心呈现转移态势，而新华北路、解放北路以北片区是典型的汉族人口集聚区，可以推断回族人口与汉族人口在此阶段在北部片区混居的格局基本形成（图 10.11）。

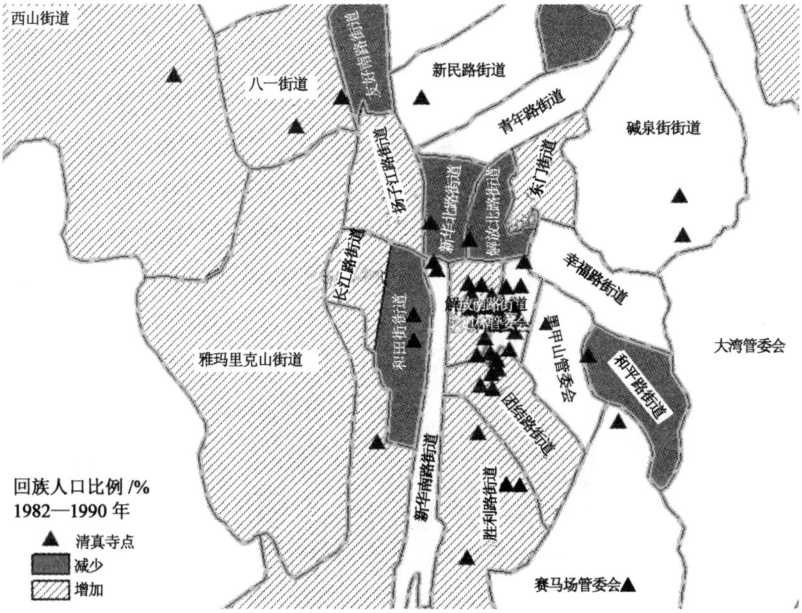

图 10.9　1982—1990 年回族人口与清真寺分布

Fig. 10.9　A relationship between the distribution change of Hui population and distribution of mosque in 1982—1990

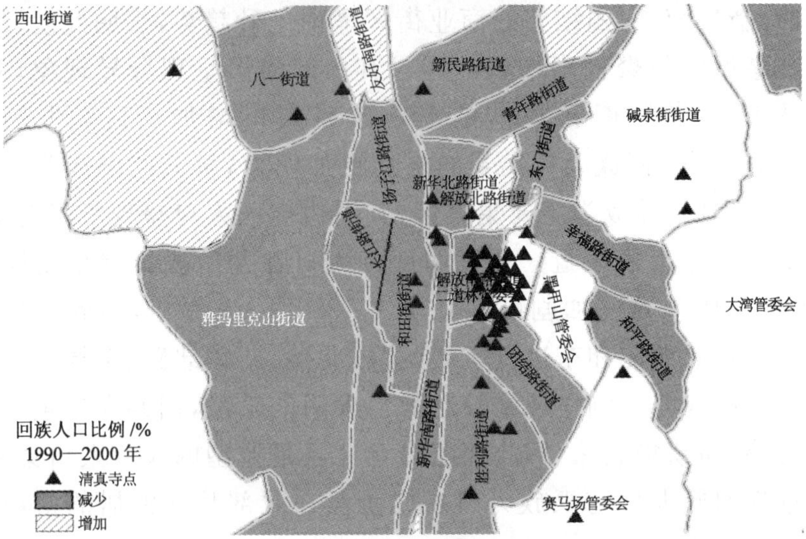

图 10.10　1990—2000 年回族人口与清真寺分布

Fig. 10.10　A relationship between the distribution changes of Hui population and distribution of mosque in 1990—2000

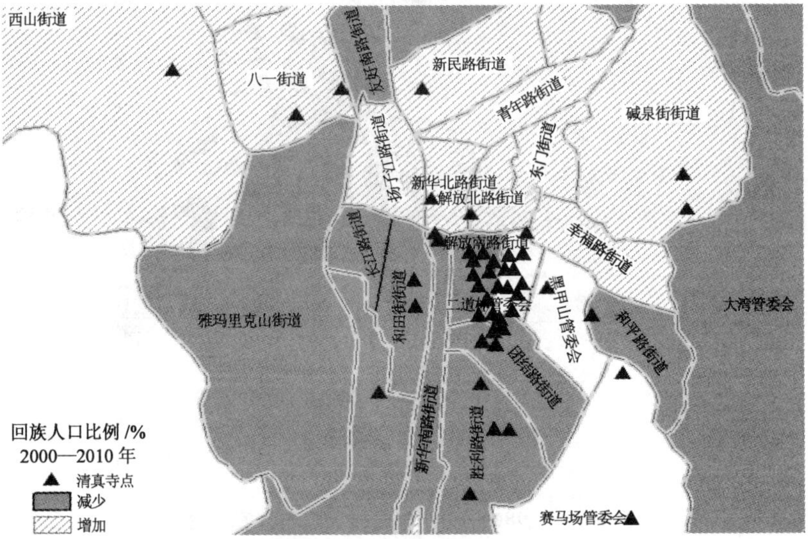

图 10.11　2000—2010 年回族人口与清真寺分布

Fig. 10.11　A relationship between the distribution change of Hui population and distribution of mosque in 2000—2010

10.3　医院对老年人口居住空间分异的响应分析

10.3.1　医院分布概况

医院作为城市重要的公共景观，其空间分布一定程度上影响人口的分布格局，并且医院规模、等级、区位差异对人口的集聚作用也不同，同时对人口居住空间分异作用强度也存在差异，乌鲁木齐人口分布格局与等级医院的分布格局基本呈现空间响应态势，等级医院集中的区域人口密度相对较大(图 10.12)。本文主要从数量、等级和空间分布三个方面对 386 个医院进行调查，其中包括等级医院数量和非等级医院、私人医院和社区小型医疗服务站。从数量分布来看，医院密度较大的街区主要分布在城市老城区及新城区，老城区主要以等级医院为主，新城区以等级医院与社区医疗服务站混合分布形态，其他区域主要以私人诊所和社区医疗服务站混合形态。从等级医院的分布情况看，乌鲁木齐市甲等医院主要分布于老城区的核心区域，并随着医院等级的下降，距离城市核心区的距离增加的态势。

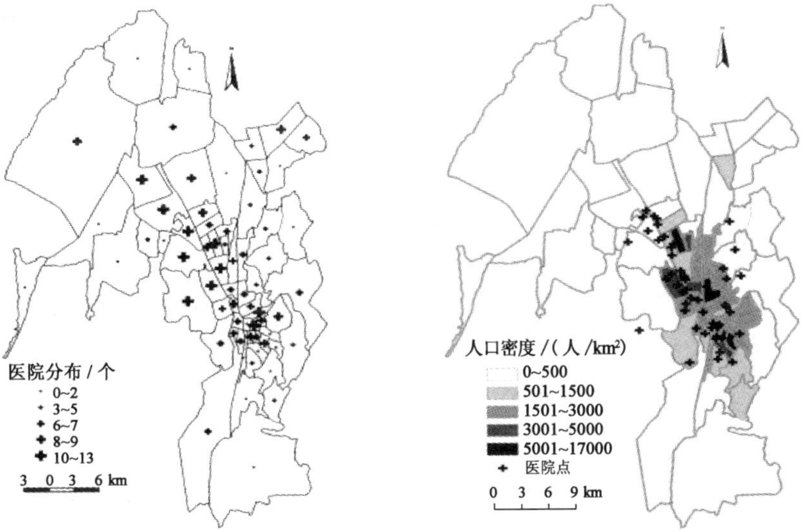

图 10.12　医院分布与人口分布关系

Fig. 10.12　A relationship between hospital distribution and population distribution

10.3.2 响应分析

医院作为公共产品和城市重要的公共景观，具有非排他性和非竞争性。由此，人口分布与医院的空间区位距离响应关系是其重要的研究视角，本节主要选择对于医院的空间区位响应关系最密切的群体——老年人口作为研究对象，通过老年人口、不健康老年人口和不能自理的老年人口的空间分布与等级医院区位关系，解析其对以上三类人群的影响。

为了更清晰地研究乌鲁木齐等级医院与老年人口的空间响应关系，以老年人口占街道总人口的6%比重作为划分标准，并命名其为老年化街区和非老年化街区。以老年化街区对城市等级医院的需求概率大于非老年化街区为假设基础，图10.13显示，乌鲁木齐老年街区基本分布城市商业中心和商业副中心边缘，与等级医院的分布存在阶梯性的区位差异，但大部分老年化街区对等级医院的可达性较好，个别乡镇老年化街区距离等级医院密集区相对偏远。这表明，随着城市商业化的进程的推进，城市优质区位空间逐渐形成，空间竞争和空间分配机制的作用更多通过区位选择理论和房地产过滤理论体现人口的转移规律。老年人口将面临商业空间的侵入效益和公共资源空间的优势区位双重作用，依据1982—2010年老年人口居住空间演化规律，证明早期由于商业化相对较低，空间竞争较弱，老年人口基本居住于商业核心区域，对公共资源空间依赖性较强。随着城市商业区的形成，其对老年人口的侵入效益逐渐显现，并随着城市交通不断改善，等级医院的可达性逐渐增强，老年人口居住空间让渡成为可能，但对于等级医院的依赖性仍是主导，因此城市中间过渡地带或城市商业边缘区成为老年人口居住的理想区位(图10.14)。

依据不健康老年人口占老年人口的比重分析其与等级医院的关系，并以15%为标准将其划分为健康老年街区和非健康老年街区。短期来看，不健康老年人口对等级医院的依赖性更强，依据公共空间资源的需求规律，不健康老年人口街区应该更接近等级医院。乌鲁木齐不健康老年人口主要分布在城市的此边缘区，此街区主要以中低收入家庭、从事一产的家庭和少数民族家庭为主，不难推断不健康老年人口主要以无保障的社会特殊群体为主，其对居住空间区位的选择性较弱，居住空间迁移概率较低，经济因素成为其选择公共资源空间的主要阻力。乌鲁木齐不能自理老年人口占不健康老年人口比重称为不能自理率，依据 20%作为划分标准，不能自理率较高的街区主要分布在工农人口和少数民族零售为主的街区，其对等级医院的空间选择仍受经济能力的限制。

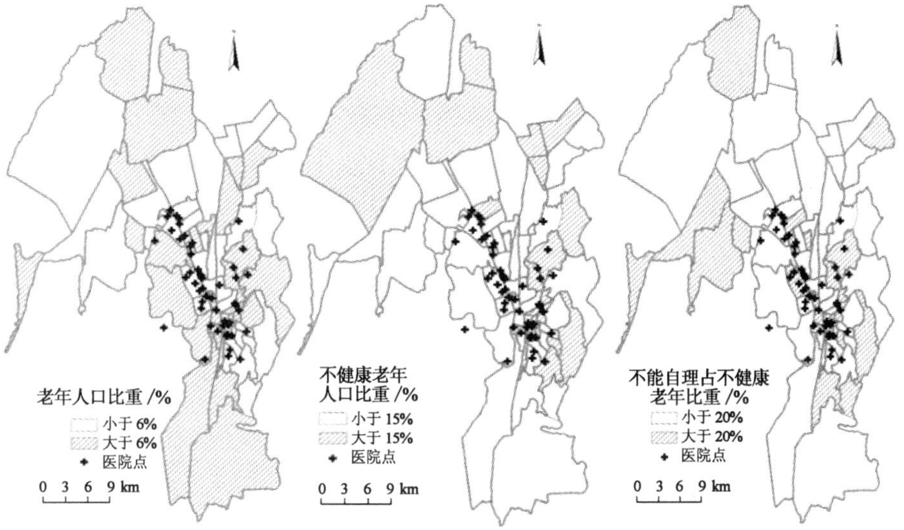

图 10.13　老年人口与医院分布空间响应关系

Fig. 10.13　A space response relationship between elderly population and distribution of hospital

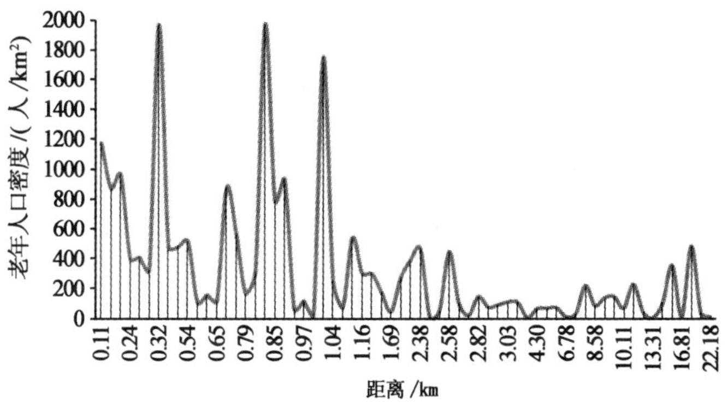

图 10.14　老年人口与医院最小距离关系

Fig. 10.14　A relationship of elderly population with minimum distance to hospital

10.4 学校对学龄人口居住空间分异的响应分析

10.4.1 幼儿园、小学、中学分布概况

从幼儿数量分布情况看，乌鲁木齐幼儿园主要集中在北部商业副中心区、商居混合区和宜居区。目前，乌鲁木齐幼儿园以私立幼儿园为主，幼儿园成立基本与居住区建设同步完成，家长就近选择的行为特点，决定了幼儿园与居住区的距离是影响其分布格局的重要变量，也是解释其分布格局与小区分布具有较高的耦合性的重要依据。乌鲁木齐小学分布主要集中在老城区、外来人口较集中区和部分农工区，其中中心商业区小学的密集程度最大，并且教学质量较好。乌鲁木齐的小学分布主要受行政教育分区的影响，家长自由选择学校受到限制，就近选择成为主要依据，居住区位、教学质量、居住迁移是居住空间选择的主要因素。其中，居住区位与小学空间分布关系具有先天的密切性，居住区位较优的街区分布学校的数量较多，选择性较强；同时，小学教学质量决定其对购房意愿的影响更为重要，并成为居住迁移主要动因。中学的分布相对于小学和幼儿园有其独特的特点，教育分区并不存在，学生的学习成绩决定其就读学习的质量和距离，但当学习成绩一定的情况下，学校教学质量与居住地与学校的距离仍是影响学生在选择学校时的重要因素。并且，相对于小学和幼儿园，选择居住空间更加主动和积极（图 10.15）。比如，家长可能在孩子就读的学校附近选择租房和买房，其自由选择居住区位方式和途径更自由，并且时间与家庭生命周期相关，具有短暂性。

10.4.2 响应分析

为了更深入地分析学校与学龄人口分布的空间响应关系，分别将学龄人口按年龄分为三个阶段，分别通过 0～6 岁人口分布表达其对幼儿园的空间响应关系，7～12 岁人口分布表达其对小学的空间响应关系，13～19 岁人口分布表达中学的空间响应关系。并采集典型幼儿园、小学、中学空间数据，形成其空间分布示意图（图 10.16）。以0～6

岁人口占总人口比重的6%作为划分标准,超过6%的街区称为幼儿化社区。以图分析,幼儿化社区分布较广,其与幼儿园空间分布基本吻合,形成较好的耦合关系,表明乌鲁木齐幼儿园与幼儿人口的空间响应关系良好、协调。

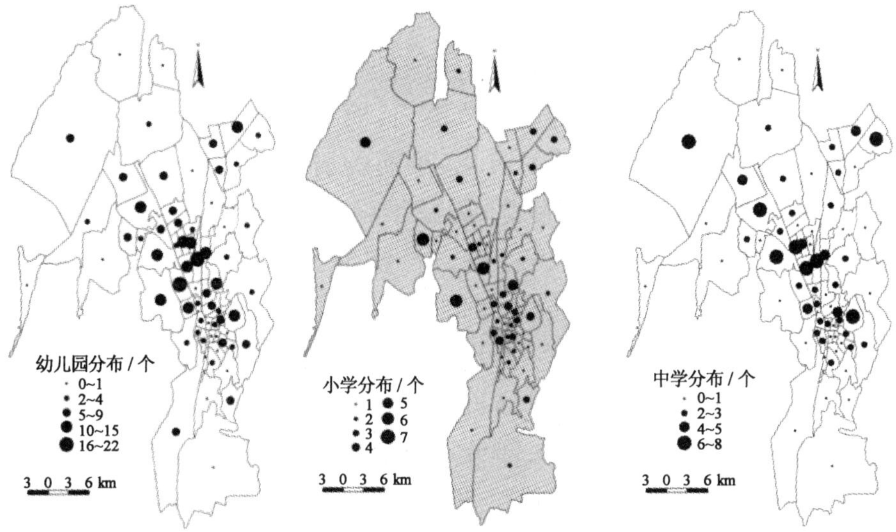

图 10.15　乌鲁木齐幼儿园、小学、中学的分布状况

Fig. 10.15　A distribution of kindergarten, primary, secondary in Urumqi

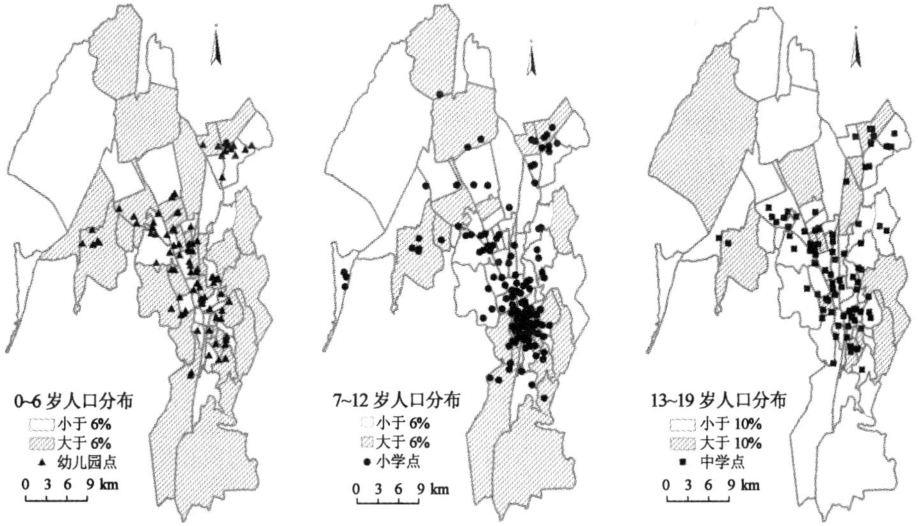

图 10.16　乌鲁木齐学龄人口分布与学校空间响应关系

Fig. 10.16　A space response relationship between school-age population and distribution of school

以7～12岁人口占总人口比重的6%作为划分标准，超过6%的街区称为小学化社区，以图分析，乌鲁木齐小学化社区主要分布在城市的边缘街区和民族集中的社区，而小学主要分布在城市的老城区及其邻近街区，其中在老城区的分布密集度更高，此与小学化社区的空间分布格局形成错位态势，耦合协调度较差。小学学校作为公共教育资源，其空间形成较早，早期以地定校的规划思想更为突出，导致优质教学资源过于集中于城市商业区范围内，而与当前人口居住空间格局形成错位。随着商业化进程的演化，早期的居住区逐渐被商业区所替代，为了更好邻近优势公共资源，居民不得不选择商业区的临近街区租购住房，形成现状的居住区。而学校属于公共资源，其外迁的动力和概率较低，是导致空间错位现状的主要原因。

以13～19岁人口占总人口比重的10%作为划分标准，超过10%的街区称为中学化社区，以图分析，乌鲁木齐中学化社区呈零星状分布在城市边缘街区，并且在大部分中学化社区中难见中学的踪影，与典型中学的分布格局的空间错位更为明显。此状态形成，除了受城市商业化空间侵蚀效应的影响，其空间剥夺效益也是解释此现象的重要理论。特别是高中学校，由于其属于竞争性收益公共组织，其收益率的高低与学费(包括隐形费用)高低呈正向关系，而学费高低主要受其教学质量竞争优劣的影响，同时也受空间区位的影响。因此乌鲁木齐重点中学基本处于区位较好街区，其教学质量、学费、空间区位三个主导因素决定其对边缘街区产生空间剥夺效应。

10.5 商超对居住空间分异的响应分析

商超主要指大型超市和中小型零售商店，大型超市包括家乐福超市、爱家超市、好家乡超市、家佳乐超市等连锁超市，并对民族特色的阿尔曼超市及其连锁超市进行调查，进而分析商超分布格局与居住空间的响应关系。以图10.17分析，乌鲁木齐商超分布密集区主要集中在城市商业中心区和次商业中心区，家乐福、爱家、好家乡等大型超市主要分布在内城区交通便利、人口密度高、商业化程度高的城市南北中轴线优势区域附近，其辐射半径基本在 5 km 范围。民族超市阿尔曼的分布格局更多地集中在少数民族集聚的西南片区，特别是维吾尔族集聚的街区，民族产品定位决定了阿尔曼超市的分布格局。

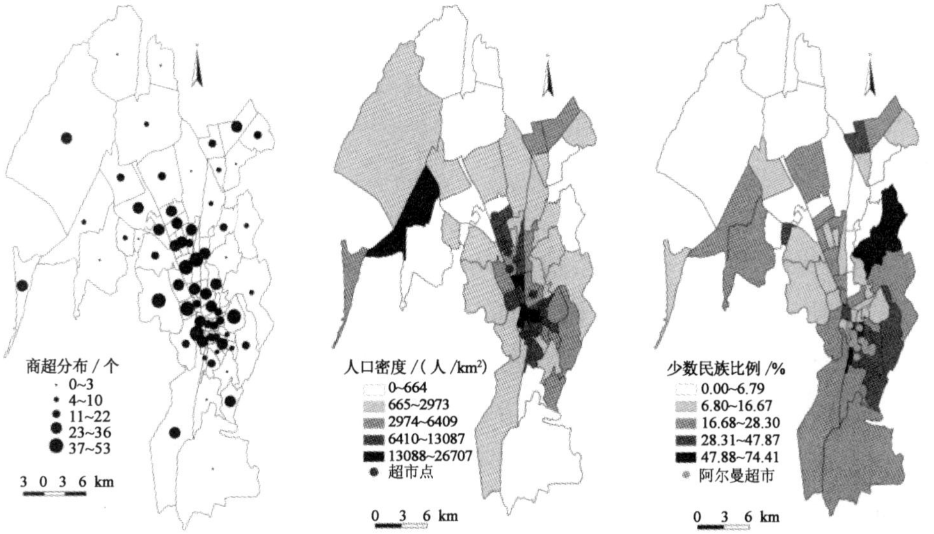

图 10.17　乌鲁木齐人口分布与商超空间响应关系

Fig. 10.17　A space response relationship between population and distribution of supermarket

大型超市分布与人口密度的分布格局呈现一致性，但两者的互为影响以及其互动空间响应关系并不易解释，只能通过大型超市进入乌鲁木齐时间和选址因素分析其内在规律。乌鲁木齐大型超市的设立主要在 2000 年以后，此时房地产市场发展水平处于培养阶段，较少成熟居住区主要位于城市商业区的临近街区，此时的超市选址基本靠近商业中心区和次商业中心区，以保证其客源稳定性和丰富性，几个大型超市主要集中在友好、铁路局人口密集区域。但随着房地产市场发展，城市商业化程度的不断提高，城市居住空间不断扩展，大型超市的选址区位也发生变化，其扩展空间主要沿城市中心轴向南和向北两个方向，其特点与居住空间的演进路径呈现一致性。

相对于大型超市的分布格局影响因素的复杂性，民族超市阿尔曼的空间分布特点更易解释，阿尔曼超市的目标客户主要是维吾尔族，因此选址在维吾尔族集中的天山片区符合产品定位规律。阿尔曼超市是民族文化主导型公共商业景观空间格局的典型案例，民族文化内生动力对地理空间影响主要体现其集聚性和区位选择性，民族人口的聚居形成强大的消费潜力，消费潜力成为独特商业景观选址的重要因素。

本章小结

本章分析了商业中心、清真寺、医院、学校、商超五种商业、文化、公共景观对不同群体居住格局的影响，并探究其内在的空间响应关系提出了商业空间侵蚀效应、宗教景观决定论两个概念。

(1)商业空间侵蚀效应，是指城市在内部空间结构重构过程中，商业中心区原有的商业、居住、公共混合景观逐渐被单一的商业景观取代所产生的居住空间侵蚀性变化反映。商业空间侵蚀效应会导致商业中心的景观格局将发生显著变化，原有的陈旧低层或多层单位式住房将被高耸的商业办公楼宇和高档公寓所取代，以生活为主的社区将被商业、休闲、娱乐场所所取代，以高密度人口生活中心将被就业中心所取代(图 10.18)。

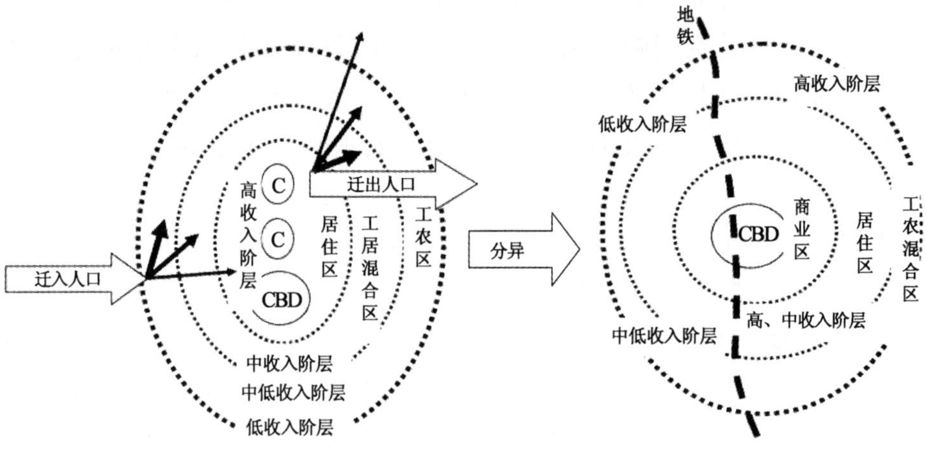

图 10.18 乌鲁木齐商业化侵蚀效应与居住空间分异过程示意图

Fig. 10.18 A process of effect of commercial erosion and the residential spatial segregation in Urumqi

学校受城市商业化空间侵蚀效应的影响，导致小学和中学与其适龄人口的分布格局产生严重空间错位，而医院与老年人口的空间错位更多是城市空间挤出效应的结果。大型超市分布与人口密度的分布格局呈现一致性，大型超市依旧沿乌鲁木齐市商业主轴南北扩展，其对居住空间演进格局具有一致性，但民族超市阿尔曼却是文化主导型的商业景观，民族文化内生动力对地理空间影响主要体现其集聚性和区位选择性，其对于维吾尔族的居住格局的变化影响较大。

(2)宗教景观主要包括宗教信仰物、宗教建筑、宗教艺术等在内的宗教文化，其中宗教建筑景观在信徒日常活动和居住区位选择中占有十分重要的文化地位。宗教景观决定论，是环境决定论和文化决定论的交叉概念，是指宗教建筑景观对信徒的居住选择的决定性影响。如伊斯兰教传入中国后，在中国文化背景下，形成了许多新的特征，其中“教坊制”是有关教徒与宗教建筑景观区位关系的一种居住形态。所谓教坊制就是以清真寺为中心的穆斯林居住区，是一个独立的，地域性的组织单位[①]。宗教与民族之间的复杂关系，决定了宗教景观与民族居住格局的关系。清真寺由于其特殊文化意义，对维吾尔、回族人口的集聚作用仍然很大，但已经受到商业化的冲击，清真寺文化和商业功能将成为新的居住空间集聚力，但其分异作用将不断弱化，这种商业与文化新型混合区对于研究民族人口的迁移和居住空间选择提出新的视角。

① 赵荣，王恩涌，张小林等. 人文地理学[M]. 北京：高等教育出版社，2006：273.

第11章　居住空间分异的社会后果及建议对策

11.1　城市居住空间分异的社会后果

11.1.1　城市居住空间分异加速文化和社会分层选择

居住空间分异一定程度上是空间选择的结果，是经济、社会、文化分层对个人行为心理逻辑性、主动性映射反应体现，是城市空间市场供需矛盾在不同阶段对不同社会族群的利益性的、被动性的过滤和侵蚀效应的体现。其中，前者是居住空间分异的内在动力，只是在不同阶段、不同城市的主导力不同，后者是居住空间分异的外在动力，其主要利用“有形的手”和“无形的手”对城市空间进行分配的结果。

合成理论(compositional theory)是从芝加哥决定论派生出的另一学派的产物，强调不同社会群体的凝聚是基于民族、亲缘、邻里、职业或者生活方式，而这种社会网络并不会被城市生活削弱(Gans，1962)。同时也认为，人类行为受城市生活的心理影响极小，它基本上是由于经济地位、文化特征和家庭地位等决定的，而这些因素也决定了人们从属于哪个社会群体。此论断在一定程度上佐证居住空间分异内在动力来源于经济、社会、文化的分层。

决定论认为，公共犯罪行为是对城市生活或城市某一部分生活无法适应的结果。因此，由各种社会状况下的竞争和矛盾斗争所导致的冷漠和无人情味会引起人际关系和社会秩序的瓦解，并会加剧个人居住分异、隔离，从而导致以自我为中心，对抗世俗行为的发生，最终促使形成犯罪行为。城市设计决定论认为，人们越来越关注城市设计与建筑给人类行为所带来的负面影响。广义而言，这种影响是指建筑和空间的设计及构造有时会产生一种小环境，这种小环境拒绝或否定社会互动的"正常形式"，而有助于各种各样的犯罪行为。建筑和环境结构经由人类心理和生理综合处理后，会在人类意识中产生一种意向象征的"语句结构"，如果环境以很不熟悉和不合逻辑的视觉语言表达，就会让人感到威胁或迷惑，建筑和环境空间这种特征也会加剧某些不法行为的发生（Peter Smith，1977）。关于城市设计和行为直接的关系，更有名的观点是 奥斯卡・纽曼（Oscar Newman，1972）的"可防御空间（defensible space）"概念。其认为，现代邻里所发生的大多数犯罪行为与社区生活的淡化以及住户间的交往或交流程度下降导致社会控制减弱，这种结果是城市设计者在新居住区清晰界定邻里的地域偏好造成的。

因此，合成理论表明居住空间分异在其内在机制和外在机制的共同作用下，同一族群（群体）由于其文化效应作用逐渐形成集聚的居住形态，与异族群（群体）产生居住分异，加剧文化分层选择；决定论表明城市物质环境，特别是建筑环境为居住分异和隔离提供了基础，物质环境阻碍了人与人之间的交往效率，造成了人与人之间的空间分异，进而导致文化偏移，为社会分层奠定基础。

11.1.2　城市居住空间分异会导致社会隔离、极化，影响社会稳定

居住空间分异过程主要遵循社会分层—居住分异—居住隔离—居住极化，随着居住空间分异度的不断加强会导致社会隔离和极化，心理隔离和异化会影响社会和谐与稳定，同时会形成社区贫困化和绅士化现象。异化（alienation）概念是马克思理论中的一个重要基础，与在资本主义生产方式下工人无法支配和控制其劳动力有关。马克思理论将异化定义为与支配生产方式相悖的社会变化机制。广义而言，异化是无力感、不满足感、不信任感以及被现行的财富和权力分配方

式所抛弃的感觉和特征。有些人感到异化，是因为他们觉得这些体制结构妨碍了他们的有效参与。另一些人感到异化，是因为他们不赞同这些体制，也许这些体制无法满足他们的个人需求，居住空间分异是导致异化的直接诱因。拥挤理论则是从心理的角度证明了居住分异过程中所产生的社会现象，认为人口集聚或居住拥挤的感觉为人带来的压力和紧张，可能会诱发产生进攻和退缩行为，如果这些行为不足以奏效，还可能诱发心理或生理疾病，这种拥挤和压力之间的关系被归结于人固有的一种领域性（territoriality）。生态学家普遍赞同这样的观点，认为像其他动物一样，人类需要领地来确保安全和不受打扰，这也是遗传特性决定的。他们认为，领地也是满足个人表达自我、鼓励刺激自我所必需的。所有这些孕育了“领地需要”这样一种自然行为，但很明显，拥挤会瓦解这样的自然行为（Sack，1983）。

11.1.3 城市居住空间分异影响社会公平、公正

居住空间的分异将导致城市空间内资源占有和使用的不平等。住宅不仅仅是具有物质功能挡风避雨的居所，而且它也是一种社会关系场所的体现。正如吴启焰所说：“城市居住空间不只是城市地域空间内基本功能建筑的空间组合，还是人们居住活动所整合而成的社会空间系统，同时兼具物质空间和社会系统的特征。”由居住区位问题所造成的社会公共资源分配不公是现代城市的主要社会问题之一。市民日常的生活水平、自己和家人的健康、孩子的教育和自我发展的机遇、享受公共资源的可能，以及参加社会集体活动的可能，一定程度上并不是取决于他的收入和工作时间，而是取决于其居住的区位。因此，居住空间分异现象如果继续扩大化，不同阶层由于居于不同的空间，其所享有的公共资源就不同，会给社会造成一定的分配不公平现象，这对城市居民生活将产生不利的影响，空间资源占有的不平等问题逐渐凸显将有悖于和谐社会的构建。居住空间的极化所带来的贫困问题将越来越凸显。居住在城市贫困区的一般是低技能、低收入以及失业或者半失业家庭，他们在经济上处于劣势，往往没有多余的钱通过房地产市场获取新的居住空间。随着一部分比较富裕的人不断

从他们的空间中搬出去，使得贫穷集中和社会极化现象加剧和纯化，最后在那里充斥着的一般是：社会上孤寡的老人、没有教育背景的年轻人、长期失业的成年人，而这样导致他们缺乏发展的机会，信息贫乏，与主流社会脱节。

11.2　加快推进新疆民族城市“嵌入式居住模式”的建议和对策

居住融合是社会稳定和长治久安的重要基础，是社会融合的重要方面。居住融合是民族融合的物质基础，是居住空间表现；文化融合和经济融合是实现民族融合的重要途径和坚实保障。没有居住融合就缺失民族交流的空间，就无从谈文化融合和经济融合，无法达到民族融合和社会融合，更无法完成社会稳定和民族团结、长治久安的目标。通过分析发现新疆城市各民族族群居住格局的现状。为贯彻落实国家第二次新疆工作会议、第二次对口援建工作会议、自治区党委八届七次会议精神，促进民族融合和混合居住，提出以下建议。

11.2.1　通过城市“人文式”规划设计，引导不同尺度居住区的民族融合

在城市规划中注重人文规划，从各民族聚居行为入手，以文化主导价值观为引领，以经济交往为手段，以多民族融合为目标，加强文化景观的凝聚和融合作用，最终形成多民族居住融合态势，注重横向融合和纵向融合规划和单体、组团、区、街道、片区、城市由小尺度到大尺度空间融合，采取从点（家庭）—面（社区、街道、城市）居住融合模式，特别在少数民族聚居区的开发改造方式应注重文化融合、经济融合、社会融合、居住融合。

11.2.2　试点开展“社会规划”，以公共资源（设施）引领居住融合

在条件较好的城镇优先开展“社会规划”试点，重点依据各民族的居住和生活习惯，优化布局教育、医疗、交通、社会服务等公共资源，如“民汉混合式”学校的定位和选址要以片区民汉人口的比例为重要依据；少数民族为主的职业院校尽量避免选址在少数民族聚居区。这样

使空间、公共资源、民族三者形成最大化的融合，使民族居住呈现可持续性、公平性、均衡性格局。

11.2.3 提升文化融合，构建城市文化体系

构建城市文化体系，应秉承求同存异的文化理念，既尊重少数民族传统的文化习惯，又需摒弃落后的、负面的、隔离的文化诟病。城市文化体系的构建需结合经济社会发展的现状，并根据多元文化的特点，形成统一的、特色性较强的、适合时代发展的城市文化体系，其最终目标形成城市文明体系。

11.2.4 加强民族文化景观保护、规划和设计，推动民族融合有序发展

民族宗教景观是城市文化的象征，是多民族城市的特质表现，构建民族宗教景观规划保护机制，实施分区规划设计，避免其与商业景观的空间侵占。尽快实施《民族宗教景观规划》，依据民族宗教景观的动力，引导各民族有序、合理的择居，形成文化空间优化，完成民族人口的空间融合。如在城市街区即要布局展现汉族传统文化的景观又要布局展现少数民族宗教景观，两者相辅相成，共同承担多民族城市文化的标示的功能。

11.2.5 创新物业管理，注重文化融合

嵌入式居住模式不同于传统的居住模式，传统的居住区物业管理注重设施设备和物业的经营管理，嵌入式居住区由于其多元的文化背景，要求物业管理企业更加注重人文呵护，侧重居者的身心健康和生活状态的关怀。以文化融合为背景实施差异性管理，在小区设施和管理方式方法方面加入文化要素，特别是民族文化要素，如物业服务人员民汉比例的配备，物业标示的民汉文字展示，物业服务人员的民汉礼节培训等；扩大民汉公共活动空间，鼓励民汉业主共同参与社区活动，增强各民族间的交流，给各民族业主有归属感和融合感。

11.2.6　实施多样化的居住区设计，为多民族融合提供公共空间

公共交往空间设计应尽力体现多义性和功能的完整性，赋予其必要的场所文化融合思想。从群体融合的环境心理学角度精心雕琢社区重要节点空间(尤其是民汉邻里之间的边缘空间)，充分挖掘新疆地域空间环境布局中的民族元素，并将其适当社区群体，使混合居住社区公共交往场所在最大限度上发挥融合性，体现多样性赋予的魅力。同时，在居住区设计和建筑设计方面，注重公共空间的融合要素，避免大尺度(居住小区和居住区)融合，小尺度(家庭和组团)隔离问题的产生。

11.2.7　根据民族比例和构成，确定不同“嵌入式居住模式”

以汉族为主体民族城镇(汉族人口比例超过 50%)，采取汉族主动融入少数民族聚居区的“嵌入式居住模式”。通过居住分流机制引导汉族人口有序、自然地迁入少数民族聚居区，如通过收购少数民族住房，发放租金、房价补贴等经济手段。

以少数民族为主体的城镇(单一少数民族人口比例超过 50%)，采取少数民族主动融入汉族聚居区的“嵌入式居住模式”。通过就业和商业分流机制引导少数民族有序、自然地迁入汉族人口集聚区，如在汉族集聚区发展少数民族商业，通过无息和补贴贷款和租金补贴的方式鼓励中小微民族企业进入汉族集聚区，增加该区域少数民族就业人口，进而引导少数民族人口迁入。

11.2.8　发挥保障性住房的融合机制，合理确定入住民族比例

合理安置公租房小区民汉人口比例，引导外来人口入住民汉混合式小区，避免形成单一民族小区，增强民族融合。对于已入住的公租房小区通过退出循环机制调节民汉人口比例，对于新建或在建未分配的公租房小区严格执行民汉适当比例的标准分配入住。棚户区改造过程中，对于利用少、规模小、危旧清真寺只拆不建。棚户区拆迁安置中，确定民汉人口比例，采取民汉混居模式安置。鼓励商业化形式进

行棚户区改造，鼓励民族房地产企业参与棚户区改造，鼓励流动少数民族人口入住混合居住小区。

总之，“嵌入式居住模式”不是简单的市场选择和政策导控，是居住区各民族和各阶层自然、有序、可持续的融合，达到和谐状态。同时，这种状态的实现需要一个长期的、分阶段的、分步的、有序的过程。

参考文献

[1] 柴彦威,塔娜,毛子丹.2011.单位视角下的中国城市空间重构[J].现代城市研究,3:5-9.

[2] 柴彦威.2000.城市空间[M].北京:科学出版社.

[3] 柴彦威.2002.中国城市的时空间结构[M].北京:北京大学出版社.

[4] 陈果,顾朝林,吴缚龙.2004.南京城市贫困空间调查与分析[J].地理科学,24(5):542-550.

[5] 陈俊峰.2011.城市居住空间的符号分化与身份建构——以南京市东山区为个案[J].城市问题,10:15-20.

[6] 陈科东.2010.居住区环境营造中生态与文化的融合——以南宁市都市桃花源 A 组团景观设计为例[J].安徽农业科学,13:7087-7089.

[7] 陈云.2008.居住空间分异:结构动力与文化动力的双重推进[J].武汉大学学报(哲学社会科学版),5:744-748.

[8] 谌丽,张文忠,党云晓,等.2012.北京市低收入人群的居住空间分布、演变与聚居类型[J].地理研究,04:720-732.

[9] 单菁菁.2011.居住空间分异及贫困阶层聚居的影响与对策[J].现代城市研究,10:19-23.

[10] 单昕.2011.城市多民族社区居住格局变迁研究——以乌鲁木齐市解放南路街道为例[D].乌鲁木齐:新疆大学硕士论文.

[11] 单玉红,朱欣焰.2011.基于多主体行为决策的城市居住用地利用效用情景分析[J].自然资源学报,11:1832-1841.

[12] 单楠,吴婧,况明生,等.于 GIS 的洛阳市居住空间研究[J].安徽农业科学,07:3096-3098.

[13] 刁琳琳.2010.中国城市空间重构对经济增长的效应机制分析[J].中国人口.资源与环境,05:87-94.

[14] 丁旭.2012.保障性住房适建性评价及其空间区位选择——以杭州为例[J].城市规划,09:70-76.
[15] 杜浩,甄峰.2011.中等城市就业与居住空间组织特征及拓展模式——以广东省清远市为例[J].规划师,05:99-105.
[16] 方长春.2011.从住区内过滤到住区间过滤:单位制消解与城市居住空间变迁[J].人文杂志,06:136-143.
[17] 方长春.2011.家庭背景如何影响教育获得:基于居住空间分异的视角[J].教育学报,06:118-126.
[18] 冯健,周一星.2003.北京都市区社会空间结构及其演化(1982—2000)[J].地理研究,23(4):465-484.
[19] 冯健,周一星.2008.转型期北京社会空间分异重构[J].地理学报,63(8):828-844.
[20] 傅玳.2012.杭州市居住空间分异现象的统计调查分析[J].统计与决策,04:123-125.
[21] 傅岳峰.2011.北京旧住宅适老性更新的新视角[J].建筑学报,02:78-81.
[22] 高方萍.2007.转型期影响城市居住空间分异的制度性因素研究——以上海中心城区为例[D].同济大学硕士论文.
[23] 顾朝林.2002.城市社会学[M].南京:东南大学出版社.
[24] 顾朝林.1997.社会空间结构影响因素及其演化研究[J].城市规划,(4):12-15.
[25] 郭菂,李进,王正.2011.南京市保障性住房空间布局特征及优化策略研究[J].现代城市研究,03:83-88.
[26] 郝亚明.2012.城市与移民:西方族际居住隔离研究述论[J].民族研究,06:12-24+108.
[27] 黄志宏.2007.世界城市居住区空间结构模式的历史演变[J].经济地理,02:245-249.
[28] 何泉,刘加平,吕小辉.2012.基于洁净观的藏族居住空间分析[J].四川建筑科学研究,01:226-229.
[29] 何深静,钱俊希,邓尚昆.2011.转型期大城市多类绅士化现象探

讨——基于广州市六个社区的案例分析[J]. 人文地理,01:44-49.
[30] 何深静,钱俊希,吴敏华. 2011."学生化"的城中村社区——基于广州下渡村的实证分析[J]. 地理研究,08:1508-1519.
[31] 胡毅,张京祥,徐逸伦. 2010. 基于女性主义视角的我国居住空间历史变迁研究[J]. 人文地理,03:29-33.
[32] 胡鞍钢,胡联合. 第二代民族政策:促进民族交融一体和繁荣一体[J]. 新疆师范大学学报(哲学社会科学版),2011,05:1-12+110.
[33] 黄莹,黄辉,叶忱,等. 2011. 基于 GIS 的南京城市居住空间结构研究[J]. 现代城市研究,04:47-52.
[34] 惠晓曦. 2012. 寻求社会公正与融合的可持续途径:荷兰社会住宅的发展与现状[J]. 国际城市规划,04:13-22.
[35] 姜斌. 2008. 快速城市化进程中城市居住空间形态演进与发展——以大连市为例[D]. 沈阳:辽宁师范大学博士学位论文.
[36] 姜乖妮,李春聚. 2012. 城市规划在调整城市居住空间中的作用[J]. 城市问题,01:40-43.
[37] 蒋旻. 2011. 解决农民工城市居住问题的思路与模式——基于城市规划的视角[J]. 城市规划,03:84-88.
[38] 康琪雪. 2010. 城市居住空间"分异"与"共生"的区别及启示[J]. 城市发展研究,08:106-109.
[39] 康琪雪. 2010. 我国城市居住空间结构存在的问题及原因分析[J]. 经济体制改革,02:153-157.
[40] 柯汉洋. 2008. 转型期杭州居住空间分异与社会阶层分化研究[D]. 杭州:浙江大学硕士论文.
[41] 孔翔. 2011. 开发区建设与城郊社会空间的分异——基于闵行开发区周边社区的调查[J]. 城市问题,05:51-57.
[42] L·芒佛德. 1985. 城市发展史[M]. 北京:中国建筑出版社.
[43] 李雪铭,汤新. 2007. 大连市居住空间分异的定量分析及其机制的初步研究[J]. 辽宁师范大学学报:自然科学版,02:223-225.
[44] 李云,唐子来. 2005. 1982—2000 年上海市郊区社会空间结构及

其演化[J]. 城市规划学刊,06:27-36.
[45] 李春华. 2006. 新疆绿洲城镇空间结构的系统研究[D]. 南京:南京师范大学博士学位论文.
[46] 李君,陈长瑶. 2010. 贫困山区农户自愿移民搬迁机制及效应研究——基于河南省巩义市温堂村搬迁农户的实证分析[J]. 学术探索,02:88-93.
[47] 李塬,李齐,李晓东. 2011. 新疆鄯善地区现代居住建筑设计探讨——以新疆鄯善新楼兰街区设计为例[J]. 建筑学报,02:99-103.
[48] 李志刚,吴缚龙,卢汉龙. 2004. 当代我国大都市的社会空间分异——对上海三个社区的实证研究[J]. 城市规划,06:60-67.
[49] 李志刚,吴缚龙,刘玉亭. 2004. 城市社会空间分异:倡导还是控制[J]. 城市规划汇刊,06:48-52.
[50] 李志刚,吴缚龙 . 2007. "全球城市"极化与上海社会空间分异研究[J]. 地理科学,27(3):304-312.
[51] 李志刚,吴缚龙. 2006. 转型期上海社会空间分异研究[J]. 地理学报,61(2):199-211.
[52] 李志刚,薛德升. 2008. 广州小北路黑人聚居区社会空间分析[J]. 地理学报,63(2):207-218.
[53] 廖邦固,徐建刚,梅安新. 2012. 1947—2007 年上海中心城区居住空间分异变化——基于居住用地类型视角[J]. 地理研究,06:1089-1102.
[54] 廖邦固,徐建刚,宣国富,等. 2008. 1947—2000 年上海中心城区居住空间结构演变[J]. 地理学报,02:195-206.
[55] 刘碧寒,沈凡卜. 2011. 北京都市区就业—居住空间结构及特征研究[J]. 人文地理,04:40-47.
[56] 刘含,罗谦,王魏巍. 2011. 南京市老城南地块社会阶层分化下的居住空间分异现象[J]. 安徽农业科学,08:4871-4874.
[57] 刘健. 2012. 城市快速发展时期的社会住房建设:法国的教训与启发[J]. 国际城市规划,04:3-12.

[58] 刘昆.2010 .场景的空间——以家装设计为例[J].建筑学报,02:107-110.

[59] 刘望保,翁计传.2007.住房制度改革对中国城市居住分异的影响[J].人文地理,01:49-52.

[60] 刘望保,闫小培,谢丽娟.2012.转型时期广州居民职住流动及其空间结构变化——基于 3 个年份的调查分析[J].地理研究,09:1685-1696.

[61] 刘望保,闫小培.2007.转型期广州市居住迁移影响因素于户籍之间的比较 [J].地理研究,05:1055-1066.

[62] 刘望保,闫小培,曹小曙.2007.广州城市内部居住迁移空间特征及其影响因素研究[J].人文地理,04:27-32.

[63] 刘长岐,王凯.2004.我国城市居住空间结构的演变过程研究[J].重庆建筑大学学报,06:1-5.

[64] 刘小平,黎夏,陈逸敏.2010.李少英基于多智能体的居住区位空间选择模型[J].地理学报,06:695-707.

[65] 罗柳宁.族群研究综述[J].西南民族大学学报:人文社科版,2004,04:5-16.

[66] 马戎.美国的种族与少数民族问题[J].北京大学学报:哲学社会科学版,1997,01:126-137+159.

[67] 马戎.社会学的族群关系研究[J].中南民族大学学报:人文社会科学版,2004,03:5-15.

[68] 马静,柴彦威,刘志林.2011.基于居民出行行为的北京市交通碳排放影响机理[J].地理学报,08:1023-1032.

[69] 马曙晓,田小平,冯华.2012.保障性住房规划及空间选址的社会学分析[J].河北学刊,05:119-122.

[70] 孟翔飞,苏春艳.2010.莫地的变迁——内城贫困区整体改造与社区治理研究[J].社会科学辑刊,05:58-62.

[71] 南颖,杨易,倪晓娇,等.2012.吉林市城市居住空间结构研究[J].地域研究与开发,05:39-44.

[72] 庞中英.族群、种族和民族[J].欧洲,1996,06:4-15.

[73] 庞瑞秋,庞颖,刘艳军. 2008. 长春市社会空间结构研究——基于第五次人口普查数据[J]. 经济地理,03:437-441.
[74] 乔家君,刘嘉俊,谢森. 2011. 欠发达农区村域空心化特征及其微观机理——以兰考县三个村为例 [J]. 人文地理,06:98-102.
[75] 邱梦华. 2007. 中国城市居住分异研究[J]. 城市问题,03:94-99.
[76] 任云英. 2010. 无垣之“城”——近代西安回民社区结构探微[J]. 西北民族研究,02:160-165+196.
[77] 史兴民,刘春霞. 2012. 煤矿区居民对环境问题的感知——以陕西省彬长矿区为例[J]. 干旱区地理,04:631-638.
[78] 史兴民,刘戎. 2012. 煤矿区居民的环境污染感知——以陕西省韩城矿区为例[J]. 地理研究,04:641-651.
[79] 宋刚,杨昌鸣. 2011. 关于完善住宅设计相关规范的几点思考[J]. 建筑学报,02:86-90.
[80] 宋伟轩,吕陈,徐昀. 2011. 城市社区微观空间意象研究——基于南京居民 250 份手绘草图的比较[J]. 地理研究,04:709-722.
[81] 宋伟轩,吴启焰,朱喜钢. 2010. 新时期南京居住空间分异研究[J]. 地理学报,65(6):685-694.
[82] 宋伟轩,朱喜钢. 2009. 中国封闭社区——社会分异的消极空间响应[J]. 规划师,(11):82-87.
[83] 宋亚君. 2011. 干旱区绿洲背景下乌鲁木齐城市空间结构及演化研究[D]. 北京:中国科学院研究生院博士论文.
[84] 孙斌栋,潘鑫,宁越敏. 2008. 上海市就业与居住空间均衡对交通出行的影响分析[J]. 城市规划学刊,01:77-82.
[85] 孙斌栋,吴雅菲. 2008. 上海居住空间分异的实证分析与城市规划应对策略[J]. 上海经济研究,12:3-10.
[86] 孙斌栋,潘鑫. 2008. 城市空间结构对交通出行影响研究的进展——单中心与多中心的论争[J]. 城市问题,01:19-22.
[87] 孙世界,胡明星. 2009. 大城市主城区居住空间形态特征研究——以杭州为例[J]. 规划师,02:72-77.
[88] 陶海燕. 2009. 基于多智能体的居住空间格局演变的真实场景模

拟[J].地理学报,64(6):665-676.

[89] 陶静娴,王仰麟,刘珍环.2012.城市居住空间生态质量评价——以深圳市为例[J].北京大学学报(自然科学版),02:280-284.

[90] 万勇,王玲慧.2003.城市居住空间分异与住区规划应对策略[J].城市问题,(6):76-80.

[91] 王丹.中东欧“后社会主义”转型城市空间结构研究述评[J].国际城市规划,2011,02:60-66.

[92] 王法成,张超林,余颖.2012.范颖.重庆主城大型居住聚集区的“宜居”规划策略[J].规划师,06:24-27.

[93] 王建基.2000.乌鲁木齐市民族居住格局与民族关系[J].西北民族研究,(1):41-56.

[94] 王立,刘明华,王义民.2011.城乡空间互动—整合演进中的新型农村社区规划体系设计[J].人文地理,04:73-78.

[95] 王兴平,赵虎.2010.沪宁高速轨道交通走廊地区的职住区域化组合现象——基于沪宁动车组出行特征的典型调研[J].城市规划学刊,01:85-90.

[96] 王兴中.2000.中国城市社会空间结构研究[M].北京:科学出版社.

[97] 王兴中.2004.中国城市生活空间结构研究[M].北京:科学出版社.

[98] 王彦辉.2010.中国城市封闭住区的现状问题及其对策研究[J].现代城市研究,03:85-90.

[99] 王勇 ,李广斌,王传海.2012.基于空间生产的苏南乡村空间转型及规划应对[J].规划师,04:110-114.

[100] 王勇,李广斌.2011.苏南农村土地制度变迁及其居住空间转型——以苏州为例[J].城市发展研究,04:99-103.

[101] 王祖山,张志军.2012.保障性住房非产权化的选择、困境与多元化道路——基于居住福利的视角[J].现代经济探讨,02:7-11.

[102] 魏立华,李志刚.2006.中国城市低收入阶层的住房困境及其改善模式 [J].城市规划学刊,02:53-58.

[103] 魏立华,闫小培.2006.大城市郊区化中社会空间的"非均衡破碎化"——以广州市为例[J].城市规 划,05:55-60.
[104] 魏立华,闫小培.2006.有关"社会主义转型国家"城市社会空间的研究述评[J].人文地理,04:7-12.
[105] 魏立华,闫小培.2006.转型期中国城市社会空间演进动力及其模式研究——以广州市为例[J].地理与地理信息科学,01:67-72.
[106] 魏薇,秦洛峰.2011.对中国城市封闭住区的解读[J].建筑学报,02:5-8.
[107] 魏薇,王炜,胡适人.2011.城市封闭住区环境和居民满意度特征——以杭州城西片区为例[J].城市规划,05:69-75.
[108] 吴缚龙,马润潮,张京祥.2007.转型与重构—城市发展多维透视[M].南京:东南大学出版社.
[109] 吴启焰.2001.大城市居住空间分异研究的理论与实践[M].北京:科学出版社.
[110] 吴启焰.2000.城市居住空间分异的理论基础与研究层次[J].人文地理,(3):1-5.
[111] 吴瑞君.2012.外来人口聚居区的教育问题及其管理创新研究——以上海为例[J].华东师范大学学报(哲学社会科学版),04:1-6.
[112] 吴水田,司徒尚纪.2011.岭南疍民舟居和建筑文化景观研究[J].热带地理,05:514-520.
[113] 吴晓.2010.我国进城农民居住空间的微观探析及其对策研究——以南京市的租居型外来工为例[J].现代城市研究,06:69-76.
[114] 吴悦芳,徐红罡.2012.基于流动性视角的第二居所旅游研究综述[J].地理科学进展,06:799-807.
[115] 武前波,苗长虹,吴国伟.2008.郑州市居住空间演变过程与动力机制分析[J].地域研究与开发,(1):36-42.
[116] 夏丽丽,赵耀龙,欧阳军.2012.城中村制造业空间集聚研究——

以广州康乐村服装生产企业为例[J]. 地理研究,07:1294-1304.
[117] 谢守红. 2004. 大都市区的空间组织[M]. 北京:科学出版社.
[118] 徐卞融,吴晓. 2010. 基于"居住—就业"视角的南京市流动人口空间分异研究[J]. 规划师,07:113-120.
[119] 徐菊芬,张京祥. 2007. 中国城市居住分异的制度成因及其调控——基于住房供给的视角[J]. 城市问题,(4):95-100
[120] 徐昀,朱喜钢. 2008. 近代南京城市社会空间结构变迁——基于1929、1947 年南京城市人口数据的分析[J]. 人文地理,06:17-22.
[121] 许学强. l997. 城市地理学[M]. 北京:高等教育出版社.
[122] 许学强,胡华颖,叶嘉安. 1989. 广州市社会空间结构的因子生态分析[J]. 地理学报,04:385-399.
[123] 宣国富,徐建刚,赵静. 2006. 上海市中心城社会区分析[J]. 地理研究,03:526-538.
[124] 薛德升,黄耿志. 2008. 管制之外的"管制":城中村非正规部门的空间集聚与生存状态——以广州市下渡村为例[J]. 地理研究06:1390-1398.
[125] 赵凤. 2007. 城市居住空间分异现状及分析[J]. 经济与社会发展,08:19-20.
[126] 郑静,许学强,陈浩光. 1995. 广州市社会空间的因子生态再分析[J]. 地理研究,02:15-26.
[127] 周婕,王静文. 2002. 城市边缘区社会空间演进的研究[J]. 武汉大学学报(工学版),05:16-21.
[128] 杨豪中,王劲. 2011. 混合居住模式在城中村改造中的适用性分析[J]. 求索,01:57-59.
[129] 杨恢武. 2012. 农村居住空间分异与社会生态[J]. 安徽农业科学,05:2841-2843.
[130] 杨卡. 2010. 大都市郊区新城居住空间的发展、问题与对策——以南京市为例[J]. 烟台大学学报(自然科学与工程版),02:154-160.

[131] 杨上广. 2006. 中国大城市社会空间的演化[M]. 上海:华东理工大学出版社.

[132] 叶强,曹诗怡,聂承锋. 基于 GIS 的城市居住与商业空间结构演变相关性研究——以长沙为例[J]. 经济地理,2012,05:65-70.

[133] 应瑞瑶,陈燕. 2009. 中西方居住空间分异动因比较研究[J]. 城市问题,(2):51-56.

[134] 余琪. 2010. 转型期上海城市居住空间生产模式及布局形态演进[J]. 城市规划学刊,05:15-25.

[135] 袁雯,朱喜钢,马国强. 2010. 南京居住空间分异的特征与模式研究——基于南京主城拆迁改造的透视[J]. 人文地理,(2):65-70.

[136] 袁媛,吴缚龙. 2010. 基于剥夺理论的城市社会空间评价与应用[J]. 城市规划学刊,01:71-77.

[137] 袁媛,许学强,薛德升. 2008. 转型时期广州城市户籍人口新贫困的地域类型和分异机制[J]. 地理研究,(3):672-683.

[138] 袁媛,许学强. 2008. 广州市外来人口居住隔离及影响因素研究[J]. 人文地理,(5):61-67.

[139] 袁媛,许学强. 2007. 国外城市贫困阶层聚居区研究述评及借鉴[J]. 城市问题,(2):86-92.

[140] 袁媛. 2011. 社会空间重构背景下的贫困空间固化研究[J]. 现代城市研究,03:14-18.

[141] 曾文,吴启焰. 2012. 我国城市住房供给的路径及其依赖——以昆明市为例[J]. 城市问题,11:87-93.

[142] 翟青,甄峰,康国定. 信息技术对南京市职住分离的影响[J]. 地理科学进展,2012,10:1282-1288.

[143] 张京祥,罗震东,何建颐. 2007. 体制转型与中国城市框架重构[M]. 南京:东南大学出版社.

[144] 张利. 2012. 乌鲁木齐市城市社会空间结构研究 [D]. 北京:中国科学院研究生院硕士论文.

[145] 张勤,刘琦,郎丁. 2011. 城市化进程中传统民俗文化与城市空间

的交融共生[J].安徽农业科学,33:638-640.

[146] 章征涛,李世龙.2011.城市化的虚荣——对我国城市化现状的认识[J].城市发展研究,12:1-6.

[147] 赵衡宇,过伟敏.2011.移民聚居空间的自组织特征及价值——以杭州市城西城中村为例[J].城市问题,07:69-73.

[148] 赵静,闫小培.2012.深圳市"城中村"非正规住房的形成与演化机制研究[J].人文地理,01:60-65.

[149] 郑瑶兵.2009.西安市居住空间分异研究[J].陕西师范大学学报(自然科学版),01:93-95.

[150] 周成斌,关瑞明.2011.类型学视野下居住文化的传承与创新[J].福州大学学报(哲学社会科学版),06:97-100.

[151] 周春山,陈素素,罗彦.2005.广州市建成区住房空间结构及其成因[J].地理研究,(1):77-87.

[152] 周春山.2007.城市空间结构与形态[M].北京:科学出版社.

[153] 周春山.2006.转型时期广州市社会区分析[J].地理学报,61(10):1046-1056.

[154] 周晓辉.2005.大城市居住空间分异过程及机制研究——以西安市为例[D].西安:西北大学硕士论文.

[155] 朱静.2011.城市居住空间分异的结构与文化解释[J].城市问题,04:55-60.

[156] Ahhusser & Balibar. 1975. Reading Capital [M]. London: Edward Arnold.

[157] Agyei-Mensah S. 2012. Ethnic Residential Clusters in Nima, Ghana. Urban Forum[J],(23):133-149.

[158] Ball M, Harlo M, Mart M. 1988. Housing and Social Change in Europe and The USA [M]. Londan, Rout-ledge.

[159] Charles C Z. 2003. The dynamics of racial residential segregation. annual review of sociology[J],(29):167-207.

[160] Harvey D. 1973. Social Justice and the City[M]. Baltimore: The Johns Hopkins University Press. 73-306.

[161] Harvey D. 1978. The Urban Process under Capitalism: AFramework for Analysis[J]. International Journal forUrban and Regional Research,(2):101-131.
[162] Mamdel E. 1965. Marxist Economic Theory [M]. New York: Monthly Review Press.
[163] Fong E,Wilkes R. 1999. The spatial assimilation model reexamined: an assessment by Canadian data. International Migration Review[J],(33):594-620.
[164] Fong E,Wilkes R. 2003. Racial and ethnic residential patterns in Canada. Sociological forum,(18):577-602.
[165] Chaolin Gu,Liu H Y. 2001. Social polarization and segregation in Beijing[J]. In: J R Logan,The new Chinese city: globalization and market reform. 198-211.
[166] Chaolin Gu,Shen J F. 2003. Transformation of urban social-spatial structure in socialist market economies: the case of Beijing [J]. Hatitat international,(27):107-122.
[167] Lefebvre H. 1976. Reflections on the Politics of Space[J]. Antipode 8,(2):30-37.
[168] Lefebvre H. 1976. The Survival of Capitalism [M]. New York: St. M artin's press.
[169] Harries C D,Ullman E L. 1945. The nature of cities[J]. Annals of The American Academy of PoliticaJ and SociaI science,(242):7-17.
[170] Iceland J. 2004. Beyond black and white metropolitan residential segregation in multi-ethnic America [J]. Social Science Research,(33):248-271.
[171] Short J. 1985. Accounting for Place and Space[J]. Environment and Planning D: Society and Space,(3):447-460.
[172] Jackson P. 1996. Social Geography: Convergence and Compromise[J]. Progress in Human Geography,(2)27-34.

[173] Johnston R, Poulsen M, Fo:rrest J. 2008. Asians, pacific islanders, and ethnoburbs in Auckland, New Zealand[J]. Geographical Review, (98): 214-241.

[174] Kearns R, Moom G. 2002. From Medical to Healtl I Geography: Novelty, Place and Theory After a Decade of Change[J]. Progress in Human Geography, 26(5): 605-625.

[175] Kno X P, Pinch S. 2000. Urban Social Geography-An Introduction (4th ed) [M]. Englewoed Clifs, NJ: Prentice Hau.

[176] Knox P. 1995. Urban Social Geography: An introduction (3rd ed)[M]. Harlow: kongman, 26: 33.

[177] Lees. 2000. Rematerializing Geography: The New Urban Geography[M]. Progress in Human, 72-86.

[178] Logan J R. 2006. Variations in immigrant incorporation in the neighborhoods of Amsterdam[J]. International Journal of urban and Region research, (30): 485-590.

[179] Park R E. 1936. Hurneal Ecology[J]. American of Sodology, (13): 1-15.

[180] Simmons J W. 1968. Changing Residence in The City-A Review of Intraurban Moblity[J]. geographical Review, (58): 622-651.

[181] Smithf. 2005. Therapeufic Places, Space and Networks[J]. Progress in Human Geography, 29(4): 488-495.

[182] Van Kempen. 1994. The Dual City and the Poor: Social Polarization, Social Segregation and Life Chances [J]. Urban Studies, 31 (7): 995-1015.

附　件

乌鲁木齐市居住社区调查问卷　　调查员

时间____年____月____日　　调查地点________区________路________街(村)
______小区(队)　　问卷编号(201204　　　)

尊敬的女士/先生：

您好！我们正在进行乌鲁木齐居住社区的调研，目的是了解居民居住现状和意愿，耽误您几分钟时间，请您回答下列问题，我们将严格遵守《统计法》，对您的回答予以保密，仅供本次研究统计分析，不涉及其他用途，您不必有任何顾虑，您客观的回答对我完成论文和相关研究非常重要，但恳请您逐一回答我们提及的问题。

衷心谢谢您的合作！

"乌鲁木齐市居住社区居民"调研组

一、社会特性

1. 您的性别(　　)；民族(　　)
2. 您的年龄(　　)
3. 您的户籍为(　　)户口
   A. 农业　　B. 非农业
4. 您的教育程度(　　)
   A. 小学以下　　B. 小学　　C. 初中　　D. 高中　　E. 中专　　F. 技校
   G. 大专　　H. 本科　　I. 研究生及以上
5. 您的家庭类型(　　)
   A. 父母及其未婚子女所组成的家庭类型
   B. 父母和一代已婚子女生活在一起
   C. 父母和两代或两代以上已婚子女组成的家庭
   D. 单亲家庭　　E. 重组家庭　　F. 丁克家庭　　G. 单身　　H. 空巢老人
6. 您家庭人口数(　　)
   A. 1　　B. 2　　C. 3　　D. 4　　E. 5　　F. 5 以上

7. 您的婚姻状况(　　)

A. 已婚　　B. 未婚　　C. 其他

8. 是否是本地户籍(　　)

A. 是　　B. 否

9. 居住在乌鲁木齐市时间 (　　)

A. 3 个月以下　　B. 3 个月至半年　　C. 半年至 1 年　　D. 1～3 年

E. 3～5 年　　F. 5 年以上

二、经济特性

1. 您的家庭收入(　　)元/月

A. 0～1000　　B. 1000～3000　　C. 3000～6000　　D. 6000～9000

E. 9000～12000　　F. 12000～15000　　G. 15000 以

2. 您的家庭支出(　　)元/月

A. 0～1000　　B. 1000～3000　　C. 3000～6000

D. 6000～9000　　E. 9000～12000　　F. 12000～15000

G. 15000 以上

3. 您的收入主要来源于(　　)

A. 劳动(工资)收入　　B. 财产(投资)收入　　C. 政府资助

D. 房屋租赁收入　　E. 经营管理(产业)收入

4. 您的支出主要用于(　　)(排序前三位)

A. 吃　　B. 穿　　C. 房屋租赁　　D. 交通费用　　E. 娱乐消费

F. 子女上学　　G. 老人就医　　H. 教育培训

5. 您现在从事的行业(　　)

[1]农.林、牧、渔业	[8]批发和零售业	[15]居民服务和其他服务业
[2]采矿业	[9]住宿和餐饮业	[16]教育
[3]制造业	[10]金融业	[17]卫生、社会保障和社会福利业
[4]电力、燃气及水的生产和供应	[11]房地产业	[18]文化、体育和娱乐业
[5]建筑业	[12]租赁和商务服务业	[19]公共管理和社会组织
[6]交通运输、仓储及邮政业	[13]科学研究、技术服务和地质勘查业	[20]失业
[7]信息传输、计算机服务和软件业	[14]水利、环境和公共设施管理业	

6. 您现在所从事的职业类型(在职业后划√)

现实型(R)	工程师、技术员;机械操作、维修、安装工人,矿工、木工、电工、鞋匠等;司机,测绘员、描图员;农民、牧民、渔民	艺术型(A)	音乐、舞蹈、戏剧等方面的演员、艺术家编导、教师;文学、艺术方面的评论员;广播节目的主持人、编辑、作者;绘画、书法、摄影家;艺术、家具、珠宝、房屋装饰等行业的设计师等
探索型/调研型(I)	自然科学和社会科学方面的研究人员、专家;化学、冶金、电子、无线电、电视、飞机等方面的工程师、技术人员;飞机驾驶员、计算机操作员等	社会型(S)	教师、保育员、行政人员;医护人员;衣食住行服务行业的经理、管理人员和服务人员;福利人员等
企业型/事业型(E)	经理企业家、政府官员、商人、行业部门和单位的领导者、管理者等	传统型(C)	会计、出纳、统计人员;打字员;办公室人员;秘书和文书;图书管理员;旅游、外贸职员、保管员、邮递员、审计人员、人事职员等

三、文化特性

1. 您信仰情况(　　)

A. 无宗教信仰　　B. 伊斯兰教　　C. 佛教　　D. 基督教

2. 您的籍贯(　　　)省(自治区、直辖市)

3. 您的家庭成员中有以下哪种民族构成(　　)(多选)

A. 汉族　B. 维吾尔族　C. 哈萨克族　D. 回族　E. 其他民族

四、居住特性

1. 您的住房来源(　　)

A. 自有　B. 租住　C. 单位提供　D. 雇主提供　E. 寄住　F. 其他

2. 您所在的社区为(　　　　　　　　);您所在的小区(　　　　　　)

3. 您的工作地点位于(　　　　　　　　)社区

4. 您上班的交通工具(　　)

A. 公交车　B. 私家车　C. 自行车　D. 步行　E. 单位车接送

5. 您对您的住房条件的评价(　　)

A. 非常满意　B. 比较满意　C. 一般　D. 不太满意　E. 很不满意

6. 您不满意主要原因(　　)

A. 地段　B. 交通　C. 面积　D. 户型　E. 周围生活环境　F. 物业管理
G. 距离学校或幼儿园过远　H. 距离医院过远　I. 邻里关系　J. 其他

7. 您和您的邻居的熟悉程度(　　)

A. 非常熟悉　B. 比较熟悉　C. 一般　D. 不太熟悉　E. 很不熟悉

五、自有住房情况调查

1. 您的家庭一共有住房(　　)套;您的住房面积(　　)m^2

2. 您的住房属性(　　)

A. 商品房　B. 经济适用房　C. 廉租房　D. 单位集资建房

E. 房改房　F. 私人建房

3. 您住房购买年份(　　)年;您住房的户型为(　　)室,(　　)厅,(　　)厨,(　　)卫,(　　)阳台

4. 您住房的购买价格(　　)元/m^2;现在市场价格(　　)元/m^2

5. 您租住房的结构(　　)

A. 砖木结构　B. 砖混结构　C. 钢混结构　D. 钢结构

E. 土木结构　F. 彩板房

6. 按层数您住房总层数为(　　)层,您居住在(　　)层

7. 您的工作单位和住所是否在同一社区(　　)

A. 是　B. 否

8. 您主要的出行工具(　　)

A. 步行　B. 公交车　C. 自行车　D. 出租车　E. 私家车

9. 您的住所到工作单位需要时间(　　)

A. 5 分钟以内　B. 5～15 分钟　C. 15～30 分钟以　D. 30～60 分钟

E. 60 分钟以上

10. 每月去商业中心的次数(　　)

A. 0 次　B. 1 次　C. 2 次　D. 3 次　E. 4 次　F. 5 次及以上

11. 您迁入乌鲁木齐的时间(　　)

A. 出生地　B. 1～3 年　C. 4～5 年　D. 5～10 年　E. 10～15 年

F. 15～20 年　G. 20 年以上

12 . 迁入乌鲁木齐市的原因(　　)

A. 务工经商　B. 工作调动　C. 分配录用　D. 学习培训　E. 拆迁搬家

F. 婚姻迁入　G. 随迁家属　H. 投亲靠友　I. 其他

13. 您来乌鲁木齐市转换过几次住房(　　)

A. 没有换过　B. 1 次　C. 2 次　D. 3 次　E. 4 次　F. 5 次以上

您的电话(　　　　　　　　)